THE NEW CIO LEADER

新型CIO领导

〔澳〕玛丽安娜·布罗德本特　〔美〕埃伦·S. 基齐斯　著

杨波　译

商务印书馆
2008年·北京

Marianne Broadbent & Ellen S. Kitzis

THE NEW CIO LEADER

Setting the Agenda and Delivering Results

Original work copyright ⓒ Gartner, Inc.

Published by arrangement with Harvard Business School Press.

图书在版编目(CIP)数据

新型 CIO 领导/〔澳〕布罗德本特,〔美〕基齐斯著;杨波译.—北京:商务印书馆,2008
ISBN 978-7-100-05726-4

I. 新… II. ①布…②基…③杨… III. 企业管理—信息管理 IV. F270.7

中国版本图书馆 CIP 数据核字(2008)第 008226 号

所有权利保留。

未经许可,不得以任何方式使用。

新型 CIO 领导

〔澳〕玛丽安娜・布罗德本特 〔美〕埃伦・S. 基齐斯 著
杨波 译

商 务 印 书 馆 出 版
(北京王府井大街36号 邮政编码 100710)
商 务 印 书 馆 发 行
北京瑞古冠中印刷厂印刷
ISBN 978-7-100-05726-4

2008年12月第1版　　开本 700×1000　1/16
2008年12月北京第1次印刷　印张 24½
印数 5 000 册

定价:49.00元

商务印书馆—哈佛商学院出版公司经管图书
翻译出版咨询委员会

（以姓氏笔画为序）

方晓光　盖洛普（中国）咨询有限公司副董事长
王建铆　中欧国际工商学院案例研究中心主任
卢昌崇　东北财经大学工商管理学院院长
刘持金　泛太平洋管理研究中心董事长
李维安　南开大学商学院院长
陈国青　清华大学经管学院常务副院长
陈欣章　哈佛商学院出版公司国际部总经理
陈　儒　中银国际基金管理公司执行总裁
忻　榕　哈佛《商业评论》首任主编、总策划
赵曙明　南京大学商学院院长
涂　平　北京大学光华管理学院副院长
徐二明　中国人民大学商学院院长
徐子健　对外经济贸易大学副校长
David Goehring　哈佛商学院出版社社长

致 中 国 读 者

哈佛商学院经管图书简体中文版的出版使我十分高兴。2003年冬天,中国出版界朋友的到访,给我留下十分深刻的印象。当时,我们谈了许多,我向他们全面介绍了哈佛商学院和哈佛商学院出版公司,也安排他们去了我们的课堂。从与他们的交谈中,我了解到中国出版集团旗下的商务印书馆,是一个历史悠久、使命感很强的出版机构。后来,我从我的母亲那里了解到更多的情况。她告诉我,商务印书馆很有名,她在中学、大学里念过的书,大多都是由商务印书馆出版的。联想到与中国出版界朋友们的交流,我对商务印书馆产生了由衷的敬意,并为后来我们达成合作协议、成为战略合作伙伴而深感自豪。

哈佛商学院是一所具有高度使命感的商学院,以培养杰出商界领袖为宗旨。作为哈佛商学院的四大部门之一,哈佛商学院出版公司延续着哈佛商学院的使命,致力于改善管理实践。迄今,我们已出版了大量具有突破性管理理念的图书,我们的许多作者都是世界著名的职业经理人和学者,这些图书在美国乃至全球都已产生了重大影响。我相信这些优秀的管理图书,通过商务印书馆的翻译出版,也会服务于中国的职业经理人和中国的管理实践。

20多年前,我结束了学生生涯,离开哈佛商学院的校园走向社会。哈佛商学院的出版物给了我很多知识和力量,对我的职业生涯产生过许多重要影响。我希望中国的读者也喜欢这些图书,并将从中获取的知识运用于自己的职业发展和管理实践。过去哈佛商学院的出版物曾给了我许多帮助,今天,作为哈佛商学院出版公司的首席执行官,我有一种更强烈的使命感,即出版更多更好的读物,以服务于包括中国读者在内的职业经理人。

在这么短的时间内,翻译出版这一系列图书,不是一件容易的事情。我对所有参与这项翻译出版工作的商务印书馆的工作人员,以及我们的译者,表示诚挚的谢意。没有他们的努力,这一切都是不可能的。

哈佛商学院出版公司总裁兼首席执行官

万季美

推荐序

2003年5月,《哈佛商业评论》的编辑尼古拉斯·G.卡尔在《哈佛商业评论》上发表了"IT Doesn't Matter"一文,引起了世界范围内对于IT重要性的广泛争论。后来,他在此基础上撰写了《冷眼看IT》(Does IT Matter?)一书。在书中他指出,IT像其他技术一样正在不断地趋于标准化、通用化,IT已经不再是企业的竞争优势,IT已不再重要。如果IT都不再重要了,CIO还重要吗?还有存在的必要吗?

如果IT仅仅指信息技术本身,仅仅指IT基础设施,IT确实有通用化、标准化的趋势,IT可能已经不再重要了,因为越来越多的IT职能已经外包出去了,IT外包已经成为了一种重要的发展趋势。但是如果IT的含义还包括基于信息技术的业务应用系统、包括组织的信息以及信息资源的开发和利用,那么IT不仅非常重要,而且越来越重要了。因为IT已经和组织的业务流程结合得越来越紧密,已经成为实现组织业务战略的重要支撑。IT的投资仍然是十分巨大的,IT仍然是组织的一项重要资产,必须进行有效的治理。从这个

推荐序

角度讲，IT仍然是非常重要的。

面对着IT外包和IT治理这两个重要的发展趋势，CIO在组织中的作用不仅没有减弱，反而越来越重要。只不过CIO的角色、任务、要求与以往相比有所不同了。面对IT外包的趋势，CIO需要建立一个精简的IS组织，有效地管理外包，为组织提供更具成本效益的IT服务。面对IT治理的趋势，CIO需要承担起制定IT战略的职责，肩负起从IT投资中获得最大效益的责任。正如本书作者所言，现在的CIO正处于一个十字路口，向前一步就迈上成为新型CIO领导的道路，退后一步就成为首席技术员的角色。

《新型CIO领导》一书明确指出了新型CIO是一个与传统CIO完全不同的角色：新型CIO应该是组织的领导者，而不仅仅是一个管理者，他们应该是组织高管层的一员；新型CIO应该具有战略视角，是组织IT战略的制定者；新型CIO应该是连接组织业务战略和IT战略的重要纽带，他既要负责IT的供给，又要负责IT的需求。

对于CIO应该具备什么能力，本书也给出了明确的答案，指出CIO应该同时具备技术能力、业务能力和行为能力，而作为组织中的领导者，业务能力和行为能力尤为重要。CIO应该是组织中最了解业务的人，CIO在情绪智力方面应该是一个高手，这是他实施领导力的一个重要基础。对于一个CIO来说，80%的工作应该在沟通上，只有20%的工作应该在技术上。

近年来，CIO这个舶来品在中国已经成为了一个热门话题，CIO这样一个角色在信息化建设中的重要作用已经成为

推荐序

一种共识,已经越来越得到政府、企业以及媒体的广泛关注。长期以来,信息化建设过程中的投资黑洞问题、信息孤岛问题、部门垄断公共信息问题、忽视需求导向问题等都造成了大量信息化项目的失败,这其中的关键原因在于很多组织的信息化建设中没有明确、合理的决策机制和责任追究机制。而设立CIO这样一个专职的、参与决策的、具有协调职能的角色就是解决这些问题的一个有效途径。我们国家的政府部门对这个问题已经给予了高度的重视。2007年4月13日,国务院信息办和国资委联合发文,明确要求有条件的中央企业须设立由企业领导成员担任的总信息师(CIO)岗位。

中国的政府、企事业单位,对于CIO重要性的认识已经毋庸置疑了。但是,我们很多人还将CIO与信息部门的主管混为一谈,还停留在将CIO视为中层管理者而不是组织领导者的阶段。CIO究竟是组织中的一个什么样的角色、究竟应该如何定位、应该具备什么样的知识和能力、主要任务是什么,这些都是我们所困惑和亟须解决的问题。玛丽安娜·布罗德本特和埃伦·基齐斯的《新型CIO领导》一书为我们给出了答案,这本书可以让中国的管理者了解到在国外一流的企业中CIO所扮演的角色、承担的优先任务,以及必备的知识和能力。从这个意义上讲,所有希望从IT中获得真正价值的组织领导者和IT管理人员都可以从本书中受益。

中国人民大学副校长、教授、博士生导师

冯 慧 玲

2007年11月于中国人民大学

本书献给

所有与我们并肩作战多年的CIO

致谢	1
前言：十字路口	7
第一章　奠定基础：领导力	19
第一部分　需求方的领导力	**43**
第二章　了解所处的环境基础	45
第三章　创建你的愿景	79
第四章　构建并宣传IT赋能企业的预期	95
第五章　创建清晰、适当的IT治理	119
第六章　将业务战略和IT战略结合在一起	145
第二部分　供应方的领导力	**189**
第七章　建立一个新型IS组织	191
第八章　创建高效的IS团队	225
第九章　管理企业和IT风险	255
第十章　传达你的绩效	275
结语：整合所有任务	317
附录A　个性类型的简单测评	331
附录B　确定战略和协同性以创建准则	339
附录C　IT服务	343
附录D　新型CIO领导的自我评估	347

注释…………………………………………………… 30
作者介绍……………………………………………… 32
译后记………………………………………………… 32

致　　谢

献给那些帮助我们完成本书研究的人

　　首先,我们要感谢这些年来给予我们帮助的许许多多的管理人员,特别是那些首席信息官(CIO)、他们的高管同事和团队伙伴们。他们向我们敞开心胸,和我们一同分享他们的成就、挫折和挑战,与我们一道挑战我们的观点并实施我们的建议——事实上,是他们帮助我们将我们的想法变成了现实。在本书中,许多人的名字出现了,但是还有更多人的名字并没有在本书中出现。我们真诚地感谢在扩展案例研究方面与我们合作的英国航空公司的保罗·科比(Paul Coby)、雅洛恩电力(Yallourn Energy)的乔·洛克丹洛(Joe Locandro)和花旗集团全球交易服务系统的汤姆·桑左(Tom Sanzone)。

　　其次,本书运用了许多人的成果,特别是高德纳(Gartner)公司同仁们的成果以及一些商学院具有超前思想的教授们和作者们的成果。

　　自从20世纪90年代末以来的每一个月,高德纳高管项

致谢

目（Gartner EXP：一个成员包括全球范围内 2 000 多名 CIO 的组织）都会专门为其成员发布一份报告。这项工作是由高德纳公司的 CIO 研究小组会同来自全球范围的项目执行小组共同完成的。本书借鉴了以上的这些报告，包括这些报告中的思想以及我们参与调研的和没有参与调研的一些案例。在项目的研究方面，我们要特别感谢马克·麦克唐纳（Mark McDonald）、戴夫·阿伦（Dave Aron）、马库斯·布洛斯基（Marcus Blosch）博士、珍妮特·基尔鲁杰（Jeannette Kieruj）、帕特里克·米汉（Patrick Meehan）、安德鲁·劳斯尔-琼斯（Andrew Rowsell-Jones）、理查德·亨特（Richard Hunter）、查克·塔克（Chuck Tucker）、罗杰·伍尔夫（Roger Woolfe）以及兼职研究员芭芭拉·麦克纳林（Barbara McNurlin）。在项目的实施方面，我们要特别感谢欧洲药品监管局（EMEA）的区域主管尼克·柯克兰（Nick Kirkland）、亚太（AsiaPacific）集团的乔斯·鲁杰罗（Jose Ruggero）以及项目团队的其他成员，他们协助我们与他们所熟悉的 CIO 们紧密协作，并提示我们留意一些新上任的 CIO。

　　本书的准则管理部分的内容，主要是对玛丽安娜及我们的好朋友和同事麻省理工学院斯隆管理学院的彼得·韦尔（Peter Weill）教授共同完成的工作进行了扩充和更新。彼得·韦尔 2002 年在麻省理工学院开展的关于 IT 治理的突破性研究激励我们对 EXP 的成员进行了更深入的研究。

　　我们感谢那些与我们合著 EXP 报告，在 EXP 成员论坛和座谈会上提供丰富材料以及和我们分享自己观点的那些思想与实践的先驱者们。他们包括戴维·菲尼（David Feeny）

教授(牛津大学塞德商学院)、彼得·基恩(Peter Keen)、唐·劳里(Don Laurie)先生、约翰·亨德森(John Henderson)教授(波士顿大学)、布鲁斯·罗戈(Bruce Rogow)、珍妮·罗斯(Jeanne Ross)博士(麻省理工学院斯隆管理学院)、杰夫·桑普尔(Jeff Sampler)博士(原伦敦商学院,也就是现在的牛津大学坦普顿学院)、玛尼·萨巴拉马尼(Mani Subramani)博士(明尼苏达大学卡尔森管理学院)以及迈克·瓦伊塔尔(Mike Vitale)教授(澳洲管理研究学院,悉尼)。

在高德纳公司众多的研究分析员和咨询员中,我们要特别感谢奥德丽·阿泼菲(Audrey Apfel)、杰姬·芬恩(Jackie Fenn)、戴维·弗林特(David Flint)、克里斯·甘利(Chris Ganly)、罗布·古(Rob Gout)、迈克·杰勒德(Mike Gerrard)、鲍勃·海沃德(Bob Hayward)、尼克·琼斯(Nick Jones)、安迪·凯特(Andy Kyte)、阿尔·莱尔(Al Lill)、约翰·马奥尼(John Mahoney)、肯·麦基(Ken McGee)、西蒙·明吉(Simon Mingay)、黛安娜·莫雷罗(Diane Morello)、达里尔·普卢默(Daryl Plummer)、约翰·罗伯茨(John Roberts)和迈克尔·斯马特(Michael Smart)。

献给那些为本书的写作提供过帮助的人

虽然撰写本书的想法在我们的脑海中和内心中已经酝酿了很长时间,但是直到通过2002年高德纳公司举办的第一届CIO学会,以及之后又接连举办的几届活动,我们才真正地感觉到本书的可行性和人们对它的需求。在学会中有很多新一代CIO,他们中的许多人希望得到一本能够指导他

致谢

们成为伟大 CIO 的书，而我们可以为他们提供这个帮助。在这里要特别提及戴安娜·西里洛(Diana Cirillo)对学会的诞生所作出的非凡努力。

　　无论是从专业的角度还是个人的角度来说，我们都要特别感谢高德纳高管项目的资深执行副总裁罗宾·克拉尼奇(Robin Kranich)女士，她对于我们来说既是朋友，又是同事、上司、鼓励者，同时还为我们创造了一个有着良好激励机制的工作环境。她对本书的大力支持和热心帮助使本书的写作变得更为轻松。

　　许多专业人员的工作都为本书的顺利出版铺平了道路。高德纳出版社的发行人希思·利维(Heather Levy)和编辑蒂姆·奥格登(Tim Ogden)分别与代理商苏珊·巴里(Susan Barry)和哈佛商学院出版社的编辑雅克·墨菲(Jacque Murphy)为确定本书的内容范围进行了通力的合作。肯特·莱恩巴克(Kent Lineback)的耐心和关注，帮助我们为本书找到了正确的定位和基调，从我们已有的成百上千的文字中逐字逐句地确定出最关键的信息。高德纳出版社的编辑蒂姆·奥格登做出了卓有成效的工作，他不断地告诫我们什么是真正重要的。而雅克·墨菲则把注意力放在了不断地更改我们的原稿上，以确保我们的思想能够尽可能地表达出来。我们相信雅克对于结构和流程的敏锐嗅觉能够使读者更加容易地理解我们的内容。

献给那些帮助我们继续我们事业的人

　　我们每个人的生活都需要与人协作，特别是当这本书开始写作的时候,即我们试图整理已有材料的时候。蒂姆·奥格登和肯特·莱恩巴克在这方面给了我们很多的帮助,与我们合作了一曲融洽而又丰富的四重奏。其他许多人在关键时刻也帮助我们组织材料和承担额外的工作。对于玛丽安娜来说,支持主要是来自于 EXP 研究团队的成员,特别是沉着、高效、极富献身精神的珍妮特·基尔鲁杰,她是我们团队的协调人。对于埃伦来说,支持主要是来自于布伦丹·康维 (Brendan Conway)、马克·迪肯 (Mark Deacon)、克里斯·古德休 (Chris Goodhue)、艾奥·德阿拉美达·科科 (Ione deAlameida Coco) 以及朱迪·帕鲁金尼 (Judy Perugini),他们贡献了自己的业余时间,把我们 EXP 成员和团队的工作打理得更好,使得埃伦可以全身心地投入到本书的写作上。

最后,我们要感谢理解和支持我们事业的我们各自的丈夫、家庭和好朋友们。和世界不同地方的主管人员一起工作的机会就意味着你会经常地不在家,家庭成员开始习惯于自助,你的时间表总是需要协商的,你的丈夫经常会回答"她现在在哪呢"。罗伯特·布罗德本特 (Robert Broadbent) 和拉里·史蒂文斯 (Larry Stevens) 是相当特别的人,至少每个人都这么和我们说,我们也就承认了。谢谢你们,你们总是很愿意向我们的孩子们、孙子们甚至是宠物猫解释我们现在在哪儿,在做些什么,虽然有时候你们自己也不是那么确定。我们真的非常感激!

前言：十字路口

> 森林中有两条岔路，我选择了较少人走的那条。
> ——罗伯特·弗罗斯特

今天的CIO们正站在一个十字路口前。由于对于信息技术存在着两种不同观点，每一个CIO的角色都在不可避免地变化着。一方面，网络爆炸、技术能力的过度消耗，以及当今新闻界关于信息技术与竞争优势不再相关的讨论和对于信息技术工作转移到海外市场的不正常兴奋，都使得人们对信息技术产生了一种持续的不满情绪。另一方面，信息技术又因为某些原因重新引起了人们的兴趣。全球经济似乎终将走出低谷，商界领袖们也在不顾一切地改革、创新。另外，法制环境现在也越来越强调公司信息的实时、完整和准确。因此，技术在每一个产品和服务中实际上扮演了一个即使不是中心的至少也是基础性的角色。

我们的备选项里没有踟蹰不前这一项，每一名CIO都需要作出选择，选择两条道路中的一条走下去。选择信息技术

前言

与竞争优势不再相关的观点的那条道路,CIO可能会演变成为所谓的首席技术员的角色,虽然这个角色也是有价值的,但这是一个远离高管团队的角色。选择另外一条道路,即认为信息技术是每一个重要业务流程的关键,对变革与企业成功起着至关重要作用的道路,将引领CIO们成为我们所命名的新型CIO领导。新型CIO领导拥有其他高管们所拥有的威信和责任以及所受到的尊重。(实际上这个位置已经成为COO和CEO的进身之阶。)

当CIO们审视这些道路时,通常既有好消息也有坏消息。好消息是每一个CIO在很大程度上都能控制自己选择哪条道路,成为一个新型CIO领导是每一个渴望成为新型CIO的CIO们力所能及的事情;坏消息是每一个CIO虽然在很大程度上都能控制自己选择哪条道路,但是之后的责任也完全被搁在个人的肩上。要成为一名新型CIO领导,需要改变CIO长久以来所具备的技能、方法和素质。大部分情况下,这些转变都是循序渐进的,而不是革命性的;不是所有的东西都需要改变。虽然这些转变或许缺乏所谓的革命魅力,但是一个不能做到这些转变的CIO将不可避免地退出公司高管的行列。确切地说,那些不能做到本书将要讨论的这些转变,以及仅仅想变成纯粹的技术员的CIO们,并不能阻止他所在的组织中出现新型CIO领导这一角色的可能性,只不过是他们自己不会成为这个角色而已。他们只能为那些能够完成那些转变的人来服务了。

如果你认为自己是一名新型CIO领导,那么挑战就将接踵而来。如果你不能随着企业的变革而发展和成长的话，那么你就会掉队。如果你不能坚持不懈地做一名不断"更新"的 CIO，那么你就会失去职位，成为"前 CIO"。对于 CIO 们的要求，变化越来越多，也越来越快。

　　本书是基于我们多年的研究，以及我们与数百位 CIO 和他们的工作伙伴们的深度交流撰写而成的。这些研究包括高德纳公司一年一度的 CIO 调查报告，这些报告掌握了世界各地的 CIO 们的优先关注点和议程安排。2004 年有超过 950 人参与了调查。作为该类型调查中最大的一次，它调查了业务、战略、技术和管理之间优先级的权衡。贯穿本书的关于 CIO 的统计数据都来自于这些一年一度的调查。

　　本书阐释了为什么 CIO 正处在十字路口，CIO 究竟应该是什么，以及怎样才能成为新型 CIO 领导。我们写作本书的目标与动力，就是想在 CIO 面临两条道路选择的关键时刻帮助他们。我们坚信，那些能够接受挑战的人必将成为新型 CIO 领导，而且必将成为企业成功不可或缺的高管团队中的一员。想要接受挑战并且获得成功的 CIO 们必须清楚地了解现在与过去有什么不同，他们的角色正在如何转变，作为一位新型 CIO 领导应该拥有什么样的技能和重要素质、采取哪些行动。简而言之，这就是本书写作的目的。

　　能够和数以百计的 CIO、他们的高层领导以及信息系统团队成员们合作是我们的荣幸。我们与全球各大洲（除了南极洲）的 CIO 们一起共同协作，向他们学习、聆听，为他们提供研究和建议。从 20 世纪 90 年代末开始，我们就把和 2 000

前言

多名高德纳 CIO 项目成员合作作为我们职责的一部分。玛丽安娜带领全球 CIO 调查研究团队，负责向全球各大洲的 CIO 们和他们的同事提供现场的建议和咨询；而埃伦则负责向美洲的高德纳 CIO 成员们提供服务，并协助推动该服务的全球化。我们通过与 CIO 及高管团队的共事并为他们提供服务，可以探究到 CIO 们面临的两条道路选择，并研究出新型 CIO 领导所需的技能和成为新型 CIO 领导的方法。

要想成为新型 CIO 领导在方法和个人所具备的重要素质方面需要有哪些变化呢？在本书中，我们介绍了区分新型 CIO 领导的十个关键点。这十个关键点不仅是 CIO 们必须关注的问题，同时也是区分 CIO 们是不是企业领导者的标准。这十个关键点中有两点是基础，其他的关键点都建立在此基础之上。首先，新型 CIO 领导必须是领导者，而不仅仅是管理者。其次，他们必须十分清楚地了解本企业的内部和外部环境，最起码要和他们的高管同事们同样地了解。

十字路口就在前面

我们的研究显示，对于所有的 CIO 来说，十字路口都在前方不远处。当然，在接近这些十字路口的速度上，各个组织可能不尽相同。有些 CIO 可能已经走上了通往新型 CIO 领导的道路。在本书以后的章节中你将会读到许多关于他们的事例。而其他的一些 CIO 在意识到选择道路的压力时，可能已经为时太晚，那时他们已经没有选择了。

本书并不是对新技术和新业务流程的新一轮宣传。我们都知道,20世纪90年代末期,信息技术、电子商务和数字经济得到了过分的渲染。当泡沫破灭,当千年虫问题来了又走并没有引起大的动荡,当所有的商务(事实上是整个生活)并没有迅速地转移到网络上时,在许多组织中,CIO们的声誉遭到了重创,人们对信息技术的态度也大不如前。一些原本直接向CEO汇报的CIO发现,他们又重新接受CFO(首席财务官)的领导了。另一些CIO发现,他们提出的一些原本已经被应用在某些业务领域的建议也突然被暂缓实施了。

本书是关于CIO的领导地位如何迅速转变的一本书,它不依赖于任何特定的新技术,更为重要的是,它也不依赖于任何企业的当前状况。通过我们的研究,我们发现企业在任何给定时期都可以归纳为以下三种状况之一:努力生存、保持竞争力、寻求突破。而企业所处的业务环境将极大地影响着对CIO的素质要求。在本书中,我们将会对这几种状况进行详述,相信你很容易就能辨别出这些状况,并马上知道你的企业正处于哪一种状况。我们在这里提及这几种状况是为了指出每个CIO的境遇是不同的,因此他们关注的重点也是不同的。不管你的企业情况如何,成为新型CIO领导的需求是不会改变的。处于努力生存状况的企业与处于寻求突破期的企业同样需要新型CIO领导。

那么基于你所处的情况,有哪些方面是必须要改变的呢?我们上文已经提到,对于新型CIO领导来讲,最重要的两点是领导力和对企业的透彻了解。而建立在这两点基本要求之上的另一条要求便是要随着企业所处的商业环境而

前言

变化。努力生存型企业最重要的是建立一个新的信息系统组织；保持竞争力型企业 CIO 的重点应放在 IT 治理上；而寻求突破型企业的 CIO 需要从创建一个引人注目的愿景开始。

不同形态和类型的 CIO

根据他们现在的境况，我们知道有很多不同类型的 CIO，包括那些公司总部的 CIO，那些管理着区域 CIO 团队的 CIO，那些管理共享式服务组织的 CIO，那些重要分支机构和业务单元的 CIO，还有那些角色更倾向于技术创新而不是信息技术的 CIO。另一方面，在政府部门，许多 CIO 将关注重点放在政策、方针的制定上，更多的是充当买方的角色而不是提供方的角色。在世界的许多地方，可能并没有使用 CIO 这个术语，但是这个角色的确是存在的。我们遇到的其他很多称谓还包括信息技术服务部总经理、信息技术高级副总裁、信息技术主管、信息管理助理总监。但是，成为新型 CIO 领导的需要并没有改变，无论你是组织中唯一的 CIO，还是一名区域性的 CIO，抑或是管理着许多区域性 CIO 的全球 CIO。每一个角色的特性或许不同，但是成为新型 CIO 领导的需求是一致的。

在本书中，CIO 这一术语是指那些负责识别信息和技术的需求，并提供相应的满足需求的服务的高级管理人员。在阐明这一术语的同时，我们也解释一下信息技术（IT）和信息系统（IS）这两个术语。本书中，IT 指的是技术，IS 指的是负责管理信息技术和提供信息技术服务的组织。

谁应该阅读本书？应该怎样阅读？

本书是面向那些正在面临信息技术的角色转变并希望转变成为领导者，以及那些不满足于现状，也就是不满足于仅仅成为首席技术员这一角色的信息技术主管人员的。同时，也希望这本书能够对那些与 CIO 们一起合作的人或者 CIO 的监管者，以及那些期望他们企业中的 CIO 们能够成为新型领导者的人有所帮助。同时，其他的首席主管们，如 CEO、CFO 和 COO，也能够从中了解到新型 CIO 这一角色、这一岗位的职责、所必需的技能和合理的预期。

另外，对于许多的服务提供商们，如咨询商、外部服务提供商以及那些开发各种不同应用技术的技术提供商们，也就是拥有 CIO 这一客户群体的人们，本书可以帮助他们了解怎样使他们的客户更为成功。

但是这本书最主要的读者还是那些希望成为领导者，开创新纪元，并对企业产生重大影响的 CIO 们。本书下面的部分都假设你愿意沿着成为新型 CIO 领导的道路走下去。

本书不包含的内容

在本书中，我们把讨论的焦点放在那些希望成为新型 CIO 领导的 CIO 身上。首先我们指出，随着你的企业和你的角色的变化，个人也面临着成长和变革的挑战，必须认识到商业和信息技术的迅速变革。CIO 所需的领导力水平和特质是判断新型 CIO 领导的最重要标准——你需要的是通过

前言

说服力和强有力的执行力成为一个领导者,而不是仅仅成为一个独行侠。随后,我们讨论了 CIO 发挥作用的两大关键领域:作为 IT 需求方的领导,你需要构建和管理 IT 的预期;作为 IT 供应方的领导,你需要提供具有成本效益的服务。

本书不可能包罗万象。当前,CIO 的作用是非常巨大的,可能需要好几卷书才能把它完全讲清楚。本书不是关于技术的,也不是关于 CIO 日常工作的。本书的重点仅仅放在那些想要成为企业领导者的 CIO 所需要的那几个关键要素上,它并没有囊括成为一名成功的 CIO 所需了解的全部内容。

新型 CIO 领导需要重点关注的十大任务

从对上千个公司和 CIO 的研究中,我们整理出一幅新一代的更加主动的 CIO 的画卷,我们称之为新型 CIO 领导的十大任务。本书就是围绕这十大任务展开论述的。

1. 领导,而不仅仅是管理。领导与管理是不同的,它们是相互补充的。两者,你都需要。领导就是变革并影响其他人一起变革。为了做到这一点,你需要有一个个人愿景以及一个关于如何利用信息和技术使你的企业更加有生命力的观点。新型 CIO 领导力要求两个方面的重要能力。首先,你必须领导你的业务伙伴们一起设定预期并识别出什么是企业的领导者所看重的价值(这就是我们所说的需求方领导能力,将在第二章至第六章中进行讨论);其次,你还要带领你的

IS 团队来提供具有成本效益的服务(这就是我们所说的供应方服务,将在第七章至第十章中讨论)。

2. 了解你所处的环境基础。你需要了解自己的行业、竞争环境,并要能够按照关键决策制定者和利益相关者的主张行事。

3. 为如何利用信息技术构建成功的组织创建愿景。作为 CIO,你不仅要充分了解自己的企业,而且必须具备清晰表述如何利用 IT 更好地增强企业实力的能力。这就是为什么你是 CIO,而不是别的高管或者中层的信息部门经理的原因,你必须拥有运用技术完成你的同事们的商业目标的愿景。

4. 构建并宣传 IT 赋能企业的预期。这是作为一名 CIO 的核心任务。根据我们这些年来对 CIO 们和他们的同事所进行的研究,我们总结了一些达到最佳效果的具体建议。你需要和你的同事们一起确定出最关键的业务需求、战略、推动力等相关因素,然后清楚地表达出应对这些需求所必需的信息技术方针(也就是我们所说的 IT 准则)。

5. 创建清晰和适当的 IT 治理方法。治理是成功的真正秘诀。有效的治理可以使你把业务和 IT 战略编织在一起,并且始终如一地建立起信誉和信任。

6. 把业务和 IT 战略编织在一起。IT 战略是指信息技术领域的重要内容——包括 IT 准则、IT 架构、IT 基础设施、应用战略和 IT 投资的优先级——和它们在

前言

一个确定的期限内的实施。IT战略意味着主动地开发和积极地管理你的IT组合,从而做到你的同事们所认定的成功。

7. 建立新型IS组织——一个比以前传统的组织更加精简和集中的组织。就像新型CIO一样,这个新型组织要做到成功也必须改变一些关键的运营方式。这里要介绍的三个基本事宜是:引入流程化的工作方式,IT服务的战略外包,以及在资金上给IS一个合理的地位。

8. 在你的IS组织中发展并培育一个高素质的团队。IS团队所需要的许多能力与你以前所需要的那些能力不同。你需要了解这些新型IS组织(一种更加依赖于内部和外部关系的组织)所需要的能力,然后招募并培训拥有这些能力的人,使之发挥作用。

9. 管理新型的企业和IT所带来的风险。这些由IT所带来的风险会比以前更加普遍和深入,潜在的破坏性也更大。要考虑到信息安全、数据的隐秘性、与计算机相关的恐怖活动,以及确保与新的法规结构相符合的需求。企业领导者必须认识到这些风险,并且在整个企业范围内管理这些风险——你作为CIO应该领导这一过程。

10. 用与业务相关的语言传达IS的绩效。你必须了解并且传达IT是如何为股东贡献价值,以及IT是如何通过与业务价值直接相关的IT价值指标作出贡献的。如今,IT在企业中的执行情况对于企业的运营至关重要。

以上这些内容都是当今CIO所面临的关键问题。新型CIO必须为应对它们中的每一条作好充分准备。这份列表并没有涵盖CIO所需要做到的每一项事宜,但是它确实已经涵盖了一个新型CIO领导成功的关键元素。

一些告诫

最后,在继续讨论之前,我们想对于读者如何阅读本书提出一些建议。首先,管理者的任务并没有顺序(首先做什么,其次做什么,最后再做什么)。但是撰写一本书的体系要求我们要有一个先后的章节顺序,但不要以为这种顺序就是一系列严格的步骤。当你读完全书,就会发现我们讨论的每一件事情都是一个循环中的一个环节:战略影响着组织,组织影响着IT服务的提供,IT服务的提供又影响着战略。

第二,在本书中我们介绍了很多模型和图表。它们中有很多是互相重叠的。这种多样性的主要原因之一在于没有任何一个图表或模型能解释所有的情况,帮助所有的企业。我们绝不是想让读者在自己的组织中运用所有的模型或图表,你只需选择最适合你的情况和需要的即可。

第三,不要因为术语和专业词汇而焦躁不安。你大概也知道,除了对每一样东西都要有一个三个字母的缩写以外,其他的并没有一套标准的术语。对于同一事物,我们会给出不同的术语,并且也会指定我们首选的那个术语。但不要因

前言

为看得太多就陷入了我们使用术语的限制之中,你自己使用的时候不要受到束缚。

第四,在写这本书时我们自己设定了一个要求,就是尝试提供足够的细节使本书更具实用性,但同时也不能把它写成《战争与和平》。我们预先向那些觉得我们写得太详细或太肤浅的读者道歉,我们已经尽力不要在任何一个方向上偏离得太远。

最后,因为你可能想要进行自测,我们在附录 D 中提供了一套自我评估题。这些问题设计得并不很全面,我们只是希望提供一个简易的指南,能够使你把我们所讨论的和你所面临的现状联系起来,并帮助你实施所读到的东西。现在做一下这套自测题,读完本书后六个月再做一次,看看发生了哪些变化,这样你大概就会发现这些练习最重要的用处了。

说完这些,就请开始阅读本书吧!我们的愿望就是帮助 CIO 们变成他们可以、应该而且需要成为的企业领导者。通过这些年来对 CIO 们的研究和与 CIO 们的合作,我们确信:如果你还没有处于通往新型 CIO 领导的这条道路上,我们可以帮助你走上这条道路;如果你已经走在这条道路上了,我们可以帮助你改进你的绩效。我们需要讨论的第一件事,也是接下来所有被讨论问题的基础和关键,就是领导力。

第一章 奠定基础：领导力

今天的CIO面前有两条道路。一条道路是成为被信赖的企业高级领导，而另一条是仅仅成为一个"保证系统稳定、可靠、经济运行"的技术管理者。为什么CIO们在现在这一特殊时刻会处于十字路口呢？究竟是哪些变化使这两条路有如此鲜明的对比呢？

原因是多方面的。当然其中很大一部分原因就是所有的组织对技术的依赖性越来越强了。另一个重要的原因就是全球化的迅速发展，使得战略和执行都变得更加复杂。IT使得业务的全球化和资源的全球化成为可能。同时，全球化的有效实施在很大程度上也依赖于优良的信息和IT服务。

期待已久的全球经济复苏和刺激经济新增长的改革推动也是其中的部分原因。最后，我们还必须提到全世界范围的新的法律环境，特别是寄予了CIO们信托职责的美国"萨班斯—奥克斯利法案"，以及其他司法领域的有关隐私和安全的法案。这些新颁布的法案正在改变CIO们在公司决策

第一章

层面所扮演的角色。

所有这些都是为什么CIO们现在必须要么跨进一步进入新的层面成为企业的领导者,要么退后一大步成为首席技术员的原因。因此,尽管CIO的老范式和新型CIO的新范式之间并没有一个明确的断点,CIO们现在也必须选择一个方向。

一些CIO们已经走在成为新型CIO的道路上。[1]以世界著名的喜达屋酒店集团的CIO比尔·奥茨(Bill Oates)为例。在1997年左右,技术在喜达屋旗下的诸如喜来登和威仕汀集团等酒店连锁企业的作用还仅仅局限于客房预订和员工的工作日程安排上。而现在,技术在喜达屋已经渗透到了每一个重要的开发和战略决策中。对此,奥茨解释道:"IT已经对酒店业和旅游业产生了巨大的影响。"

对于喜达屋来说最关注的问题就是网上预订服务的畅通和及时。"我们已经完成了所有网线的铺设工作,现在正向无线通信发展。在高度竞争的环境下我们需要快速决策。"奥茨说,"同时,网络和网上预订对我们的酒店行业产生了巨大的影响,它改变了消费者的行为和预期。我们的信息系统组织正在致力于将客户吸引到我们的网站上来,帮助企业执行全球定价,同时我们现在正考虑如何帮助我们的企业成为旅游和娱乐的单一信息来源。"作为CIO,奥茨几乎每天都忙于使喜达屋自身更具竞争力的每一项关键决策的制定上。

当然,许多人还没有走上这条道路。我们仍然会听到

奠定基础：领导力

"我们那个CIO老是满嘴技术术语"的说法，而且平均来说，CIO们的职业生涯还相对较短。但是在我们的研究中，这个时间跨度正在延长，对于CIO们想要真正发挥作用必须将商业与技术相结合的理解程度也在逐渐地加强。成为CIO即意味着"职业生涯结束"的观念也在向CIO的实质性工作是作为首席整合官和首席影响官的观点让路。用我们的CIO客户的话说就是：CIO正在从"身份卑微的职业"转变为"操劳过度的职业"。

组织的结构性变化是因为在很大程度上认识到对新型CIO领导的需求。虽然有些CIO还没有处在理想的报告位置上，但总的趋势是CIO直接归于CEO或COO的领导，并成为引领组织前进的CEO领导的高管团队中的一员。根据我们正在进行的研究，如今大约40％的CIO直接向CEO报告。尽管对于新型CIO领导来说，直接归于CEO的领导是很有益处的，然而最重要的是CIO要在战略决策层占有一席之地。在这个位置上，新型CIO领导可以对企业的绩效产生最大的作用和影响，这比是否向某一特定的人报告要重要得多。

新型CIO领导要在他们的同事之前发现他们企业的机会在哪里，并且使他们自己和企业的绩效跨上一个新的台阶。为了做到这一点，CIO必须在企业的执行层面发挥真正的领导作用，指导和培训他们的同事，使他们理解特定技术在商业中的潜在作用。同时，开启那些被限制在商业流程中的信息和商业智能。对于那些能够掌握有效领导所需的技

第一章

能和行为的CIO及他们的组织来说,这都是一次令人激动的旅程。当然,这一旅程同时也是十分艰难的。CIO们拥有横跨整个企业的独特视角,这就赋予了他们独特的发现机会和解决问题的能力。

但是,并不是所有企业的情况都是相同的。事实上,我们发现企业在任何指定时期都可以归纳为三种情况中的一种。处在每一种情况下的企业和政府机构的数目年年都在发生变动。这些变动不仅仅受到企业自身绩效的影响,同时还受到国内外商业周期的影响。我们把这三类企业分别称为努力生存型企业、保持竞争力型企业和寻求突破型企业。

努力生存型企业通常都经历过多次的停工关闭,都在努力寻找节约成本的新方法。因而,它们通常会取消或者减少资本性投资和长期项目,包括IT的开发。考虑的IT项目也都是为了提高效率和节约成本。

保持竞争力型企业就是整个经济状况的缩影。在萧条期,它们观望事态发展,对任何重大的商业计划都会谨慎从事。因此,它们每年只会增加少量的预算(包括IS预算),它们会重点去完成那些已经开始的项目以增强现有的流程和系统的能力,而不会关注新的项目。IT项目的实施要么是为了推动企业效率,要么就是为了支持企业效益的衡量方法。随着经济状况的改善,企业也会逐渐开始增加新的项目。

寻求突破型企业通常每年都会积极地增加它们的商业投资和IT预算。它们寻求商业创新,包括IT带来的商业创新,以期挤进行业前列。寻求突破型企业更愿意投入那些可

奠定基础：领导力

以为未来带来巨大竞争优势的具有较高风险的长期项目。

　　CIO的日常工作和关注重点必须根据企业环境的不同而变化；在本书中，我们将经常提到CIO们在这些不同环境下的具体关注重点。但是不管企业的环境如何变化，对新型CIO领导的需求不会改变。努力生存型企业对新型CIO领导的需求并不比寻求突破型企业对新型CIO领导的需求小。

　　正如我们所明显看到的那样，新型CIO领导和首席技术员最主要的区别就在于领导力。对新型CIO领导来说，最重要的就是要去领导，而领导并不仅仅意味着管理。

　　如今每一个取得了一定成功的CIO应该至少是一个有能力的管理者。那些不具备管理能力的人首先就不应该被提拔到这个位置上来。但决定你将来能不能成为企业的重要高层管理者的，不是管理能力，而是领导力。

　　本章指明了后续各章论述问题的基础。如果你不具备领导力，你就不能完成作为一名新型CIO领导必须承担的任务。好消息是领导力是可以培养的，它并不神秘，不是那种永恒不变的个性特点，也不是只有少数一些人才可能具备的。

　　想要成为一名企业领导者的第一步就是了解什么是真正的领导力。而领导力的根本就是信誉。

高管领导力建立在信誉之上

　　简单来说，信誉对企业任何高级管理者就像金币一样珍贵。新型CIO领导像其他主管一样需要信誉作为资本。离

第一章

开了CIO的信誉,任何大型的IT计划都不可能成功启动和完成。美国联邦贸易委员会推行的"全美谢绝来电电话注册"(Do Not Call Registry)的经验告诉我们,当CIO具有信誉并全程参与新战略时会带来些什么。

联邦贸易委员会主席蒂莫西·缪尔斯(Timothy Muiris)在2003年裁定,电话推销商对美国公民家庭的持续侵扰危害了这些家庭的隐私权。保护消费者的隐私是他愿景的一部分。由于斯蒂芬·沃伦(Stephen Warren)作为联邦贸易委员会的新型CIO领导建立起来的良好信誉,主席邀请沃伦和他的团队成员参与组建一个新的团队,负责为电话营销问题找到解决方案,使消费者能够限制拨打给他们的电话。沃伦绝不仅仅是被邀来去实施一个自己没有参与策划的概念;事实上,沃伦从一开始就是团队的一员,他的信誉确保了他在团队中的地位。最终,该团队为创建一个所有电话营销商必须参考和遵照的谢绝来电名单制定出了一个策略。沃伦的早期参与对于这份计划的制订和实施是至关重要的,该计划在90天内就完成了全美范围的注册。

你并不是企业中唯一的CIO

和CIO们合作的经历告诉我们,收入超过10亿美元的企业通常有多个CIO。因此如果你是在J.P.摩根、雷诺兹·纳贝斯克(JRJ Nabisco)、汤姆森金融(Thomson Financial,他们把CIO当做首席技术主管)或者道富银行及信托公司(State Street Bank and Trust Co.)工作,你会发现还有许多其他人似乎有着和你一样的工作头衔和工作内容。事实上你们的工作内容并不相同。你们根据所在部门的不同有着明显不同的工作角色。

公司总部 CIO

在特大型的企业中通常会有一个在组织中拥有最高 IT 职位的公司总部 CIO。公司总部 CIO 是最可能直接归 CEO 领导、直接向 CEO 报告、对 IT 在企业战略层面的作用产生直接影响的人。在许多企业中，他负责与国外进行沟通，同时也是组织 IT 战略和 IT 发展方向的代言人。作为经验非常丰富的主管人员，公司总部 CIO 可能是通过内部提拔上来的，但也很可能是从外面引进的。有时，他可能来自公司的某一业务部门。如果你是公司总部 CIO，你很可能会直接或间接接受部门 CIO 的汇报。你也有可能在企业的 IT 委员会中担任要职。你的主要任务之一就是识别并利用那些存在于企业之中的潜在协同效应。

区域或部门 CIO

一个企业可能有许多部门的 CIO，我们曾合作过的一些超大规模企业拥有多达 50—75 名分散在各个区域和部门的 CIO。这些位置上的 CIO 可能有一项或两项关键职能。他们可能在自己的权力范围内既负责领导 IT 的需求，又负责领导 IT 的供给，并管理重要的 IT 预算。在大型企业里，这些部门可能都是数十亿美元的部门。某些情况下，部门 CIO 可能更关注于领导本部门的 IT 需求、IT 投资的组合设定、外包产品和服务等。如果你在这个位置上，你就会经常面临一些

第一章

关键问题。你必须对你的目标拥有足够的了解,证明你的预算或资源需求是正当的,说服企业其他部门的 CIO 或业务领导者们共同为 IT 创造的机会而协同工作。

总之,在一个企业中可能会有不止一种类型的 CIO。但是,成为领导者还是技术员的选择仍然没有改变。为了降低复杂性,本书的剩余部分主要讲的是公司总部 CIO。然而,我们为 CIO 开出的处方对于区域和部门的 CIO 同样适用。角色的级别可能会改变(业务部门或区域业务领导代替了CEO,区域 CFO 代替公司总部 CFO),但对于领导业务部门同事和 IS 组织的需要不会改变。

谢绝来电电话注册的反响远远超过了预期。在开始的 17 天里就已经有超过 2 800 万人(预期数量的两倍)注册,其中有 88% 是在网上完成的。这些未预料到的请求,并没有对操作人员产生更多的需要,服务水平也没有降低。该系统作为政府行政能力的一个正面案例受到了全国媒体的追捧。

谢绝来电电话注册项目表明了新型 CIO 领导通过将业务战略与 IT 能力结合起来可以带来些什么。[2] IS 组织在联邦贸易委员会处于任务的核心,并在高级领导层拥有最高优先权。CIO 对影响该注册机制如何运作的决策、影响其可行性的决策以及影响预计的实施和运行成本的决策都拥有发言权。CIO 和 IS 了解法律上和商业上对该注册机制的需求,它需要怎样运作和需要管理哪些信息。通过 CIO 的参与,IS 组织能够使基础设施升级到可以满足网络和联邦贸易委员会消费者投诉呼叫中心预期处理数量增长的需求。同时,CIO的参与,可以使 IS 在这个过程中尽早找到该 IS 的外包服务伙伴。

结果:在 90 天内,该系统在得到授权和适当的资金支持下完全达到并超出了计划规模。谢绝来电电话注册这一事例证明,电子渠道完全可以在整个国家的范围内处理公民的交易行为。

我们发现,许多 CIO 对信誉从哪里来这个问题比较困惑。他们认为他们的知识、经验和资历都能带来信誉。但是,信誉只能来自于一个地方:带给企业的领导者所希望看到的结果。太多的 CIO 忽视了这一点。成功的唯一方法与你的那些高管同事们紧密相关。即使你在预算内按时完成了项目,如果你不能帮助你的高管同事们达到他们的业务目标,你的信誉也将受到损害。

下面,让我们深入讨论一下 CIO 信誉循环。事实上,信誉是一个不断自我培育过程的结果(见图 1-1)。

新上任的 CIO 被赋予了一定的初始信誉。在这个基础上,新 CIO 接收各种资源和投入来承担不同的 IT 项目。那些项目的结果,也会提高或降低 CIO 的信誉度,但这依赖于在企业领导者眼中这些项目是什么,以及这些项目是否给企业带来了收益。这个过程要么变成一个良性循环,要么会变成一个恶性循环。每一次成功,又积累了更多的信誉;每一次失败或不成功则会削弱 CIO 的信誉。

第一章

图 1-1 CIO 信誉循环

实现适合高管同事要求的重要结果可以建立信誉，同时又可以提高自己成功完成其他项目的能力。

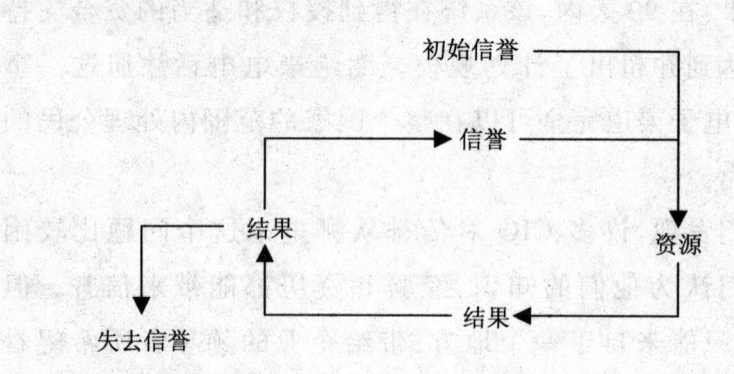

```
                    初始信誉
                       ↓
              ┌──→  信誉  ──┐
              │             ↓
           结果             资源
              ↑             │
              └──  结果  ←──┘
              ↓
           失去信誉
```

费城市政府就是一个建立信誉良性循环的例证。黛安娜·内夫(Dianah Neff)——费城的 CIO——帮助实施了数据仓库和跨部门的信息系统，这些系统现在部署在六个部门和一些外部代理机构之中。政府非常希望改善信息共享和效率，但是决策制定过程相当复杂，特别是对于那些试图与城市众多的市政当局打交道的外部机构来说更是如此。内夫提出的解决方案，产生了与其他部门、社会服务机构和有选举权的团体之间的新联系。由于它们在社会中所处的地位，这些团体容易引起市长的注意。它们对 CIO 的支持以及 IS 在解决方案中所扮演的角色，为 CIO 提升信誉创造了一系列外部渠道。基于这些结果建立的信誉使内夫极其便利地建立了与市政官员的非正式网络。

这样来看，CIO 的信誉的建立或丧失似乎完全取决于成功或失败；从长远的观点来说，的确是这样的。但是复杂的

IT 项目结果往往并不是非常清楚的,或者这种结果会随参与各方的不同而变化。长期项目的目标和驱动力在整个项目生命期内可能会不断地发生变化。因此,CIO 信誉的发展有时并不是纯粹地以结果为导向和看起来那样简单的。

商业项目的流动性本质使得信誉的维护更加复杂。要想拥有信誉,就要与高管同事们建立牢固的个人关系,要具有政治智慧,换句话说就是要懂得高管层的语言。这要求将 IT 目标与企业目标清晰地整合到一起。这也意味着要部署一系列可预见的技术解决方案来支撑商业需求。

从一个大的范围上看,领导力是建立于构建和保持信誉的复杂任务之上的。信誉是任何企业领导团队成员所必须具备的最基本要素。这种财富也正是领导与管理区别的一个方面。

领导与管理是不同的

CIO 应该如何领导?首先,你必须认识到领导不是管理,理解这种不同是至关重要的。我们发现 CIO 一般都很擅长于管理,但是作为领导者通常就有一些欠缺了。他们的领导技能确实需要加强。正如前文所述,任何致力于拥有这些技能的人都可以培养出这些技能。

领导力就是关于改变和影响其他人去改变的能力。它关注于不同的做事方法。但由于它是关于改变的,所以需要愿景、战略、灵感和热情。而管理则是关于执行和控制的。它关注于完成任务和更好地完成任务,它是关于计划、组织、

第一章

控制和分析的。如果领导是看到了建设横贯大陆的铁路的潜力,并安排好资源去建设铁路,那么管理就是使火车准时运行。

一位与我们合作过的新型CIO领导乔·洛克丹洛认为管理就是不断地问"今天你做了什么?",但是"领导则是通过关注于结果和方向带领人们在旅程中向前,他会说'跟我来吧'"。

领导和管理虽然不同,但是领导和管理是互补的。二者对于任何企业的工作都是至关重要的。已经退休的哈佛商学院教授和作家约翰·科特(John Kotter)认为:"虽然领导和管理都有它们各自的职能和特性,但是二者对于成功都是必不可少的。"[3]

领导力与感召力无关,感召力是一些人吸引其他人参与他们事业的神奇的能力。感召力是非常有用的,但是正如这些年我们所看到的一样,当具有超凡魅力的领导者带领他们的组织误入歧途的时候它也极具杀伤力。根据吉姆·科林斯(Jim Collins)在《从优秀到卓越》(Good to Great)一书中的描述,具有一流绩效的领导者们具有坚定的决心和明确的意志,知道应该将自己的团队带向何方,但是他们通常会很低调和谦虚。[4]他们不依赖人格的力量来影响其他人。

哈佛大学肯尼迪政治学院的教授、《没有简单答案的领导力》(Leadership Without Easy Answers)一书的作者罗恩·海费茨(Ron Heifetz)认为,领导者就是那些在任何一群人里能够培育出适应性改变(adaptive change)的人。[5]海费茨认为,适应性改变就是那种需要人们改变自己的习惯和舒适的行为方式,甚至是他们思考和感觉的方式的深度改变。这很困难,适应性改变会使人们不舒服,因为它要求人们放弃自己熟悉的东西,而去接纳某个新的东西。因此人们常常会抵制,而且这种抵制会采取许多的方式。

管理也是关于改变的,但管理是那种海费茨所称的技术上的改变,它不像适应性改变那样需要作出如此根本性的转变。人们可以利用他们现有的知识和技能来进行技术上的改变,因为它要求改进、更好更快地做某事,而不是去做新的、不同的事。人们同样也会反抗技术上的改变,但是一般不会是那种适应性改变所引起的强烈抵制。

领导力的要素

因为领导力和变革之间的密切联系,高效能的领导者通常都有一些共同的特征。

愿景

首先,高效能的CIO要有一幅愿景,一套关于IT如何把他们的企业带入更高层次的清楚的、令人信服的观点。英国航空的CIO保罗·科比这样描述他的愿景:"我们的IT应该能够使消费者在我们的控制之下,并且和我们的员工使用相同的系统。使用相同的流程和系统是为了增加透明度,也是为了满足消费者和员工的需求。我们正在推动自助式交易和业务的简单化。我们的目标就是推动简单化和自动化。"[6]

第一章

显然，愿景受到很多因素的影响。任何过时的愿景都将无法发挥作用。IT愿景必须与整个企业的目标和愿景相一致。为了使其他高管同事能够追随这一愿景，CIO们必须采取诸如劝说、哄骗、争论、威胁、承诺和恳求等各种各样适当的方法。如果愿景不能与同事们产生共鸣，不能帮助他们实现他们自己的目标，解决他们自己的问题，那它就是不合适的，他们也不会接受它。

愿景虽然远不是高效能的领导者所需具备的唯一特征，但是它可能是最与众不同的一个特征。没有它，就没有领导力。你为你们组织制定的愿景是什么呢？信息和IT又将在组织的成功中扮演着什么样的角色呢？

沟通

光有愿景是不够的。CIO们必须将他们的愿景与同事们进行沟通，他们对愿景的接受是愿景得到认可和执行的必要条件。为了做到这一点，CIO们必须清晰、明白地表述他们的愿景。就像好莱坞的制片人需要忽悠，通过表达自己的愿景吸引他人的眼球，并使他们兴奋一样。

高水平的沟通者能够用听众的语言和方式来表达自己。他们更喜欢数字、图表、文字，还是图画？他们是喜欢简明、扼要，还是喜欢比较长的、更详细的解释呢？

在绝大多数情况下，我们发现具有高效沟通能力的CIO所表达的信息总是简短的，他们不愿意反复陈述要点。总之，他们所说的愿景总在向听众传达一个有力而又积极的信

奠定基础：领导力

息，"就我来说意味着什么"。

高效的沟通绝不只是 CIO 的讲演和介绍。它还包括所有有效传递信息的方式和方法。它需要从解释和指导到劝说、督促、教育和激励的一系列过程。例如，英国航空和其他组织在组织内和组织外的各种 IT 博览会上利用展台和展览工作人员，来解释新技术带来的商业潜力。海报在澳大利亚统计局被用做宣传组织未来技术的一种方式。海报通常都将技术用语的数量降到了最低程度，以便所有的员工都能够很容易地理解。在美国大都会人寿保险公司，CIO 史蒂文·施恩赫特（Steven Sheinheit）则为内部使用者制作了一本小册子，清晰地传达了 IS 组织的服务交付策略。

CIO 在组织中的位置越高，他花在与同事沟通自己的愿景上的时间就越多。我们了解到，在那些大型的、比较认可 IT 的企业中，CIO 经常需要花费自己 20% 或更多的时间来一遍又一遍地解释他们所预见的技术将给企业带来的潜能。每年我们都会对全世界范围的 CIO 进行一次广泛的调查。该调查清楚地表明，CIO 花在宣传自己愿景上的时间越长，获得高管领导团队接受和认可的程度就越高。如果你花在使别人信服你的愿景上的时间使你感到比较辛苦，或者你认为这么做不值得，那么你或许应该重新考虑你的工作观念了。

构建关系

沟通是构建关系的重要前提，而构建关系对于 CIO 的领

第一章

导力是至关重要的。正像 CIO 随着自身重要性的提升而要不断投入更多的时间在沟通和交流上一样，他们也需要花费更多的时间去与其他高管同事们建立和保持关系。

如果你有很强的技术背景，那么成为一名信息系统领导者的关键因素之一就是你必须认识到你的主要关注点必须随着你职位的晋升而转变。在晋升道路之初，你90%的精力是放在技术上的，而10%的精力是放在关系上的。随着你在组织中的职位晋升得越高，这种组合就会改变得越多。在CIO 的位置上，大约是10%的精力放在技术上，90%的精力放在关系上（需要大量的沟通）。

这种构建关系所需的技能是可以学会的，而且掌握它们的回报是无限的。这些技能不容易被掌握，但掌握它们不是不可能的。不断有证据证明，它们与绩效直接、紧密相关。当你在考虑这些技能时，问问你自己做得怎么样呢。同时不要忘了考虑别人可能是怎么评价你的。研究者还发现，非常不幸的是，组织中领导的职位越高，他们对自己的评价与其他人对他们的评价的差距就越大。

一些 CIO 们并不真正了解成为新型 CIO 需要些什么，因为他们把它看做是卷入了组织政治。的确，CIO 确实需要参与公司政治，因为那就是组织工作的方式。公司政治是复杂的，因为它包含人际关系。但是如果你能够使自己保持诚实和正直，那么你仍然可以在复杂的政治环境里做到最好。

高效能的 CIO 们需要知道什么时候应该坚持立场，而什么时候应该讲究政治。这里"政治"的含义是"了解你所处的背景，了解你所处的环境，而且知道什么时候应该退让一步以获得长期的支持"。一位 CIO 形容这种方式为"建立政治资本"。但是他告诫说："你不可能无限制地增加政治资本，因为记忆是短暂的。"或许你自己不想使自己那么具有政治色彩，但是你也必须知道如何在政治环境中表现得精明和机灵。

由于你需要和其他人（各种各样的 IT 利益相关者）构建关系，因此这种关系需要既是工作的又是个人的。个人的并不意味着你要卷入其他人的个人生活，但是你对待他们时要把他们当做和你一样的有欲望、有恐惧以及拥有人类的所有其他情感的真实个人。我们所了解的大多数企业，仍然看重忠诚、诚实和正直，甚至可能比以前更加看重。

此时，被丹尼尔·戈尔曼（Daniel Goleman）所普及的情绪智力概念就是至关重要的。戈尔曼在《情绪智力与领导力》（*Emotional Intelligence and Primal Leadership*）中指出，真正有能力的领导者与那些无能的领导者之间差别的 90% 可以由情绪智力因素来解释。[7]

戈尔曼定义了情绪智力的四个基本维度：

自我意识：识别我们自身感受的能力。我们中的许多人都太少注重自己内心的感受了。

自我管理：管理自我感受和情感生活的能力。所有人都有高潮和低谷，但情绪上成熟的人就能识别出这种感觉并避免被它们所影响和控制。

社交意识：识别其他人感受的能力。这里最关键的技巧

第一章

就是移情,也就是通过其他人的眼睛看世界和站在他人的角度感受他人情感的能力。就像有些人描述的那样,同情就是为了其他人而产生某种感受,而移情就是和其他人一起产生某种感受。事实上,移情是人际关系的基础。

社交技能:有效地影响和适当地顾及别人的情感的能力。

这四种技能,即情绪智力,是通过影响力实施领导的基础。如果你想成为新型 CIO 领导,你必须培养你的情绪智力,特别是社交意识或移情能力。戈尔曼指出,识别他人的感受并移情于他们是构建一切关系的基础。移情使你能够通过别人的眼睛看世界。这并不意味着你要认同某个人,但你可以把自己放在他的角度看问题。没有移情,就没有关系。没有关系,就没有能力向别人传达并说服他们接受你作为一名领导者的愿景。

通过影响力实施领导

这些有效领导的元素对任何人都是非常重要的,但对于 CIO 领导来说它们的重要性还要加倍。为什么这么说呢?因为 CIO 大多数时间要在远离他们的正式权力的基础上开展工作。对于他们的高管同事,CIO 通常没有正式的组织权力。他们必须依赖劝说和关系来影响他人。这就是我们认识的一位金融服务机构的 CIO 所称的从背后领导。是否能够在这个位置上取得成功是对领导者愿景、沟通能力和关系的最终检验。

在我们关于适应性改变和技术性改变的描述中,我们说到领导力是关于适应性改变的,需要人们经历习惯、思维甚至是情感的某些重大变化。适应性改变常常是痛苦的,而且一般会带来一定程度的不确定性和可察觉到的风险。人们常常愤怒地抵抗适应性改变。

他们抵抗的不是变化本身,而是领导者或者说变化的传递者。根据研究人们如何对待适应性改变和技术性改变的学者罗恩·海费茨的研究,这种抵抗可能会采取针对某个人的形式,提倡这种艰难的改变的领导者可能被排斥、冷落甚至挤出团队。[8]这些是极端的反应,但是这些行为并不少见,因此任何领导者都应该为此作好准备。

这样来看,领导力需要具备许多的个人技巧和品质便毫不奇怪。勇气和乐观只是其中必备的两样,还要有韧性、自我强度(ego strength,强势的自我或强大的自我)、果断、动力、个人活力、情绪智力等等。基于我们和许多CIO的经验,这些都应该列在CIO所应具备的技能和品质清单上。

如果你想要通过影响力来实施领导,那我们也需要谈谈个性类型和领导风格。情绪智力的一个关键因素就是自我意识。你必须知道你会怎样自然地表现、沟通、学习和应对压力(也就是说,你必须知道自己的个性),这样你的自然反应才不会控制和妨碍你成为一名优秀的新型CIO领导。你也必须培养一种适合于通过影响力来领导的领导风格。

第一章

了解你和你的同事们不同的个性类型

虽然这是老生常谈，但仍值得强调一下：我们中的每一个人都是不同的。我们的不同在于我们如何面对世界和其他人，如何应对困难，如何解决问题。这不仅仅是礼貌的问题，还是一个常识，我们应该尽量用让他人感到最舒服的语言进行沟通，用与他人最契合的方式处理世界上的问题。这种态度对于与你的业务伙伴一起合作是非常重要的，你必须了解他们是如何亲自完成工作以及他们喜欢以怎样的方式一道进行工作。

例如，有些人总是不拘小节，着眼于大局——他们是具有大局观的人，总是在会议陷入僵局时说，"我们现在在哪里？我们在试图做什么？"还有些人则喜欢关注他们眼前的事情，反复斟酌问题直到解决问题。他们总是寻找更多的资料，作更细致的分析。如果这两种人在一起工作，而相互不了解彼此在偏好上的不同，他们必然会把彼此逼疯。你和CEO以及其他企业领导者的交互也是这样的吗？难道你不能更好地了解并顾及你的同事的不同偏好吗？这是移情的一种形式。

为了做到这一点，你必须首先了解自己的偏好，然后知道那些你需要与之打交道来适当地顾及和影响的人的偏好。为了使你对这种方法会如何帮助你有一个真实的感受，我们在附录A中包含了一个个性类型的简短测试，一个认知个性偏好（或类型）的最知名和最权威的方法。这个小测试是由心理咨询家、MBTI职业测试的注册从业者、曾经在高德纳CIO论坛上主持过会议的理查德·格兰特（Richard Grant）发明的。附录包括一系列简短但适用于评估你自己偏好的问题。一旦你知道了自己的偏好，就可以考虑你的高管同事所采取的行为和交互方式有哪些不同之处了。如果你更好地了解了他们的个性类型，就可以计划你对他们的影响，并使影响最大化。

依据情况，实施不同的领导风格

如今，每个人都很熟悉领导风格这个概念了。就像我们刚刚讨论的个人偏好一样，领导风格就是你所偏好的作为一名领导的做事方式。

我们所有人都可以采取许多做事方式。我们中最害羞的人在着火的剧院里也会突然起立，然后大叫"着火了"。作为领导者，我们也有很多自己喜欢的做事方式。在紧要关头，我们很可能会采用我们偏好的方式。那些方式组成了我们的领导风格。

下面的列表列出了从命令式到民主式的六种领导风格（它们之间会有一些重叠）。针对每一种领导风格，我们都给出了一句话，它们代表了领导者管理其团队的方式：[9]

命令式："跟着我，因为我这么说！"
引领式："跟着我，我做什么你们就做什么。"
愿景式："跟着我，因为我看到了未来！"
姻亲式："跟着我，因为我们大家在一起。"

第一章

指导式:"试着这样做。"

民主式:"你怎么认为呢?"

这些领导风格是由 Hay/McBer 公司(一家咨询公司)基于对全球 4 000 位主管的详细调查,加上对情境领导力的早期研究而得出的结果。[10]

体现着独裁的一端是命令式(或者是强迫式),它要求无条件地顺从。另外一端是民主式,通过参与而达成一致意见。中间的是愿景式,它通过愿景动员人们。

无论你怎么看待这些不同的风格,它们都有它们自己适用的时间和地方。通常,你不喜欢命令式的领导,但是在决定性时刻,大多数群体拼命地想要有一个指挥官(尽管还是希望那个人至少能听从不同的意见)。没有一种完美的风格适用于所有的情形、所有的人。这就是为什么你需要具有运用多种风格的能力,而不只是你通常喜欢的那种。例如,当你与你的业务部门同事共同领导时,命令式是不太可行的(想象一下你对 CFO 或 CEO 说"因为我这么说!"会有怎样的后果吧)。有三种领导风格是你需要练习且需要通过影响力来实现的,它们是愿景式、姻亲式和民主式。正如我们待会儿要讨论的那样,新型 CIO 领导的一个关键任务就是塑造和传达关于技术在企业成功中所扮演角色的愿景。CIO 需要愿景式领导方式,从而与高管同事们有效地分享愿景。考虑我们前面对新型 CIO 这个角色的讨论,姻亲式和民主式领导风格的优势或许就显而易见了。

作为一名新型 CIO 领导,你必须了解都有哪些领导风格,知道每一种风格在什么时候是合适的,并能够在需要时灵活运用每一种风格。优秀的领导者可以根据情况和牵涉的人的不同而采用不同的领导风格。

CIO 的领导力有两种形式

我们已经描绘了一幅领导力的图画。从中我们可以看出,发挥领导力既重要又困难。我们也已经讨论过新型 CIO 领导最与众不同的特点就是他要起到领导作用。这种领导力包含许多已获得的技能和行为。在很大程度上,CIO 的领导力并不依赖于你的企业是为了努力生存、保持竞争力,还是寻求突破。尽管你的领导力的成分或元素(你的愿景、沟通和关系)必须对你所处的环境很敏感(在第二章中会更多阐述),然而领导的重要性并不会因为情况不同而有所增减。努力生存型企业的 CIO 和寻求突破型企业的 CIO 的领导作用一样重要。

我们已经把对 CIO 领导力的分析分成他们工作的两个自然元素:需求方领导力和供给方领导力。之所以这样分是因为他们在这两方面要从不同的基础做起(见图 1-2)。

在需求方,CIO 必须作为平级的人、伙伴甚至是下属来领导。这种情况就是完全靠说服和关系。在供给方,他们有了来自于组织约束下的该位置的正式权力。但任何有经验的领导者和管理者都可以证明,这种权力经常都比理论上的要小。尽管如此,它还是有价值的;而且,它确实使得作为 IS 组织正式领导的 CIO 显得与作为企业高管团队成员的 CIO

明显不同。

图1-2 新型CIO领导的需求方和供应方作用的构建和持续互相强化

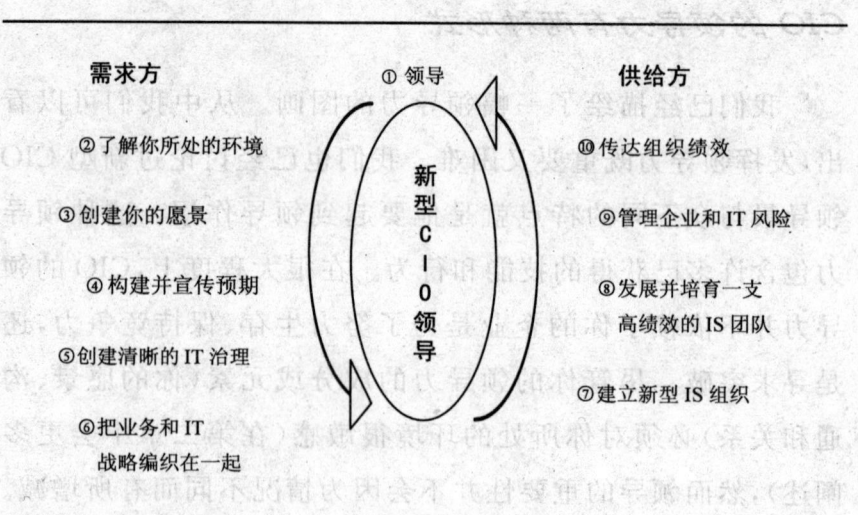

需求方
① 领导
② 了解你所处的环境
③ 创建你的愿景
④ 构建并宣传预期
⑤ 创建清晰的IT治理
⑥ 把业务和IT战略编织在一起

新型CIO领导

供给方
⑩ 传达组织绩效
⑨ 管理企业和IT风险
⑧ 发展并培育一支高绩效的IS团队
⑦ 建立新型IS组织

在以上的每一个领域,我们都将描绘一幅新型CIO领导所需的详细图画。我们的观察建立在我们与全世界上万名CIO正在一道进行的广泛研究和工作之上。

第一部分 需求方的领导力

THE NEW CIO LEADER

第一部分

本书在这一部分主要关注于在领导企业确定对信息和IT的需求方面，对于新型CIO领导力的要求。为了满足这个要求，CIO们需要确定为什么要实施IT，同时又要为IT设定既切实可行又有着光明前景的愿景，以帮助业务部门的同事们既可以看到IT在今天实际可能带来的价值，又可以看到IT在今天看似无法想象，但在未来会显现的潜在价值。我们把这个过程叫做"领导你的业务同事"，因为这种领导相当于同级别团队成员中的一员对其他成员的领导。这种领导不同于正式权力结构下的领导。

新型CIO领导承担的需求方责任主要集中于五个新的领域（第二章到第六章），把对这些领域的关注与领导的方法相结合，就意味着你的新关注领域的60%应该集中在业务上，而不是集中在你的IS团队上。这也是新型CIO领导的基本特性。

我们在第一部分将重点讨论这五个领域。首先，你必须了解你的业务基础：如果你不了解你的业务同事们的目标，你就无法领导他们。第二，创建你的愿景：企业希望CIO能够创建一个IT大幅改进业务绩效的愿景。第三，构建并宣传IT预期：要想在你的业务同事们眼中为你自己树立一个成功的形象（新型CIO领导们最为关注的标准），你就必须领导他们为IT的价值设定一个适当的预期。第四，创建适当的IT治理：你的IT决策需要植根于业务领域，你的业务同事必须认同这些有关IT的决策。最后，将业务战略和IT战略紧密结合：IT战略不仅要与业务战略一致，而且要直接来源于业务战略，并紧跟业务战略。

第二章　了解所处的环境基础

领导力的一个关键因素便是愿景。新型 CIO 领导们的一个显著特征，就是他们以其他高管接受和支持的方式，对于如何使信息和技术有力地推动业务绩效有着清晰的、令人信服的愿景。形成这种愿景不仅需要专业知识，同时也需要对自身业务有着更为深入的了解与掌握，因为愿景必须勾画出你的企业将如何通过业务与技术的结合来获取竞争优势。因此，你对自己企业的熟悉程度必须如同你对技术的熟悉程度一样。

如果你的愿景不是深深地植根于你的环境基础，那么这种愿景便毫无价值。你无法利用没有价值的愿景进行领导。如果这个理由不足以说服你认真研究你的企业，那么还有另一个理由。了解业务知识是使你获取你的高管同事们信任和认可的唯一途径。如果你不了解他们在做些什么，也不了解他们的业务如何运作，那么你对他们将毫无信誉可言。正如前文提及的，信誉是一切的基础。幸运的是，作为一位

第二章

CIO,你拥有对企业的独特视角,你也具备有利的地位和责任纵观整个企业。你所处的位置使你能够发现解决业务问题的新机会与新方案。这些方案也许会被你的管理层同事所遗漏,因为他们的视野比你窄。而企业中和你一样具有这种独特视角的高管便是CEO。其他的高管通常由于其职责的性质,而更倾向于关注特定的业务领域。他们中很少有人了解企业的各个部分是如何整合起来的。只有了解业务知识,你才能判断哪些因素对业务绩效十分关键、哪些不太关键,也就是什么重要、什么不重要。

当然,你的企业是属于努力生存型、保持竞争力型,还是寻求突破型,对此或多或少都有影响。许多CIO对于自身企业到底属于以上三者中的哪一类型有着本能的判断。了解你的企业意味着不是仅仅基于本能的判断,而是要深入地认识你的企业为何属于这一类型。

在本章中,我们将讨论涉及理解企业及其环境基础的所有要素。这种理解首先就意味着认识你的企业;其次意味着与企业内的关键决策制定者们打交道,并逐个了解他们。[1]

认识你的企业

我们将认识企业所需的内容划分为以下几个逻辑部分:(1)企业所处的行业环境与竞争环境;(2)企业的业务(运作)基础;(3)企业内的关键人员;(4)可能影响该行业及企业的趋势。

了解所处的环境基础

认识行业环境与竞争环境

优秀的 CIO 们了解自己所处行业的节拍。每个行业都有自己特定的运行节奏和速度。如果你有过更换行业、并感觉自己像一条离开水的鱼一样的体验,你会对这一点有更深刻的体会。尽管有时在不同企业或者同一企业的不同部门之间存在一些差异,然而通常所有行业的运行都存在某种周期或季节性特征。

例如,有一位 CIO 在一次高德纳会议上描述了一家酿酒公司的运作状况。这家公司及其大多数竞争对手以月为周期开展业务。其行业标准是每月给客户开一次账单。此外,该行业运行中也有每年的周期,也就是制造商会逐渐增加产量用以应对这一年中较热的月份。

而零售商的工作周期却完全不同。检查日销售量至关重要,因为这是该行业人员的工作方式。在此之上的是一个以周为单位的变更折扣的周期,比如把上周末没有卖掉的易腐烂的货物拿到这个周一折价卖掉。这个周期之上的第三个周期是圣诞与夏季高峰以及春秋换季。不同的是,传统的美国直营零售商以及邮购商重视的是初秋、圣诞节以及新年之后的冬季。

作为一位 CIO,你必须对所处行业及业务的波动十分敏感,同时也要及时根据业务同事的进度决定自己的进度。当与其他高管交谈时,你必须清楚他们处于周期中的哪一部分,以及他们考虑到多远。当然,当你的同事们专注于周期中的热点时,想要引入一些大的变化或者希望他们接受你的想法将会非常困难。

除了要关注行业的周期波动外,公司还需要关注与行业业务绩效密切相关的投资环境。积极、冒险的投资会随着行业以及时事变化而出现起伏。电子商务的繁荣与萧条之后,发生在许多国家中的经济衰退就表明了商业投资的全面下滑。当CIO敏锐地意识到市场与行业环境时,他就能够与同事们一道主动地调整关注重点与资源——在此过程中,CIO便被视为真正了解业务的人。

同时也有一些对你的业务有很大影响的行业因素。你的业务同事们必然十分关注法律法规问题、竞争对手引入的新产品、新进入的竞争对手、主要竞争对手的成败、行业价格的变化、重要原材料的价格变动,等等。和他们一样,你也需要关注这些变化以及其他的相关事宜。

如何确保自己与业务同事们处在同一战线并且密切合作呢?阅读他们阅读的主要贸易刊物。采用他们采用的同种行业预警服务。参加一个主要的行业贸易展览和会议。当行业形势有变动时,和某个同事待在一起,这样你就能更好地了解关键问题对你们的业务将会产生何种影响了。与同行业内的其他CIO进行联网交流。与重要的客户和供应商(尤其是那些也为本行业内其他公司服务的供应商)会面,这样你就能够从他们的视角了解你做得究竟如何。从公司外部雇用的职员以及分析师的报告也能够让你了解到更多的信息。

了解公司所处的竞争环境尤为重要。快速发展的技术、新型的市场、激烈的竞争、更高的客户预期可以在短短几年的时间里使整个行业发生翻天覆地的变化。全球电信业就是近期的一个例子。行业的变化不可避免地对单个的企业产生影响,同时也促使它们改变。不但服务的市场和提供的产品会发生显著的变化,企业内部运作方式也会发生显著的变化,比如业务单元、部门以及生产小组间的协同。

你不能像你的同事那样对外部形势和状况麻木不仁。你也不能以自己没有时间来考虑竞争环境为借口或者认为考虑竞争环境完全是别人的工作。如果你对目前的状况毫不了解,那么无论你拥有何种头衔或者向谁报告,你都不能被看做是高管团队的成员。

认识企业的业务(运作)基础

为了了解企业的业务基础或者政府机构的运作基础,你需要掌握几个关键的步骤。接下来的内容介绍了如何采取这些步骤。

了解企业的业务模式

没有任何事情会比你不了解自己公司的基本经济模式,导致你的同事们疯狂和对你丧失信任更为严重了。经济模式简明扼要地描述了公司的生财之道。它做什么买卖?同谁做?产品或服务是怎样生产或提供的?成本如何?公司如何获取与保持客户?从长远考虑,公司或独立的业务部门

第二章

如何使赚的钱比花的钱多？

例如，下面就是一个常见的经济模式：一个公司为获取新客户而进行投资，这些新客户在最初一两年内可能会使公司赔钱，但是在这些客户的生命周期内，最终还是会给公司带来利润。在这个模式中，客户的终生价值十分关键，同时公司需要仔细研究与长期伙伴关系相关的所有衡量标准。商业信息也很重要，因为商业信息不仅能够使模式良好运转，而且能够使模式不断完善。

在政府组织中对应于业务模式的便是运作模式。组织的使命是什么？如何实现该使命？衡量成功的标准是什么？

如果你不了解自己组织的模式及其运作方式，那么你和IS部门将很难发现运用技术使组织的商业模式更加完善的方法。

时刻关注企业最新的重要指标

同时，你也需要了解并关注公司利益相关者关注的衡量标准。利益相关者关注整个企业层面的业务绩效衡量标准，例如总收入、收入增长、赢利、每股赢利和资产收益率等——你知道你的企业重视哪一个指标吗？在近期与某金融服务公司的高级CIO的一次会议中，我们惊讶地发现，他们居然不清楚哪一项业务绩效指标对自己的公司最为重要。可是我们也知道，一家大型制造公司的CIO认为了解这些指标非常正常。他告诉我们：在最近的一次公司高层会议上，当一个部门的业务领导缺席时，他仍被要求报告该部门的绩效状况。

　　董事会成员和高管人员之所以倾向于关注这些主要的价值衡量标准,是因为投资者利用这些标准来评估公司的成败,因此这些标准也会对股价产生影响。假如你的企业拥有数个业务部门,每个业务部门都有一套关键的财务绩效指标。那么你也应当关注这些指标,因为管理这些部门的同事也同样关注这些指标。

　　许多公司还关注除了财务指标之外的关键指标,如果你的公司应用这些指标的话,你也应当追踪这些指标。比如像平衡计分卡就是一种广泛应用在财务与非财务领域的衡量框架。[2] 经验告诉我们,CIO对同事们关注的关键绩效指标,无论是财务指标还是其他的指标,都要加以重视。由于信息部门很有可能要编写产生这些关键企业指标的程序,所以你所处的特殊位置使你必须了解这些指标是如何产生的以及它们具有什么样的含义。

理解企业的战略意图

　　战略意图是指长期的、整个企业层面的目标,并且包括了企业整体的长期愿景。通常,战略意图在较长一段时间里都会基本保持不变。[3]

　　下面是几个战略意图宣言的例子,通常也称为使命宣言。

- ➤ 成为区域内业绩最佳公司进军国际市场时的首选金融合作伙伴

第二章

> 成为最受大中型世界级跨国公司欢迎的电信公司
> 成为世界领先的娱乐、信息提供商
> 成为综合财经服务提供商,为高价值客户提供一站式服务
> 为那些渴望与众不同而非碌碌无为的实业家书写历史

如果这些宣言没有清楚地为你的企业指明生存发展所需的竞争优势,那么你就需要深入研究。当你真正理解了企业的意图后,就能使企业在竞争中与众不同。

麦克尔·特里西(Michael Treacy)与弗雷德·威尔斯曼(Fred Wiersama)的《市场领导者的修炼》(*The Discipline of Market Leaders*)一书介绍了一个获取竞争优势的有效途径。[4]他们把企业使自己独树一帜的方法概括为三种类型的价值策略:

> 卓越运营:强调效率与可靠性(例如供应链的最优化)。
> 客户至上:强调客户服务和客户响应,这些服务和响应基于对顾客或客户的深入了解和细分、对市场的精确定位或这些因素的结合。
> 产品(服务)领先和创新:关注于新型产品与服务的变革,比如成为市场的第一个进入者。

你的企业采取了上述哪种战略方法作为自己的竞争模式?还是正在从一种竞争模式转向另一种模式?

你需要理解企业的关键战略,因为许多计划(包括与IT

相关的商业计划)的成败都要由这些战略来衡量。一个成功的计划将企业向其战略意图推进;而不成功的计划不仅无法推动企业朝向战略意图迈进,甚至有可能使企业背离战略意图。

熟悉企业的战略部署

战略部署是实现企业战略意图的重要计划。它们通常持续一到三年的时间,与业务模式以及行业结构中的主要变化或基础变化有关,通常也会与客户、供应商或这两者与企业的交互方式有关,并且很可能也与你处于何种行业有关。

上述理由说明了你为什么需要了解战略部署,而其中最主要的原因便是这些努力中的大部分通常都涉及IT,从而也就与IS部门有关。如果你和你的IS团队不能完全理解每个部署——它如何与企业联系在一起以及它所体现的公司策略和经济模式——那你很可能会忽略掉更好地为企业服务的途径。

理解企业的文化与运作机理

每个企业在其所信奉的价值(它的文化——"我们在这里的工作方式")以及各业务单元在工作中的关系方面都有所不同。这些特性一方面是由各业务单元的相似性决定的,而另一方面则是由管理哲学所决定的——管理哲学通常是企业历史的遗留产物。各业务单元也许有同样的客户群、能力、流程,甚至可能出售相似的产品。这些交叠为协同合作

第二章

提供了机会,然而是否会实现真正的协同还要取决于企业的管理哲学。

例如,在欧洲一家大型的汽车供应商法雷奥(Valeo)公司,各业务单元高度自治,所以能够快速地制定决策。每个单元对自身的运营、销售、利润以及像财务、人力资源、IS 等职能承担全部责任。也就是说,每个部门都能够独立地设计、生产并出售产品。

由于自治是法雷奥十分重要的管理价值,所以其指导原则便是让每个部门拥有自主的决策权。法雷奥的 CIO 把 IT 决策划分为基础设施决策和业务应用决策,公司的 IS 团队负责基础设施决策,而业务单元负责自身的业务应用决策。并且只要外包商提供的服务满足一定的 IT 标准,业务单元就可以把自己的数据中心外包出去。公司 IS 团队可以提供意见,但是在部门层面,CIO 关注的是与沟通基础设施(为有助于共享)或最终的购买决策(为得到数量折扣)有关的问题。

在另一个有着完全不同哲学的组织中,CIO 与 IS 部门可能采用大为不同的方式。然而不论如何,CIO 必须理解企业的哲学与文化,并据此制定 IS 策略。

了解企业基本的业务前景

我们上面讨论了企业的环境基础及运作方式。你还需要了解目前企业基本的运行状况如何。换句话说,也就是了解企业基本的业务前景。通过对近两千家组织的调查,我们发现了三种深刻影响你和其他高管团队成员的业务前景。

这部分内容在前面曾经讨论过，在此我们重新回顾一下，并讨论其对 CIO 行为可能产生的影响以及其带给 CIO 的挑战。

> 努力生存型：这类业务前景的特点就是连年持续缩减业务和 IT 预算，取消新的项目，解雇员工，以及不断寻找缩减业务与 IT 开支的方法。

> 保持竞争力型：这类业务前景的特点是，在困难时期，年复一年基本保持不变的预算，努力完成现有的项目和系统的建设，然而对于开展较大规模的新业务的建议，尤其是与 IT 相关的建议将会比较谨慎。当经济条件有所改善时，这类企业便会对较新、较大的项目进行投资。

> 寻求突破型：寻求突破型企业主要表现为业务和 IT 预算的显著增加，并采取激进的措施来超越竞争对手。

你的公司是哪一种类型？答案常常很明显，但并非绝对。在不同类别中存在灰色地带，所以有时需要找到微妙的线索，因为几乎没有企业会公开宣称自己究竟属于哪一种类型。有时公司内部也可能分属于不同类型，比如一个业务单元可能正在丢失已有的市场份额，而另一个单元则在开拓新市场。

在努力生存的环境里，需要找到削减 IT 开支以及利用 IT 削减业务支出的方法。同时也要在削减开支与避免因能力过度下降所带来过多的风险这两者之间寻找平衡。若企业正在维持竞争力，则需要关注的是实施可靠的系统和流

第二章

程,并同时为你及 IS 部门寻求可能的发展。在寻求突破型的环境里,你需要积极地寻找利用 IT 促进变革的方法,而不要仅仅止步于满足 IT 的日常需求。

随着时间的推移,企业组织可能从一种类型转变为另一种类型,然而重要的是在任何时候都了解你的企业属于哪一种类型,因为你的工作和所要做的事——你的关注重点——在不同类型中是各不相同的,与企业的基本业务状况保持一致最为重要。试想当你的企业正在努力生存时,你却采取或推行寻求突破型的 IT 策略,将会带来什么样的后果。即使一些很小的错误,例如在企业已经进入寻求突破的初始阶段后,你仍采取维持竞争力的模式不变,也有可能大大损害你的信誉度,并使你明显地和公司的整体业务脱节。

了解可能影响你所在的行业及企业的趋势

一旦了解了企业的环境基础及现状,就需要开始着眼于研究可能影响企业的主要趋势。你现在就必须探寻变化的迹象,从而预见重要的发展趋势。如下的六个领域需要重点关注:

> 经济环境与行业规律:周期与投资环境不断转换和变化,但通常都伴随着一些征兆。

> 技术:技术走向何方?它可能会对你的企业、工作和服务产生什么影响?竞争对手在关注或测试什么技术?

> 竞争:竞争对手、潜在竞争对手或新进入的企业都能

让人大吃一惊,但却吓不倒那些时刻关注本行业及其外部经济环境的企业。

> 企业:如果你持续系统地关注企业的关键绩效指标,那你将很清楚企业的走向,并能随时准备好,甚至主动地协助企业找到一个更好的方向。

> 政治:关键人物的权力和影响力会不断地发生变化。如果你知道谁制定了企业的议程以及为什么这么制定,那你的状况肯定会不错。

> 文化:文化的真正变化通常是非常缓慢的,但是如果时刻保持警觉便能发现组织工作中只可意会的微妙变化。

了解可能影响你所在的行业及企业趋势只需要你关注上述几方面的信息;但同等重要的是,你必须时刻警觉变化的发生。你的目标就是能够探测出变化的发生,从而避免火烧眉毛。

所有这些建议可以用一句话概括:时刻关注你的企业及其运行环境。

遵循这些建议是非常迫切的,这有两个理由。一是了解你的企业对于你建立IT赋能企业的愿景是至关重要的;二是如果你希望你的高管同事重视你、尊重你,那么你需要学识渊博或至少表现得学识渊博。

而这两个理由都很充分。

第二章

与关键决策制定者和利益相关者共事

了解企业是建立并保持信誉的重要部分,同时也是愿景的必要支柱。为使愿景具体化,并知道在什么时候该怎样实现一部分愿景,你就得与关键决策制定者和利益相关者共事。

管理数量和种类不断增多的 IS 利益相关者对于 CIO 们而言是一项非常需要领导技能的复杂挑战。随着利益相关者的范围变得越来越广,且不同类型的利益相关者进入 IS 领域,他们的动机和期望出现了分化。这种状况在很大程度上可能导致决策上的扯皮和政治上的僵局。

IS 利益相关者是指任何能够影响 IS 决策和运作或被 IS 决策和运作影响的团体或个人。如今,这些利益相关者包括了公司和业务单元、董事会、业务合作伙伴、IS 员工、服务供应商、外部客户和外部代理商。他们关注的利益从长期优先权到每日营运等各不相同,所以他们对于你和你的 IS 部门应该做什么、不应该做什么都有着不同的意见。倘若没有适当的管理,利益相关者可能会阻碍项目建议的实施,或者干脆成为出工不出力的消极参与者。

发现哪些利益相关者掌握职位权力(在组织结构中)、财务权力或关系权力(影响他人的决策)还是比较简单的。但是对那些不那么引人注目,却有紧急或正当需求的利益相关者,通常也需要给予更多关注。利益相关者管理就是要解决如何在同时面对支持者与反对者的情况下,实现一个满意的结果。作为一名 CIO，你寻求的结果可能是运营层面的，比如说将提供 IS 服务的权利留给业务单元。这个结果也可能是基础层面的，比如说整合供应链、将客户管理全球化或是制定 IT 战略。作为一名新型 CIO 领导，想要获得成功，你必须识别出所有的利益相关者，决定谁更需要给予密切关注，进而对症下药，分别对每一个利益相关者采用最适当的手段。

明确谁是你的利益相关者

IS 利益相关者的数量和种类都在不断增多。最开始，他们来自核心业务。在过去的简单世界里，IS 利益相关者直接地参与企业活动——主要是雇员，但也有一些供应商和分销商。对于核心业务的利益相关者而言，内部的组织机制通常足以应付大多数有争议的 IS 状况。

当企业通过联盟、合资、建立合作伙伴关系、关注成员价值链等方式拓宽企业边界之后，IS 利益相关者的数量也随之增多。这些利益相关者现在包括经销商、外包商、客户、供应商、管理者、利益群体，甚至包括了竞争对手和战略联盟合作伙伴。在商业生态系统中，我们可以随处发现 IS 利益相关者（见图 2-1）。

不久前，加利福尼亚的萨克拉门托县、萨克拉门托市、萨克拉门托市公用事业管理局（负责该地区的电力与天然气供应）以及萨克拉门托地方县政府共同合作建立了一个地理信息系统，旨在创建一个所有参与者都能使用的数据库——该

第二章

数据库将所有参与者掌握的土地相关信息整合在一起。县政府拥有土地的税收数据,萨克拉门托市公用事业管理局拥有公用设施的信息,市政府掌握有关水的信息,等等。通过综合这些数据并修订错误,这个合作组织希望降低收集信息、维护信息的成本。

图2-1 IS利益相关者和商业生态系统

IS有着各类利益相关者,他们可能来源于整个商业生态系统的各个部分。

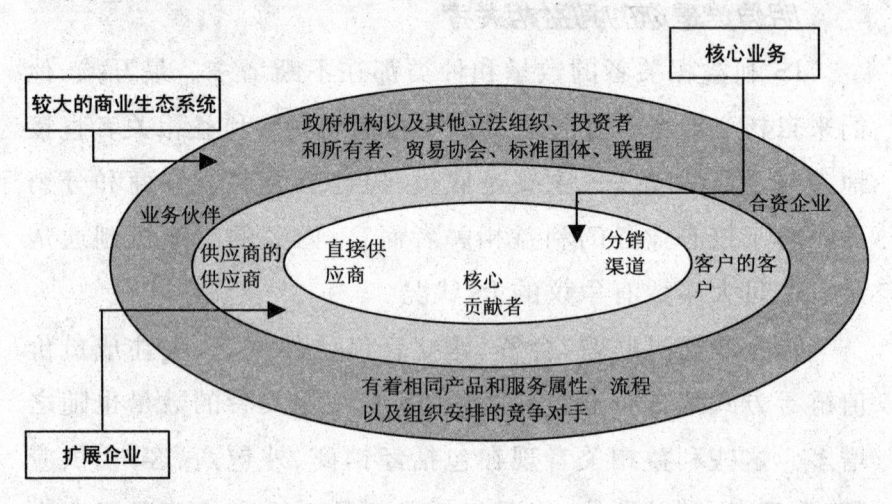

较大的商业生态系统：政府机构以及其他立法组织、投资者和所有者、贸易协会、标准团体、联盟

核心业务

业务伙伴

合资企业

供应商的供应商　直接供应商　核心贡献者　分销渠道　客户的客户

有着相同产品和服务属性、流程以及组织安排的竞争对手

扩展企业

资料来源：改编自 J. F. Moore *The Death of Competition: Leadership and Strategy in the Age of Business Ecosystem* (New York: Harper Collins, 1997)。

　　该合作组织花了两年的时间进行磋商,从而建立了所需的信任,以便在实施中达成一致的运营原则和规范。第一个项目是最先由市警署使用的主地址数据库。类似这样旨在降低成本、更好地服务选民的合作项目,意味着萨克拉门托市的CIO萨莉·纳吉(Sally Nagy)的工作已经远远超出了城市的范围,进而包括了与县、区的合作。她的 IS 工作范围的扩大尽管没有正式或官方的说明,但却是毫无疑问的。纳吉的例子表明,如果想在这个越来越复杂的世界里与关键决策者共事,就得首先意识到这种工作范围的扩展,并找到所有的利益相关者。

细分你的利益相关者

下一步便是细分你的利益相关者,从而能够对其进行有效的管理。由于数量众多,CIO 通常无法一视同仁地管理众多的利益相关者。一名新型 CIO 领导需要将其划分成有意义的不同组合。一个常用的——但可惜是错误的——方法便是按照利益相关者需求的急切程度进行细分。需求并非一定是优先级的决定因素,尽管需求急切的利益相关者希望你能这么认为。

与我们一起工作的 CIO 找到了一个更加有效的方法:通过利益相关者在 IS 事务中的拉力(pull)和立场(stance)来区分他们。拉力是其在 IS 事务中的影响力;立场则是指他们究竟是支持还是反对一件 IS 事务。

利益相关者的拉力包含三类特质:权力(power)、迫切性(urgency)与合理性(legitimacy)。可以将其表示为 P、U 和 L (PUL):[5]

> ➤ 权力(权势):一位利益相关者有多大的政治权势、经济权势或其他的权势去影响决策?权力越大,拉力也越大。

第二章

> ➤ 迫切性（需求的紧迫性）：利益相关者所提的需求究竟有多大的时间压力？紧迫性也会提高拉力。
>
> ➤ 合理性（提出需求的权利）：在一项决策中，利益相关者在道德、法律、合同或其他方面到底有多少权利？利益相关者的权利越合理，拉力也就会越大。

大多数经理只关心 PUL 中的权力因素。权力的确会产生很大的拉力，然而迫切性与合理性也很重要，因为它们可以提高利益相关者的影响力。想要有效地细分利益相关者，就必须综合以上三个特质，判断每个利益相关者的拉力。这三个特质——权力、迫切性、合理性——综合在一起便使利益相关者的拉力有低有高。

例如，若利益相关者只有一个合理需求，则其拉力最小。但是不要低估只具有一个特质的利益相关者，例如具有合理性的利益相关者。当多了迫切性，不论是真是假，其拉力都会增大。当多了一个颇具权威的发言人或联盟后，其影响将进一步增大。有着合理原因的个人能够通过网络很快地获得权力。对此不必大惊小怪。

利益相关者的立场是指一个利益相关者对一件 IS 事件的支持或反对程度。了解一个人或组织的立场在最开始也许是件令人畏缩的工作。然而直接与利益相关者交谈，或者和与其打过交道的人（比如 IS 雇员或者外部的经销商）交谈，能够帮助你了解他们目前的态度以及潜在的动机。

如图 2-2 所示，将利益相关者以拉力和立场为维度划分为四个利益相关者群：强（弱）支持者与强（弱）反对者。

图2-2 利益相关者象限

按照拉力和立场将利益相关者划分为四种类型。利用象限区分和追踪不同利益相关者的重要性。

```
支持
        │
   弱支持者  │  强支持者
        │
立场 ────┼────
        │
   弱反对者  │  强反对者
        │
反对
   小      拉力      大
```

管理利益相关者的立场

在一些读者看来,所有的这些讨论听起来像是政治花招,而你唯恐避之不及。我们认识的许多CIO认为政治就是达成协议、在争论中胜出、欺骗他人、操纵与笼络以及在其他方面的不正当行为。他们认为政治靠的就是你认识谁,而不是你知道什么,并且他们认为世界并不是按照本来应当的方式运行。

但是新型CIO领导知道,所谓的政治实际上是与组织设置中的人际关系有关。组织政治就是关于协作、影响和关系的。它涉及了解组织及其运作方式:谁作决定、谁有什么样的日程、权力的基础在哪,以及组织文化和风格方面的问题。你可以将政治当成一种心理博弈——我们认为实际上很多人就是这么做的;当然,你也可以坚守自己的真诚。但新型

第二章

CIO 领导必须使用政治手段,而怎么做就由你自己决定。

有一点你必须牢记在心:这所有的一切都是为了要使尽可能多的利益相关者转变为有影响力的支持者。是什么的支持者?你个人的支持者吗?不。是信息与 IT 的支持者,特别是关于 IT 如何使企业更强大的愿景的支持者,这个愿景将会给所有的人都带来利益。若仅和你有关,那么我们同意这只是政治;若与你企业的 IT 愿景有关,那便是组织的街头智慧(street smart)。

下面来看以拉力和立场为维度细分的四个利益相关者组合:

1. 强反对者:大拉力、反对立场。这些利益相关者最危险,因为他们最有可能会使你无法实现目标。

2. 强支持者:大拉力、支持立场。该类利益相关者是你力量的基础。

3. 弱支持者:小拉力、支持立场。他们支持你,但目前基本没有影响力。

4. 弱反对者:小拉力、反对立场。这一类人可能阻止你达成目标,然而他们目前却无法这么做,因为其影响力还不够。

将利益相关者们划分成以上几组后,就要对每组的成员进行仔细研究。在任一给定时刻,任何组织中的不同团体和部门内部或它们之间都存在争论和斗争。一定要牢记这一点,并将其添加到之前讨论过的有关你需要掌握的企业知识中。这些争论基本都不会被记录或被正式地讨论,但是它们会对团体的立场和行动产生深刻的影响。发现人们的观点和立场的唯一办法便是与其结成人际网络进行沟通交流。问他们问题,从而了解他们的想法以及他们的思路。你不能猜测,你必须清楚地知道。

正如美国能源部(U.S Department of Energy)的 CIO 卡伦·埃文斯(Karen Evans)所说,"对处于命令链中的人来说,人际网络能够给予至关重要的帮助。非正式的人际网络是高级领导者们了解信息并解决争议的地方。你要是还在等着那些正式的渠道,那可就失去了大好的机会。"

通过上面有关政治手段的分析,你应该已经作好准备对不同的利益相关者细分群体进行优先级划分,并作出不同的应对策略。以下是我们建议的对待不同细分群体的不同优先级。

优先级 1:将有影响力的反对者转换为支持者

首先要关注的是有影响力的反对者,因为他们最有可能使你无法实现目标。要利用现有的关系网,从某位 CIO 所说的你的"政治资本银行"中提取一些政治资本,并加上你其他的一些筹码,用以换取利益相关者的支持。有时,仅仅是与反对者交流并倾听其意见就足以减少他们的反对情绪。他们也许会对你的处境抱同情态度(或者希望你对他们的处境抱同情态度)。更好的情况是,他们也许会成为你的支持者,因为这么做会给他们带来好处。为他们作一些小改变会带来大回报。

第二章

优先级 2：限制无法转变的有影响力的反对者

如果你这些充满诚意的努力没有奏效，仍有一些有影响力的反对者无法被转变，那么最后一招便是限制其影响。利用决策制定流程来抵消他们的拉力。与高管层一起确定别的解决途径。如果可以的话，通过 IT 委员会和其他程序来减少反对带来的影响。并且为了使支持者明白他们的积极参与非常重要，可能也要与他们召开预备会议。

优先级 3：网罗住有影响力的支持者

一旦决定了如何应对有影响力的反对者后，你就要考虑如何处理与那些有影响力的支持者的关系。你的目标应该是维持住他们对你的支持，并保护他们的影响力。

处理与支持者关系最有效的方式便是直接与利益相关者个人或群体打交道，而非只通过小组会议或委员会保持联系。非正式的人际网络、征求他们的意见、考虑他们的利害关系都能增强与这些关键联盟的联系。要确保这些利益相关者在制定决策中占有主要地位（或至少是有影响的地位），否则他们可能会丧失拉力。实际上，明智的做法便是将其地位尽可能提高，或将其置于比较瞩目的位置上，从而增强其拉力。使用高级管理层、治理和委员会等战术也能使这一群体保持稳定不变的支持。

优先级 4：认知弱支持者

对于弱支持者，你必须认识到他们的重要性，并努力增强其拉力。团结有影响力的支持者以增强弱支持者和你的地位。利用决策委员会和其他程序，把单个利益相关者的弱拉力转换成有影响力的组群的强拉力。我们就曾在投资理事会上看到，弱支持者的地位被其他支持者的承诺所支撑。

优先级 5：关注弱反对者

弱反对者也许看起来不那么值得给予过多关注，但若忽视他们，你可要小心自担风险，因为它们不可能一直都那么弱小。他们能通过联合强反对者、提高需求的迫切性与合理性等方法来获取影响力。

选择正确的管理战术

与不同类别的利益相关者共事时，要牢记可用的管理战术与技巧。不同的技巧会显著地改变管理 IS 利益相关者拉力的动力机制。

- **高级管理层介入**：用高级管理层的立场和拉力取代一些具有话语权的利益相关者立场和拉力，这样可以使重心转移至一小群有影响力的支持者那里，特别是当这些高管因其自身的能力而被公认为是可信的领导的时候。
- **治理**：要了解缜密、透明的治理所具有的威力（在第五

第二章

章中会详细介绍)。明确了谁拥有决策权、谁承担负责之后,有时也许会让人们重新考虑制定决策过程中应该包括哪些人。

> IT委员会或IT理事会:在治理过程中使用高层IT委员会或理事会能够使单个利益相关者的见解更加透明。由于反对者无法再保持沉默(或无法轻易地破坏你的努力),他们就会公开地阐述并维护其见解。

> 关系:利用现有的关系直接影响持反对意见的利益相关者的立场。利用你的善意作个交换。你可以靠与利益相关者的关系来影响其立场,或将自己的权力授予他们。你也可以利用与有影响力的利益相关者的关系,让他们增强你的弱支持者的影响力。

> 协商:协商必然包括改变利益相关者的立场,通常是由达成互利的交易来实现的。要记住协商通常涉及的是观点与看法,而非具体事宜。了解反对方的看法也是有好处的。如果能够对其进行调和,你便能争取到支持者,甚至很有可能改良你的解决方案。

> 交往:让利益相关者参与对话可以使你更好地理解他们的立场和拉力。关系、协商与交往均旨在改变(或采纳)个人的立场;然而高级管理层介入、治理与指导委员会却是改变个人的权力或拉力。交往是至今为止最为合适的技巧。这个方法也许开始看起来是最被动的,但它却能为后面的协商与关系的进一步发展打开大门。若不与利益相关者交往,就无法产生关系

或进行协商。即使你与其他人或其他团队对某一特定事件意见不一,交往同样能够使你们保持关系。

一家食品服务公司的 CIO 对于费时的交往与快速决策的需要之间的权衡有以下看法:"我们合作的文化就是通过协商以及所有与决策有关的主要利益相关者的共同参与,对有关决策达成一致。这个过程有时看起来会费时费力,但执行起来却很快捷。若不这样做,而是决策迅速但执行不力,那结果将会更糟。"

在工作中若忽视与利益相关者交互的话,那么不论结果如何,都会损害你的信誉。要努力工作去达到你的目标,但在努力的过程中要造桥而不是拆桥,必须团结一切可能团结的力量。

了解如何去影响不同类型的人

由于你要与关键决策制定者共事,所以逐个与他们交往至关重要。获得任何高管的关注都是非常困难的,然而这类关注对 IT 计划取得影响与信任是至关重要的。但是关注并非只是高管对你单方面的,关注是双方面的——若想被关注,首先就得给予关注。GMAC 金融服务公司亚太地区前 CIO 乔安妮·斯塔布斯(Joanne Stubbs)曾经强调过了解不同类型利益相关者的重要性:"应对不同的利益相关者群体,我有各种不同的方法。选择哪种方法由这个人的性格决定。劝告、私下里的协商、提供服务的历史情况、一个好的升级流程都能发挥一部分作用。但与利益相关者打交道最有效的

第二章

方法还是通过良好的人际关系。关系管理至关重要。"以我们的经验,明智的 CIO 会与其所有高管层的同事和其他的利益相关者建立一对一的稳固关系,以此构建信任与人际关系的基础。

要想做到这样,你不妨从公司内部找一位老师——如果可能,找一位了解所有相关高管的高级业务主管。这位老师或教练能为你了解同事们的个人境况提供别样的视角。

对于与关键业务决策制定者的沟通,这里给出如下建议:

- 了解他们所面临的问题,寻求机会给予他们支持,并锻炼你的业务判断力。
- 了解他们读什么、看什么、同谁交流。
- 了解他们的奖金依赖于什么业务目标,并向他们表达:你把帮助他们实现这些业务目标当成自己任务的一部分。
- 主动承担工作,这样可以向这些利益相关者展现你深远的商业视角。
- 经常征求同级别同事的意见,并真诚地了解他们的反馈和见解。
- 向他们表达的意思要简洁,并着重于"我该如何助你成功"。
- 试着和他们"泡"在一起,比如一起出差。以大家舒服的方式,聊聊经历、家庭和其他的一些话题。
- 把他们训练成自信、具有 IT 思维的商务旅行者(road

warrior)。

> 让他们在家里成为英雄。在他们家里接入宽带网络——无线网络也许会激发他们有关移动部署的想象。

记住,如果你想与同事们保持良好关系,你还必须让他们知情——没有信息,就没有支持。当一位高管发现了一件未向他们进行简单报告的事件时,就会产生我们所说的"抵抗逻辑",而这种由于没有及时向他们传递信息的过失造成的"抵抗逻辑"通常会引发他们对这一事件的反对。当该类事件出现时,这些人的第一反应便是认为它不重要。因为他们会认为:"如果那很重要,我就会知道。"高管们不会牺牲自己的信誉,而去支持他们所不熟知或认为不重要的事情。不知情与表面的不合理这一对儿致命的组合只会让他们做一件事——反对。

要根据关键决策制定者的身份和需求来与他们打交道。要记住,关系在凭借影响力进行的领导中发挥着关键作用,而关系是在包容的基础上构建的。所以要了解同事们的喜好,并以他们喜欢的而非你喜欢的方式与其打交道。这与政治无关,而与领导艺术有关。

与 CEO 和 CFO 打交道

作为一名新型 CIO 领导,虽然你需要和许多利益相关者打交道,但很明显,你得优先与两位高管建立关系,他们便是 CEO 和 CFO。为此,你当然要预先想想这两位高管是怎么

第二章

想的,他们关心什么,喜欢怎样接收信息,你怎样才能与他们构建积极的关系。

CEO

高德纳研究部门多年来一直在追踪研究 CIO 和 CEO 之间的报告关系。经过五年的全球追踪调查发现,向 CEO 报告的 CIO 比向其他高管报告的 CIO 在数量上要多很多,然而近来,这个百分比保持在略低于 40% 的水平上。

但 CEO 与 CIO 的关系并非一直都是这样的天作之合。实际上,调查表明,CEO 与 CIO 的关系存在四个不同的层面:敌对、交易、进取、信任联盟。这些关系通常与 CIO 在高管层的不同影响力、IT 为企业带来的不同价值等因素有关。

在敌对型关系的情况下,CIO 无法提供可被接受的服务——他与 CEO 的交互大多与 CEO 查明问题有关。交易型关系是最为普遍的一种关系,在这种关系下,CIO 和其他的职能部门主管(比如人力资源主管)一样,是组织服务的提供者。交互主要是为了确认 CIO 所带领的部门如何为实现业务战略提供服务。进取型关系中的 CIO 已经确定了 IT 应该提供什么样的服务,并主动地与 CEO(以及其他的合作人员)一起参与到业务事务中。最后,在信任联盟型关系中,CIO 与 CEO 的交互包括了战略的联合设定。像这样参与企业战略是你作为新型 CIO 领导的目标。

除了敌对型关系外,CIO 在其他三种层面的关系中都能取得成功。你必须了解现在自己处于哪一层次,才能向更有影响力的关系发展。你将如何描述你与 CEO 的关系？我们发现最常见的问题是 CIO 无法积极地与 CEO 进行定期、有意义的讨论。你知道 CEO 对你的看法吗？

几乎没有 CIO 能够从与 CEO 的敌对型关系一下子到达信任联盟型关系。成为 CEO 心中的新型 CIO 领导需要时间。你得做好一步一步实现进展的打算，而不要奢望一下子就大功告成。切记，欲速则不达。

以下的建议将告诉你如何加强与企业主要高管的关系。这些建议是由高德纳的研究员肯·麦基（Ken McGee）提出的。你会发现它们和我们刚讨论过的内容紧密相关。

1. CEO 最关注的问题是什么？
   - 找到 CEO 有哪些具体的关注重点。
   - 找到 CEO 有哪些具体的项目用以满足这些关注重点。
   - 为新的 IT 计划发布指导原则。
2. CEO 如何评判你的成功？
   - 对如何判断你自己是否成功提出新的衡量标准。
   - 判断 CEO 的观点会对你新的 IT 计划有何威胁。
   - 提出这个问题：你会如何衡量我的成功？
3. 作为 CIO，你能向高管层提出什么新的想法？
   - 准备好三个具体的答案。
   - 经常更新你的答案。

第二章

CFO

自从 20 世纪 90 年代以来，CFO 对 CIO 而言越来越富战略意味，尽管他们之间的报告关系也许是最近才存在的。为什么是最近？因为当 CIO 的角色发生变化时，CFO 的角色也变了。

传统意义上，CFO 作为企业中控制财务的官员，关注的是管理收益与成本。然而近来，CFO 也开始关注为企业制定更加积极进取的财务管理战略。其中尤其包括了管理风险与投资、创造价值和沟通价值、平衡短期与长期目标、增强财务与法律方面的约束（由萨班斯—奥克斯利法案和其他法规所促使）以及管理企业的敏捷性。

为优化效率与效用，CFO 现在与企业业务单元和 COO 的合作都愈加密切了。这也推动了 CFO 与 CIO 之间这种新型、更为紧密的关系。他们一起探讨企业的 IT 战略。然而对于一些 CIO 来说不幸的是，CFO 的这种新关注却使他们之间出现了冲突。

尽管许多 CFO 努力使自己与运营和 IT 部门合作得更好，然而他们大多对技术都不太在行。想想你的 CFO 属于下面的哪一类——也就是这里所说的一类 CFO 与二类 CFO。

一类 CFO 无法理解或无法正确理解什么是真正意义上的 IT 赋能企业。他们对每次 IT 投资都采用成本最低的方法，并无法意识到技术有创造业务价值的能力。这类 CFO

中的一些人管理投资时仅仅把IT成本设定为利润的一部分,并忽视了通过IT赋能的创新在企业寻求突破或成为行业领头羊方面带来的机会。如果你发现你要向一类CFO报告,其结果常常会限制你或你的IS部门在业务上产生的影响。因此,CFO一定要成为你交往的第一位高管。如果你与一位一类CFO建立了关系,并改变了他的立场,那你将会在成为一名新型CIO领导的道路上顺利前行。

如果你与一类CFO均要向CEO报告,那么你就能在意见不合中赢得50%的机会。然而很不幸,在这种情况下获胜通常会使高层领导对双方都产生负面看法。如果有一个完善的治理模型,而这个模型明确地规定了投资方面的决策权问题,那么评估结果将会圆满、公正(详情请参见第五章)。

CIO与董事会

作为一位CIO,你希望成为领导队伍中可信赖的一员。有多种方法评估你的信誉度。直到最近,直接向CEO汇报,并成为高管委员会的一员才成为衡量信誉度的最终标准。如今,一些CIO有了新的衡量标准——不管他们是不是董事会会议(按欧洲的表述,指的是大多由非执行董事组成的外部委员会)中的常客。日益增多的CIO作为高管团队中的关键成员参与董事会会议。作为例行常规,他们需要在报告业务战略的发展与执行时说明自己的愿景、投资进程以及IT赋能方面的计划。

目前,在全球500强企业中,只有较少的CIO是董事会

第二章

（不论是本公司的董事会还是其他公司的董事会）成员。专家估计，在全球500强的董事会中，包含CIO的少于5%。[6]目前有一种趋势，即组织中董事会的正式成员至多包括一到两位高管。这一两位高管通常是CEO与总裁或CEO与CFO，具体由企业结构而定。不过与此同时，在其他企业中，CIO开始成为董事会中的一员。一些非常著名的品牌企业，例如沃尔玛、Gap、时报—镜报（the Times-Mirror）、百思买（Best Buy）、Sybase等，均让现任CIO或前任CIO参与董事会。高德纳公司前任CEO迈克尔·弗莱舍（Michael Fleisher）就曾将梅纳德·韦布（Maynard Webb）吸纳入董事会。梅纳德·韦布是eBay公司的现任COO，之前是eBay的技术总监以及Gateway公司的CIO。迈克尔·弗莱舍之所以这么做是因为他希望董事会能把技术当做一种战略武器和一种业务关键资产。弗莱舍强调：'我一直建议其他CEO，董事会必须包括CIO。如果董事会并非每次会议都讨论技术问题，那么这些讨论很有可能并不是正确的。"[7]

哈佛集团是一个专门与董事会合作的组织，该组织总裁文斯·卡拉西欧（Vince Caracio）认为CIO对董事会而言，是最没有充分准备的，但同时也是最没有充分利用的资源："不管企业的核心竞争力是什么，如今每家企业都应该让一个训练有素、经验丰富的CIO成为董事会成员。"文斯·卡拉西欧十分清楚对CIO的要求与CIO现有能力之间的差距。成为杰出董事会成员的CIO能够从业务视角考虑问题，按利润表行事，能够充分利用规模优势（特别是在并购事宜上），并能促使转型变革的发生。[8] 换言之,他们是新型CIO领导。

如果你经常被邀至董事会议上发言,甚或成为本企业或其他企业的董事会成员,那么这些情况所传达的信息都是一样的。正如卡拉西欧所言:你必须是可信赖的——而信誉来自于你对业务的深刻理解以及你在其中的关键性作用。我们将在第十章中介绍更多有关与董事会沟通的内容。

令人高兴的是,许多CFO变成了CIO的最佳高管同盟。二类CFO是高管团队中少数能站在整个企业的层面上看问题的成员。他们会协助驱动跨业务单元的计划,也会对单个业务单元可能不重视的项目提供支持。作为有影响力的IT用户,二类CFO可能通常是新系统或新解决方案的早期使用者;而当采取支持态度的业务单元主管变少时,他还会成为倡导者。

但是,不要认为这些CFO的支持是理所应当的。尽管他们渐渐看到了IT的价值,然而他们也曾被互联网泡沫经济烧得遍体鳞伤。他们虽然仍是IT的倡导者,但现在却比几年前更心存怀疑了。

不论你与哪一类CFO共事,都要知道如何与这位关键人物进行沟通和合作。大多数CFO都很注重衡量标准与细节。他们需要证据或依据。你要用案例分析、标准实践例征、行业趋势以及其他一些统计数据来支持自己的观点。

有一位CIO简洁地概括了如今CFO对IS组织的看法:"CFO认为要与IS合作还有许多工作要做,因为他们在理解

第二章

IS 目标上所付出的努力要多于 IS 在理解财务目标上所付出的努力。"

CFO 想从 IT 中得到什么？通过我们与一些有效合作的 CFO 和 CIO 的访谈，我们给出以下几点建议：

> 一个包含所有 IT 与非 IT 投资的一体化战略组合
> IT 和业务清晰的协同性
> 提供能显示 IS 可以避免和削减成本的财务指标，以及 IS 会带来何种收益的财务指标
> 真实的业务案例、被批准项目的严密实施、对可能出现问题的预先警示
> 在建项目的严格管理、度量、报告，其中包括展现你和你的 IS 组织从错误中获得经验的正式审计
> 对资源和资产的有效管理，消除浪费和冗余的工作

最终，CFO 和新型 CIO 想要的东西都是一样的：能为企业增加价值的技术。这也是你与 CFO 这位关键利益相关者建立互助关系的基础。

正如第一章提及的，领导力是新型 CIO 一切工作的支柱。在本章中，我们介绍了在高管同事中获得信任以及与其搞好关系的注意事项。只有当你了解了自己的企业（也就是业务的基础）时，你才能在高管同事中获得信任。而只有当你获得了信任，你才能建立实施领导力所必需的牢固关系。现在让我们再看看 CIO 的愿景：用信息与 IT 构建组织的成功。只有依靠上述的信任和关系才能让这个愿景成为现实。

第三章 创建你的愿景

IT 正在实实在在地改变着业务和工作的运行方式,以及人们与组织之间的交互方式。尽管仍然面对很多令人困扰的日常问题和短期事务,然而现在正是 CIO 们应该考虑如何成为一个新型 CIO 领导的时候了。这是一个充满着巨大机会的时刻。

现在你已经根据你对公司的了解创建了基础,同时已经了解并建立了与利益相关者的关系,你可以朝着成为新型 CIO 领导的道路迈出下一步了。在这一步中,你需要为如何利用技术改进甚至改革你的企业创建愿景。要想这样做,你需要利用你已有的知识去设想:如果你的企业能够以最优的方式利用技术和信息,企业将会怎样?企业将会有哪些新的增长机会?哪些关系(消费者和供应商)需要加强?哪些生产率将会翻番,甚至增长五倍?哪些成本将会被削减?

这些问题有着无数的答案,它们取决于企业的实际情况(我们不会像你一样了解你的企业,任何人都不会)。所以,

第三章

我们将会把以上这些问题留给你自己去寻找答案。尽管如此,我们还是要强调对于 IT 赋能企业的愿景应该包含两个相互关联的重要趋势,不论你的企业处于什么行业、什么地理位置,以及你在什么样的背景下进行领导,这两个趋势都是十分重要的。这两个趋势就是:网络时代与实时企业。接下来,我们将会讨论创建愿景的条件和步骤。[1]

网络时代

随着技术的不断加速发展,在今后的几年技术所带来的最大的全局性影响将会是创建一个联系不断紧密的世界,我们称之为网络时代。互联网技术带来的兴奋将会逐渐衰退,但是互联网赋能的商务网络将会继续兴旺,并且将会改变每一个企业的运作方式。市场调研机构高德纳的分析预测:到 2007 年,年龄介于 15 岁到 55 岁之间的欧盟和美国的人口中,将有超过 60% 的人每天携带一个无线计算机和通信装置的时间超过 6 小时。只需要想一想今天你随身携带的设备的数量——其中有一些设备在几年前我们甚至想都想不到。很快,同网络连接的设备的数量将会超过与网络连接的人的数量。那种可能性将会预示着网络时代的真正来临,一个充满着警觉的、机敏的、总是工作着的机器的世界,这些机器总是为了特定的行为不间断地监视着它们的周围环境,并且将它们看到和听到的信息传递给其他机器来进行后续的行动。网络时代的力量将会取决于它同所需的流程、产品和服务的连通能力,将创造全新的价值来源。

正像波士顿大学的 N. 温科特拉曼（N. Venkatraman）所认为的，网络时代正在被三条定律驱动着。单独每一条定律的影响都是巨大的；而把它们放在一起，它们的影响将会成倍地增加。它们是：

1. 摩尔定律：芯片的运算能力每一年半将会翻一番。
2. 吉尔德定律：带宽每六个月将会翻一番。
3. 梅特卡夫定律：网络价值和网络用户数量的平方成正比。

网络应用的开辟正在改变很多行业的流程、产品和服务，比如制造业、农业、消费影像业和保健业。

瑞典的一家专门制造造纸设备的企业 SKF 集团，就是一个网络时代的先驱者。它正在利用技术，尤其是网络时代的技术，将它原来的销售无差异产品（轴承）的经营模式改变为现在的销售高度差异化的服务（机器和工厂正常运行的保证）。集团的 IT 战略师斯蒂格·约翰逊（Stig Johansson）表示："通过网络来增加价值，这一想法是 SKF 集团发生重大改变的动力之一。"通过对网络时代定律的充分开发应用，SKF 现在正走向新的成功。

通过作出这样的转变，SKF 已经将它工程上的专有技术同新的网络技术结合起来了。基于其在飞机与汽车制造业的经验，SKF 开发了一种电动的 ABS（制动）传感器，这种传感器可以嵌入汽车轴承的元件。接着，SKF 将为汽车工业开发的"流程监控技术"应用在其他旋转机械的主机上，包括那些造纸的铣床上。

第三章

通过增加本地计算机的处理能力（根据摩尔定律，是完全可以承受的），SKF可以构建一幅准确的机械磨损图，这样就可以预料到机器的维护需要。公司还将无线通信加了进来，这样数据就可以被远程监控了。之后，通过快速地对设备故障发出的早期电子警报作出反应，SKF既提高了生产率又提高了安全性。这种服务为SKF树立了这样一种形象，即SKF销售的是"正常运行的保证"，而不仅仅是机械元件。综上所述，这些改革步骤给SKF带来了重大的改变，SKF并购了几家电子公司，并且和它的数家最强有力的竞争对手建立了常规的合作伙伴关系，以获取工程和制造能力。

另外一个利用网络时代的先进技术受益的例子就是健康维护公司（化名），它是美国最大的非营利性保健组织之一，它向800万的成员提供服务，包括疾病预防、诊断、护理、体格检查和药品服务等。这家公司正在致力于解决人口老龄化所带来的问题，老年人口中的大多数都处于糟糕的生活状态，正受到高血压和糖尿病等疾病的折磨，这些人需要长期的监控和护理。这些在婴儿潮时期出生的人，由于医疗条件的改善，寿命越来越长，在一定程度上，现存的医药系统根本无法应对数量如此庞大的病人。健康维护公司正在同一些保健技术公司合作来应对未来可能出现的瓶颈。这项合作的焦点在于为需要长期家庭护理的病人开发一种家庭远程医疗监护技术，这种技术可以让病人自己照顾自己。

在网络时代，产品将会转变为服务，比如SKF的例子所显示的，并且产品和服务将会嵌入新的流程中。这种彼此加强的增值作用将会带来全新的赢利机会。

这种发展同样会带来新的危险,尤其是对于那些尚未察觉到这种改变了消费者和市场的技术的重大转变的公司。我们对于Napster(一种具有播放、刻录音乐,以及浏览其他用户的音乐文件等功能的软件)以及随后而来的文件共享服务出现后音乐产业所发生的一切都非常熟悉。对于这一产业,网络时代代表了一种巨大的、不连贯的突变,它迫使产业发生了结构性的转变。随着带宽增长到足够大可以去容纳传输高质量的影音文件,电影产业现在也面临着类似的冲击。想象一下,我们现在是在面对像SKF这样公司的一个竞争对手,当争夺市场的关键已经转变成保证轴承的运行时间时,还在继续想要以价格取胜来对抗SKF会是一种什么情形。

网络化的未来将会对你的企业产生什么样的影响?你该如何利用网络的力量?你的企业该如何赶在其他竞争对手之前,抓住技术赋能的网络时代的机遇?对于作为新型CIO领导的你来说,机会摆在那里了,同时危险也在那里。你需要发挥一个领导的作用,来引领你的企业远离错过机会的陷阱。不要在产业发生变化时,还未作好准备。你对于前面那些问题的答案应该成为你用IT赋能你企业的愿景的一大部分。

实时企业

技术使得公司的运营方式发生重大改观还体现在另一

第三章

个关键领域,即实时信息的可获得性。[2]人类第一次可以在听力所及的范围外传递实时消息(用发报设备),距今还不到150年。在过去的一个半世纪中,我们把能够看到的世界的另一边发生的事情视为理所当然。然而今天,公司却很少能够利用这种优势去监控企业内发生的事件。

这种失察,是很多原因造成的。其中的一个原因就是基于这样一个假设,认为现有的过多的可用数据使得真正有意义的数据根本无法实时获得,从而导致了管理更倾向于事后的反应而不是事前的监测。真正的事实是,即便你的企业利用技术的水平只是在平均水平之上,你都有能力可以使你的同事获得他们所需要的实时信息,以防止意外情况的发生,并在竞争对手之前抓住新的机会。实际上,通过广泛的调查研究,高德纳公司的肯·麦基已经证明,几乎在每一个负面的意外情况或者是一个商业机会出现之前"总会有警报"——这意味着,用数据来预告即将发生的事件是可行的。

实时企业(Real-Time Enterprises)就是那些已经意识到实时信息提供警报的价值的企业。根据高德纳公司给出的定义,一个实时企业就是,在它所有重要的业务流程中,通过实时监控、捕捉、分析和报告那些对企业成功至关重要的事件,来监控实时机会的企业。另外,一个实时企业可以通过对所有需要作出高效应对的流程的再设计,来进一步提高绩效。[3]

这个定义似乎是有些虚无缥缈,但是现在却有为数众多的公司正在向这个方向前进,并且获得了可观的收益。一家

创建你的愿景

位于亚利桑那州菲尼克斯市的房屋建筑公司正在向监工们提供有关分包工作的实时信息,并且允许改进进度。结果,公司将房屋建设的完工时间缩减了15%,并且将利润提升了20%。服装零售商威特斯欧(Wet Seal),其收款机系统已经具备了本地处理能力和网络传输能力(这里又再次提到了网络时代!),使得实时的存货管理和个人追踪成为可能。结果,公司将日常的大量的可变成本和收入的信息收集起来,使高级管理人员能够对财务结果获得更深入的了解。通过在工厂安装实时的质量和产量监控系统(通过计算机监控),通用汽车显著地提高了质量和产量。通过使流水线上的员工实时了解产量和质量的最新消息,他们可以在流水线快速的运转中迅速地作出相应的调整。在每一个这样的案例中,每一个CIO领导在定义公司的愿景——如何通过技术将适当的实时信息带给适当的管理者来给企业带来实质价值——时都起到了极其重要的作用。

但是应该如何创建一个正确的愿景,特别是在技术已经失去了太多诱惑力的时候,如何创建一个令同事们信服的有根据的愿景?当然,你的愿景同样要植根于你对于你的企业、它当前的状况以及它的核心员工的了解。如果你身处一个努力生存型的企业,你应该寻找网络时代企业和实时企业可以用于节约开销、削减多余成本以及立即产生投资回报(是的,这是可能的!)的方法。如果你身处一家保持竞争力型的企业,你就要时时刻刻关注着你的竞争对手在这些领域的努力。另外,你的愿景应该包括在将破坏降至最低限度的

第三章

前提下,将技术融合进现有项目中的方法。最后,如果你的企业属于寻求突破型,你应该通过关注网络时代和实时企业的技术,来为你的企业寻找突破方向,就像 SKF 公司曾经通过将戏剧性的创新融入产品和服务给公司带来的突破一样。事实上,无论在怎样的企业状况下,拥有一个这样的愿景都是不容忽视的。特别是对于寻求突破型企业的 CIO 来说,拥有这样的一个愿景是绝对必要的,应该将其列入 CIO 最该优先考虑的事情中。

要想把这些因素都考虑在内,你应该采用系统的而不是投机的方法创建你的愿景。让我们将一些工具和方法考虑在内,来保证你的愿景只包括它应该包括的内容,而不包括它不应该包括的内容。

避免迷失于技术的包围圈之中

认为技术可以无限地提升企业竞争力的观点,现在已经逐步让位于另一个较为成熟的观点。这不是一个短期的转变,因为大多数组织都已经具备了技术基础,而这种技术基础减少了组织利用突破性技术赚钱的机会。企业也不太愿意冒着太多的技术和商业风险去尝试尚未经过检验的技术,几乎没有哪个企业愿意做最前沿技术的尝试者。然而,考察新兴技术的时间限制已经从 3—5 年减少到 18—24 个月。

所以,现在的新型 CIO 领导比以往更需要证明技术特别是那些新兴的技术与业务需要之间的关联。在你的愿景中清晰地建立公司业务需求与技术机会之间的联系,可以阐明

创建你的愿景

技术的价值,赢得管理层的关注,并且保证获得创新和投资的资源。

一个避免选择错误的技术或者投入过多的考察时间的方法是,了解什么是高德纳公司所提出的"技术成熟度"(见图 3-1)。媒体和 IS 团队对于技术循环过分热情的反应是让你的很多同事变成技术的怀疑论者的主要原因。

图 3-1 高德纳的新技术成熟度模型

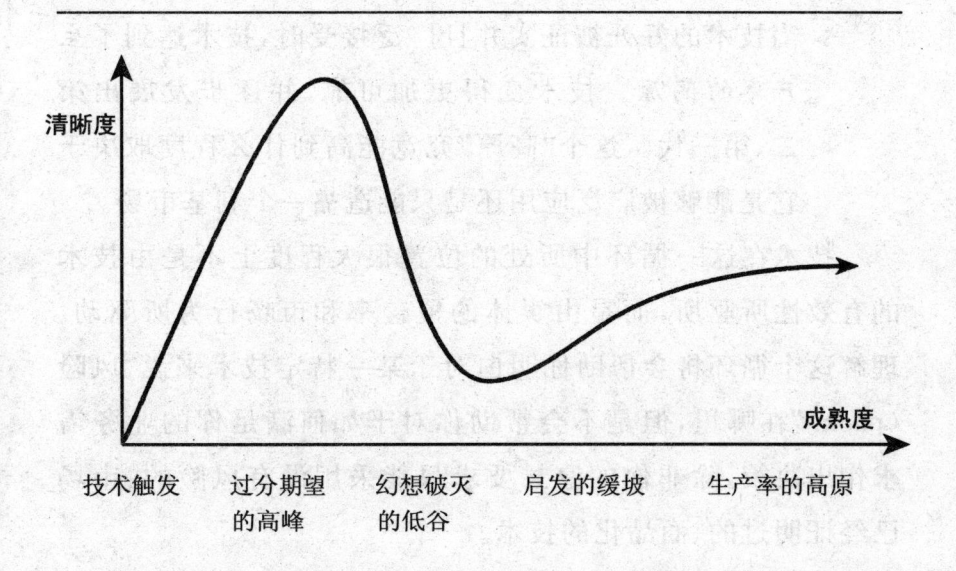

清晰度 / 成熟度

技术触发　过分期望的高峰　幻想破灭的低谷　启发的缓坡　生产率的高原

技术成熟度模型是对于任何特定技术的生命周期的形象描述,就算是这个图中没有标出文字你也应该识别出我们描述的部分。

> 技术触发是一个突破、一个产品的投入生产或是其他带来明显的压力和利益的事件。
> 过分期望的高峰是公众的过分热情和不现实的期望

第三章

带来的疯狂。也许会有一些成功的应用,但是基本上都是失败的。

- 由于技术不能满足过分的期望,它陷入了幻想破灭的低谷,并且很快不再流行。结果,媒体往往放弃了这个话题和技术。
- 尽管媒体可能不再报道该技术,但是一些企业还是继续通过启发的缓坡和尝试去了解技术的好处和实际应用。
- 当技术的好处被证实并且广泛接受时,技术达到了生产率的高原。技术变得更加可靠,并逐步发展出第二、第三代。这个"高原"究竟能高到什么程度取决于它是能够被广泛应用还是只能造福一个利基市场。

技术在这一循环中所处的位置很大程度上不是由技术的有效性所驱所,而是由媒体的覆盖率和市场行为所驱动。理解这个循环将会帮助你明白对于某一特定技术来说"风险(pack)"在哪里,但是不会帮助你对于如何满足你的业务需求作出决策,除非你的愿景要求只能采用没有风险的、市场已经证明过的、商品化的技术。

以下是我们的观点:新型CIO领导编制任何类型的技术计划——不管是为你的企业创建整体愿景,还是为某一个特定的应用寻找一种特定技术——的方法不应该从技术本身开始。任何驾驭技术成熟度循环的尝试都是徒劳的。你的方法必须要从技术发现转向业务价值定义。

通过对企业的基本业务需求给予更多的关注,你可以创

创建你的愿景

建一个将你的组织技术化的令人兴奋的愿景。基本需求的压力对于企业来说是尤为重要的,这是很难改变的。使用这种方法将会鼓励创新,赢得管理层的理解,并且帮助高管们在一种对于机会、权衡和结果有着十分清晰的愿景的情况下努力工作。这就是我们为什么需要了解公司基本情况的原因。

创建你的愿景的系统方法

回顾一下,企业的基础包含三个基本内容:公司的基本经济模式、公司的战略意图以及公司和各业务单元的战略部署。就像上面提到的,你应该围绕着以上的三个基本元素提出一些问题。

比如:

➢ 我们如何提高客户的数量或提高收入?
➢ 我们如何开辟新的销售渠道或创造新的产品?
➢ 我们如何能保持或是重新获得价格优势(换言之,就是取得制定价格的能力,而不只是跟随市场价格)?
➢ 我们如何减少销售循环的时间和成本?
➢ 我们如何建立自己的品牌并成为市场的领导者?
➢ 我们如何减少生产和分销的成本?
➢ 我们如何减少完成订单的时间?
➢ 我们如何增加预测的准确性?
➢ 我们如何减少行政管理费用?

同样不要忘记提问的是公司的产品和服务是否能够被

第三章

改进，从而使你可以主动向你的客户回答以上这些问题。改善客户的资金需求状况、周转时间以及资源需求状况，体现着公司加强其价值主张的方式。

前面的这些问题只是一个引导，它们并不完全。它们只是提出了一些对于每个企业在任何时候都非常中肯的问题而已，因为它们解决的是持续的业务需求的问题。（在下一章中，我们将会解释如何有条理地掌握和阐释这些问题的答案。）这些问题的答案揭示了通过技术实现目标并使你的公司保持良好运行状态的更好方法。

比如说，这样的问题可以帮助我们找到新的、有趣的产品或吸引客户的更好方式。下面是迪士尼公司的体验。

迪士尼公司一直致力于研究它的客户，了解客户的口味、需求和想法。当他们发现了一个新的趋势时，这项工作为他们带来了巨大的商机：人们已经逐渐将迪士尼的游乐场所当做多家庭聚会的寻常场所。这种预见使得公司发明了两种新的服务：为家庭聚会或是几个朋友聚会准备的"魔幻聚会厅"，以及为更大型的聚会准备的豪华聚会厅。这些服务满足了以下的这些需求：

- 使多群体远期的度假安排和协调成为可能
- 将更大型的假期体验和活动的计划控制权交给所有的客人，而不再是将最常见的活动"套装"提供给消费者
- 将更多种预订服务和聚会服务融到一个单一的组合产品中

➢ 让更多的人有机会体验到迪士尼特有的活动,比如传统的饮食、高尔夫预订和参观电影工作室等
➢ 管理好大型团队通过各个渠道对迪士尼资源的请求

要想使这些聚会在技术的参与下成为可能,就要将分散在不同业务部门的能力整合起来,形成一个单一的由客户需求驱动的,使客户可以定制度假计划的门户网站。计划一个小型聚会的活动也是一个复杂的任务,迪士尼的度假计划门户网站工具提供对迪士尼度假计划人员的后台支持,计划人员可以帮助聚会的领导者充分地利用给定地点提供的各种服务。

有关迪士尼故事的经验简单得不能再简单了:对你的组织至关重要的技术就是那些与基本的战略目标和长期业务需求密切相关的技术。这些技术帮助你的公司接近目标、回笼资金、降低周转周期、调整资源需求,或者同时实现上面四个需求。

这些技术应该成为你的愿景的一部分,因为它们可以使你的公司成为技术赋能的公司。仔细研究这些潜在的技术对公司目标和持续的业务需求的支持,是创建你的愿景的正确方法。这就是为什么以了解你的公司为开始是如此重要的原因了。否则,你就不可能知道这些长期的需求是什么。你的业务同事根据这些目标和需求形成了对于技术的预期,而这些预期也有可能成为 IS 成功与否的隐含的评判标准。

为满足持续的业务需求进行长期投资是较为安全的,因为这种需求在短期之内是不可能明显改变的。并且因为这些投资围绕着公司的基础,所以它们能够带来显著、长期的

第三章

收益。

这里,我们使用一个简单、直接的方法——一个矩阵——来评估哪些潜在的技术对你的企业是最为有用的,换句话说,哪些技术将成为你愿景的一部分:

➢ 画一个矩阵(见表3-1)。在左边一列列出你已经为企业确定的战略意图和战略部署,以及同企业的经济模式和长期的业务需求有关的关键问题。我们已经将这些问题概括成了一些关键的标准元素——客户、资产、资源和循环周期。你可以修订或者扩展这些元素,使之适合你的企业。

➢ 在矩阵的上面一行列出候选技术,也就是那些你认为或许能够帮助企业实现目标或满足其基本需求的技术。

➢ 简明地描述每一种技术将如何实现每个目标和满足每种需求(越具体越好,包括时间限制),将它们填在矩阵中。

表3-1 长期业务需求矩阵

	射频识别	网络服务	无线网络
描述	自动数据收集技术,使得设备可以在不与识别标签进行接触的情况下对其进行读写	通过符合互联网标准的便捷的设备、系统和地点方便连接的应用界面	一种支持单点到单点或单点到多点的设备,不需通过网络的有形连接,就能彼此通信的技术

(续表)

对于客户的影响	不用人工参与就可以清点库存,既提高了与客户的交互又改善了客户服务;同时,通过增加存货提高了收入	以灵活的方式方便了客户对于数据和应用服务的获取	扩展公司的能力,以达到为客户在他们需要的地方提供服务的目的
对于资金的影响	通过资产追踪和物流改进,增加了存货的利用率,降低了服务消费者所需的存货数量要求	通过对现有系统和信息的重复使用和更广泛利用,减少了技术的资金需求	不用改变有形或技术基础设施就能重新配置资产,改进资产的流动性
对于资源的影响	减少了需要投入于存货和资产管理的精力,同时降低了为保证服务于客户所拥有的存货水平	增加对于现有系统和业务规则的重复使用和应用,减少额外的应用需求	区域服务和其他资产可以被重新配置,减少了对于资源的需求;增加了对于支持和管理的需求
对于循环时间的影响	减少了用于追查和跟踪存货和其他资产的时间,并减少了用于补货、维护和支持的时间	通过缩短应用开发和配置时间,加快对新的产品和服务的引入	通过减少在数据捕捉和商业反应之间的延迟,加快了循环时间

对于企业的战略意图和长久需求的了解使你不会迷失在技术的包围圈之中。你将能够把你的精力集中于正确的目标、正确的商业意图和对于新出现技术的正确预期。通过

第三章

矩阵的第一次筛选,你可以非常容易地将那些提供真实保证的技术和那些看起来很吸引人,但是不适合你的公司的技术区分开来。

按照需要尽可能多地使用这种矩阵进行筛选,直到那些你认为应该被整合进你的愿景中的技术都包括在内为止。这一矩阵要包括对这些技术会如何对你的企业及它的领导者产生影响——这是公司最基本的目标和需求——的具体描述。一旦你习惯了运用这个矩阵,它将会成为把你的组织变成IT赋能组织这一愿景的基础。

现在,你可能会认为你已经完成了你的愿景的创建,然而这里还存在一个潜在的问题。你一直都在独自完成这件事情。虽然你需要独自进行一些有关你的愿景的周密思考,但是这个结果绝不是某一单独思考的结果。不要走开,独自一人去制定你的IT愿景,然后将它刻在石头上。(顺便说一下,完全在一个IS组织内部创建愿景并不是一个很好的选择。)

当我们说新型CIO领导需要为他的公司创建一个IT赋能的愿景时,我们指的是CIO需要领导这个创建过程。在领导之初,你的头脑中必须有一个愿景,心中必须有对利用IT使你的企业取得成功这一使命的激情。但是现在,作为领导者,你需要迈出下一步:同你的同事一起将你的愿景和他们的愿景融合在一起,形成整个公司的愿景。当然,你需要为了达到你们共同的目标拟订一个战术计划。如何做,将是下面三章讨论的主要内容。

第四章 构建并宣传IT赋能企业的预期

我们前面所讨论的都是为了说明新型CIO领导的唯一职责:填补业务和技术之间的鸿沟。为了做到这一点,你必须在你的高管同事中建立信誉,并能够通过影响力实施领导,你必须对企业有深刻的了解,并且必须在这种了解的基础上创建一个愿景。[1]但是你该如何把这些要件组合到一起来搭建通向新世界的桥梁呢?

对你而言,关键的第一步就是与同事们一起共同制定一套业务指导原则,这就是我们所谓的准则。这些原则或准则简洁地陈述了企业的工作重心。接着,你可以从业务准则发展出IT准则。IT准则就是表述你的企业需要如何设计和部署IT以实现企业业务目标并支持业务准则的一系列陈述。这两步就是构建业务和IT战略之间桥梁的基石;它们使你能够在企业中对IT的作用创建共享的预期,同时也是使你的愿景走向现实的关键的第一步。[2]

第四章

准则管理将业务战略和IT战略联系在一起

许多CIO感到很难确定其公司的业务战略对IT的影响。公司的战略意图、使命以及价值定位都是极具价值的出发点。然而这些往往还不够,你需要更多,但是通常你不可能在文件夹里找到你所需要的东西,因为真正的战略并没有写在书面上。真正的战略存在于负责执行战略的执行者头脑之中和内心深处。所以,你必须成为执行流程中的一员,以充分了解组织的运作情况。

使上述情况变得更为复杂的是组织往往要与其他诸多组织进行协作来同时参与多个战略计划。这种跨组织的协作通常是很不明确的,这就导致了责任和义务的混乱;同时,也使组织对于利用协同性需要掌握哪些知识以及这种协同性会对产品组合产生怎样的影响感到无所适从。

这种情况对你的业务同事而言同样不容乐观。IT计划和投资的决策流程一般都要几经反复,哪些项目可行要么是不清晰的,要么就是用令人费解的技术术语表达出来。当管理人员批准花费大量IT投资推动企业的业务创新时,他们仍不能确定他们同意的究竟是什么,或者这些投资会为支持他们的业务提供哪些能力。

通过准则进行管理就是解决这个问题的一种方法。[3]它从企业战略内容得出关键业务准则或者业务原则,然后再研究它们对于IT投资而言意味着什么(从此我们将用准则这个术语)。这个流程以创建一个急需的"证据追踪线索"将业务和技术战略联系起来作为开端。在追踪某些大型企业通过IT投资来获得更多财富的做法和原因之后,我们推出了准则流程管理。事实证明,成功企业有办法使一些关键准则浮出水面,关键准则使信息和IT的含义变得清晰。重要的是,业务经理和IT经理需要共同完成准则。玛丽安娜和她的同事彼得·韦尔(Peter Weill)将这个方法命名为准则管理。

准则就是一系列简短的陈述,以可执行的业务术语表达共同的未来业务焦点。准则将战略内容的各个方面——战略意图、业务战略、使命陈述、顾客价值——转换为在组织中能够简单沟通和理解的术语。各个准则互为基础,以业务战略为出发点,以IT准则为目标,这对于支持和实现业务战略是非常必要的。

整合业务和IT目标的流程如图4-1所示。将业务战略转换为业务准则,业务准则转换为IT准则,并最终转变为IT战略。上述转变过程发生在业务和IT治理——企业怎样作出业务决策以及与IT相关的决策,怎样分担责任——背景之下。IT治理是一个重要的主题,我们将在第五章中进行讨论。现在,我们将焦点放在准则流程上。

在用到准则这个术语时,我们指的是其本意:指导具体实践过程的陈述。业务准则以可执行的业务术语表示了共同的业务目标。

准则和战略的不同在于战略表示组织在其选择的市场中将如何竞争。而准则则表示为了成功地执行战略,对于期望行为的共同理解。准则能使员工的注意力聚焦在关键的

第四章

信息上,并且有助于培养员工的共同理解。

图 4-1 业务战略—IT 准则

IT 战略源于从企业战略意图到准则再到 IT 战略的流程。整合业务目标和 IT 目标流程的每一步都源于上一步。

> 战略意图 》 战略部署 》 业务准则 》 IT 准则 》 IT 治理 》 IT 战略

明确业务准则

设计准则的流程是为了把关键业务和 IT 经理联系起来,首先要明确业务准则,然后明确执行战略创新所需要的 IT 能力。通常制定准则流程的核心是一整天的经理讨论会。这些讨论会一般是使参加人员不快的经历——因为在真正关系到企业战略的话题上容易产生激烈的争论。事实上,许多经理可能会发现这个流程充满着威胁。因此,我们强烈建议在此流程中引入外部的中立的专家来进行辅助。

业务准则表示了业务前景的如下几个方面:

➢ 以一种清晰并且可执行的方式表明公司的竞争态度(在非营利部门则是服务的使命及定位)

➢ 企业寻求业务单元之间的合作以及利用协同性的程度(例如业务单元自治、交叉销售、资源共享)

➢ 实现战略所必需的能力类型(例如对人才的管理、对组织成长的管理)

构建并宣传 IT 赋能企业的预期

这些业务准则规定了所需信息和 IT 的管理类型,这些准则后来就会转变为 IT 准则。一个有着三个业务单元的保险公司的业务准则可能是"所有的销售人员都是新保单和交叉销售的决策制定者"。这个准则暗示了公司的 IT 服务需要让所有员工(无论何地)访问到制定有关保险政策的决策所需的数据和系统,这个准则将会是五六个准则之一,这五六个准则共同简洁而有力地陈述了公司的业务要求。

公司竞争环境的改变要求重塑它的业务准则,因为准则表明了一个公司的将来而不是现在。例如,在澳大利亚,维多利亚州的维多利亚皇家汽车俱乐部(RACV)是一个为会员提供车辆保险和沿途服务及其他服务的俱乐部。RACV 的沿途服务会员基地大约覆盖了维多利亚州 60% 的司机,而且 RACV 的家庭和车辆保险大约占据了维多利亚州 40% 的市场份额。之前,RACV 几乎没有任何竞争对手,直到邻州一个提供同样服务的组织将其基地拓展到维多利亚之后,导致了这块保险领域的激烈竞争。RACV 随后在吸引会员和满足顾客需求方面给予了更大的关注,并对产品和服务进行了改善。在这种形势下修订的业务准则表明了交叉销售的重要性,同时提高了在企业内开发共享的客户数据库以及跨业务部门的业务处理系统的紧迫性。[4]

准则流程可以用于各种规模的组织群体,例如业务单元、部门和工作组。(业务准则对于制定其他类型的准则也是相当有用的,例如人力资源或财政准则。)在下一节,我们将讨论如何将业务准则转换成 IT 准则。

第四章

通常业务准则可以解决三个问题。首先,许多企业没有关于质量要求的严格而全面的战略陈述;准则提供了将IT的意义引至前台的精练表述和深邃的洞察力。其次,一些公司拥有过多的战略,这些战略往往由于不够集中而造成含义模糊或者不易付诸实践;准则有助于使过多的战略变得集中而易于付诸实践。最后,由于业务经理和IT经理通常在战略上缺乏合作,因此业务经理和IT经理共同制定准则的过程至少和他们制定的准则一样重要。

六种业务准则

虽然业务准则的语言可以像制定它们的人一样各不相同,但是业务准则可以被划分成六种类型。前三种类型关系到前面讨论的价值取向概念。下面给出每种业务准则的一些例子。(附录B中有更多关于企业战略的问题,以及协助你开始创建业务准则的方法。)

1. 成本定位:取决于卓越运营的价值取向
   - 以最低成本为产品和服务定价
   - 通过共享最佳实践驱动规模经济
2. 客户感知的价值差别:取决于客户至上的价值取向
   - 以质论价满足客户预期
   - 使客户挑选商品的过程尽可能简单
   - 为各个服务点的客户提供全面的服务信息
3. 适应性和敏捷性:取决于产品(服务)创新的价值取向
   - 增强交叉销售能力

➢ 迅速开发新产品和服务
➢ 形成在任何工厂都能为某一特定订单进行生产的能力

4. 成长：业务基础如何扩张
➢ 勇于向未开发的市场和新兴市场拓展
➢ 谨慎向国际拓展以满足那些不断扩张业务的客户的需求
➢ 通过特定的产品和客户利基市场实现增长

5. 人力资源：人员策略的用武之地
➢ 营造智力生产力最大化的环境
➢ 保持高水平的职业技术专长
➢ 识别并推动人才流动

6. 管理定位：业务治理和决策的不同方面
➢ 实际操作中应达到强制最小化和自主最大化
➢ 使管理层的决策尽可能一致
➢ 创造信息共享的管理文化（用于保持或发展新业务）

列出一串的企业准则是能够做到的，但是我们知道高级管理层能够认可和运营经理能够重视的准则最多也就有五六个。切记，如果你不把准则限制到最重要的几条，你可能会发现你将无力投资于和提供这些准则所需的全部IT和业务能力；这时，企业中薄弱的部分就会变得更加薄弱。因此你和同事们就必须将这些准则按照主次顺序排列，以保证你们会致力于前六个准则——抓住这六个准则就是抓住了未

第四章

来最重要的信息。

限制准则的数量是很有价值的战略练习,这能检测出企业的关注重点。拥有大量的准则,说明思路不清晰或者计划的野心过大,这将降低准则实施成功的概率。

价值取向对于IT的意义

企业的战略意图表明了其竞争方式或产品和服务的定位。考虑竞争定位的一个有效方式就是第二章中讨论过的三个价值取向的概念(卓越运营、客户至上、产品领先)。根据麦克尔·特里西和弗雷德·威尔斯曼的观点,成功的组织通常追寻这些基本方法中的一种。不同的价值取向也会导致不同类型的IT组合,不同的IT组合又会导致不同的基础设施能力。

卓越运营要求有反应快速、稳定且具成本效益的交易处理系统,非常注重简化交易和降低成本。

客户至上关注的不是简单地完成交易,而是要求把更多的注意力放在更广泛的客户信息的存储、分析和可用性上。这就需要更全面的客户数据库,可以是结构化形式或者是电子形式的,比如书信、便条、电话录音以及其他文件。同时还需要功能强大的分析工具来选取信息以更主动地管理客户关系。客户至上非常重视整合所有不同的客户接触点,以统一的面貌展现给客户。

以产品领先为主要竞争策略的企业会投入更多的精力管理创意流,包括组织中诸如研发、工程、IT、市场等不同部门间的相互关系。支持创意管理的系统与环境和沟通相关，而与数据内容（像在交易系统中）无关。产品领先通常更强调对实体分散的高绩效团队的支持。

在涉及多业务的公司里，不同的价值取向可能在不同的业务中交叉共存。这种方式表明了在公司中自然协作的本质，相应又表明了对全公司的IT创新和基础设施投资的广度协作和深度协作。当你在多业务部门公司中创建整个公司的业务准则时，你应该明确指出协作对业务的未来而言是多么重要。比如，一个业务单元致力于成为最低成本供应商，而另一个业务单元则致力于对单个客户的深刻了解，那么这两个单元的管理和业务流程就会有很大的差别，它们对信息和技术的需求也将大相径庭。在这种情况下，企业实现协作要比在各个业务单元都采取相同竞争战略的情况下困难得多。因此，准则必须阐明企业战略所暗含的整个公司范围的协作水平。

在你进入和业务同事们的讨论之前，已开始为IT赋能的企业形成自己的愿景是非常重要的。通过探索这些问题的答案，你可以将对企业的了解和技术知识结合起来帮助同事们发现潜在的收益——你会自然而然地扮演着企业领导者的角色。你将技术可能性转化为战略意图语言的能力可能会有效地改变你的同事们对这些问题的答案。如果你想领导你的业务同事，那么现在就是绝佳的时机。

我们希望你能和你的业务同事们一起审视你所提出的

第四章

五六个业务准则是否适合公司（对这些问题的回答在附录 B 中）。准则流程管理不可或缺的一部分就是要求高管们各自识别对将来业务最重要的准则，然后将结论共享。通常一个最有启迪性的研究结果就是不同业务单元的领导甚至公司高层经理的广泛回应。在这些问题上得到明晰和一致的回答对于理解不同业务单元决策的自主性和你在整个企业内工作的自由性是至关重要的。

现在我们把目光转向如何用业务准则来创建 IT 准则。新型 CIO 领导需要采用 IT 准则来引导企业内对于技术性质和应用的期望。

识别、宣传和确认企业的 IT 准则

影响你的同事的预期的第二步就是从已识别的业务准则发展出 IT 准则。今天，几乎每个业务决策都会对 IT 产生影响。业务高管和 IT 高管们应该共同识别它们是什么，至少最高层要识别。这就是 IT 准则的目的。

IT 准则阐明了业务准则对 IT 的影响

IT 准则是表达在整个企业范围内如何设计、部署 IT 以连接、共享和组织信息的综合描述。这些准则是考虑公司战略内容、业务准则和持续业务需要的结果。

下面是一个全球电信公司的 IT 准则的例子：

客户信息必须以同一种形式保存，并能确保客户和员工在客户与公司交互的任何时间和任何地

点都能获取。

这个陈述听起来很简单，但是它对于客户信息如何收集、处理、储存和利用有着深刻的含义。

IT准则表述了IT的长期基本目标和需要，并确定了组织完成下列任务的途径：

- 在同行业中采用领导或者跟随的IT部署策略
- 处理交易
- 连接并共享公司不同部门的数据源、信息和系统
- 连接并共享公司外部（包括客户、供应商、战略联盟伙伴等）的数据源、信息和系统
- 保持整个企业共同的IT架构，包括政策和标准
- 各种不同类型的数据（比如财务、产品以及客户数据）的存取、使用和标准化
- 确定合适的方式来评估IT的业务价值

作为整个公司全体员工决策和行动指导方针的陈述，IT准则要简洁、具体、有强制性、便于沟通且易于理解。如果IT准则制定得好，就会使目标陈述、战略和长期意图更接近现实。简言之，IT准则对IT战略制定和IT规划起着基础性作用。

依据同许多公司共事的经验，玛丽安娜和彼得·韦尔发现了IT准则的五个主要领域或类型：

1. IT的角色：企业中对IT投资的预期。
2. 信息和数据：如何收集、储存、存取和使用信息。
3. IT架构和标准：IT架构指导方针的执行水平以及由

第四章

此产生的标准。

4. 通信:通信能力和服务的范围。

5. IT 资产:可用的软硬件资源的特性以及如何使它们可用。

因为 IT 准则的一个主要目的是解释业务战略和业务准则对 IT 的影响,所以 IT 准则最好的表达方式是解释性语句。人们需要交流这个准则的存在理由及内容,因为一条业务准则对 IT 的影响不止一个,因此与业务准则相比,IT 准则的数量通常会更多。

业务准则转化为 IT 准则的实例

让我们看看一些现实中的公司是如何通过业务准则和 IT 准则来为 IT 战略奠定基础的。Research 集团(化名)是一家经营多种业务的国际应用研究和制造公司。Research 集团的业务准则之一是"使得业务单元能够利用适当的协作效应"。从这条业务准则中,Research 集团发展出了以下内容作为一条 IT 准则:

企业范围内选用的相关数据必须格式一致,以便于世界范围内数据的整合。这些数据使得对全球范围的客户和供应商的管理成为可能,提供供应商知识(他们也是客户),并管理全球范围内的原材料和财务。

这个准则中的关键词是"选用"和"整合"。Research 集团过去实施各业务部门自治的制度。对于大客户和卖主都没有一种站在全球视角上的了解。结果,大客户有时感觉受到了怠慢,并且 Research 集团丧失了很多从大供应商处获得优惠折扣的机会。

业务准则反映了 Research 集团新任 CEO 的愿景,他寻求在企业整体所需的凝聚力和协同性与各业务部门应对特定市场的自治之间达到平衡。他这样描述他想要的这种平衡方式:"每个业务部门都有自己的战略需求,但是这些战略需求必须在企业范围内数据共享的同时得到满足。业务单元之间对业务成果数据共享的贡献存在差别是合理的;而对业务成果的数据共享没有贡献就绝非合理。在我们对业务的重新设计中,IT 是使我们在市场中更具效率的唯一的最有价值的工具。"这个 CEO 能够识别出哪些数据需要共有系统来管理,哪些不需要共有系统来管理,因此 Research 集团采取了选择性的方法来就架构和标准达成一致。

Research 集团的其他 IT 准则也反映了它的这种态度:
- 对于支持共享服务的 IT 基础设施的部分,我们将采取商定的 IT 架构。
- 我们将实施一些软硬件选择标准以使资源需求合理化,并提高兼容性和降低成本。
- 如果满足一定的数据需求和特定的标准,各业务单元就可以自行决定最适合本部门的 IT 应用程序。

而康胜啤酒酿造集团的业务准则强调建立"交叉业务的协同"。在康胜集团内部,这种强调导致 IT 准则规定各个业务单元要严格遵循架构和标准,包括将 IS 组织内部的协同效

第四章

应最大化。

与我们共事的另一个组织则正好截然相反,他们的业务准则是:"我们将拥有最少的公司指令。"这条准则意味着在公司范围内没有对IT基础设施和共享服务的投资。这家公司主动放弃了可能的业务和IT协作。事实上,它仅有一条IT准则:"在非正式的基础之上共享IT专业知识和技术解决方案。"曾经有一年,各业务单元的IS组织的领导自发地聚在一起来探讨是否存在能够共享而且应该共享的经验。这种方式与企业的业务运作方式完全一致。我们应该注意到,当这个组织仅有一条整个企业范围内的IT准则时,每个独立业务单元的CIO都应该有他们自己单元的业务准则和IT准则。然而这条企业范围内的IT准则表明,各个业务单元的IT准则不必相互一致。

IT准则的一些实例

这里列出一些从韦尔和布罗德本特对大量组织的研究中抽取的一些IT准则的一般实例。[5]这些准则都属于以前提到过的五种类型中的一种(很明显并不是所有的示例准则都会适合同一家公司)。

IT的角色

> 我们利用IT技术消除重复工作以降低成本。
> 在IT上的投资必须能够提高客户服务水平。
> IT是专注于满足终端客户需求的服务提供者。

构建并宣传 IT 赋能企业的预期

信息和数据

➢ 当数据首次被记录时,必须考虑到这些数据除了应用于当前领域外还会对其他领域有什么潜在用途。(请注意这对于 IT 人员参与业务流程意味着什么。)

➢ 业务流程及系统必须保证财务数据和业务数据被记录和保存在一起。

➢ 移动用户必须能够访问同台式机用户一样的数据。

IT 架构和标准

➢ 我们推荐一种 IT 架构,它仅涉及软硬件和连通性的需求。

➢ 我们要求的数据标准化只是对财务数据和业务数据而言的。

➢ 我们会保存关于各个技术类别的支持产品和首选商家的清单,用户可以购买其他产品,但是 IT 不支持他们这样做。

通信

➢ 企业网络必须提供传递一致性客户服务所必需的多种应用软件的访问接口。

➢ 企业网络必须能承受高带宽的应用软件,比如图像和视频会议软件。

➢ 在实时电子数据交换以及简化供应链的重要业务流

第四章

程的相关技术的使用上,我们需要最大限度的技术突破。

IT 资产
- 我们仅有一套系统。对于客户和雇员而言同样也仅此一套,包括呼叫中心。
- 我们将拥有跨越各个业务单元的,可以进行交叉销售的共有系统。
- 我们总是购买而不是自建信息系统,并且在购买时采用最小定制化原则。
- 我们在任何可能的时候通过租赁或者外包资本资产来实现 IT 投资的最小化。

IT 准则的数量因公司而异,主要取决于业务准则的广度和深度。相对于业务准则而言,IT 准则的表述往往更长,因为它们涉及具体实施的问题。如前所述,一个业务准则通常会衍生出几个 IT 准则。在从几个不同的业务准则衍生出的 IT 准则中一般会出现重叠。因此你需要斟酌每条准则的措辞以完成一套简洁、全面的陈述。要抵制制定比所需的 IT 准则更多的 IT 准则的诱惑。

你可能会发现,看一些业务准则以及从它们衍生而来的 IT 准则的实例会对你有所帮助。为了简化起见,我们仅为每条业务准则列出一条 IT 准则(只有一个除外),但当我们注意观察时,每个业务准则通常会涉及不止一条的 IT 准则。

业务准则
➢ 在任何服务点为客户服务。

➢ 通过共享的最佳实践驱动规模经济。

➢ 能察觉市场的细微变化并作出应对。

➢ 我们具有共享信息以产生新业务的管理文化。

➢ 能迅速、明智地为新产品开发资源。

相关 IT 准则
➢ 客户服务代表必须可以查阅每个客户与公司关系的全部档案。

➢ 我们实施软硬件的选择标准以降低成本并简化资源需求。

➢ 我们通过对主要供应商的集中 IT 采购，实现成本最小化，并保证 IT 产品的兼容性。

➢ 集中调整的信息流应该能让公司各部门更加简单快速地认清趋势并将其转化成公司的优势。

➢ 一旦获得数据，必须具有认知数据对当前领域外的其他领域有用性的能力，以避免数据丢失。

➢ 新系统必须提供在不作大的改动的前提下增加产品和服务的基础。

让我们记住制定 IT 准则的巨大收益：当你定义好 IT 准则之后，你应该能够将它们与企业的业务战略、长期目标以及公司的持续业务需求联系起来。这将从根本上提高你让你的业务同事参与讨论 IT 问题以及 IT 对业务影响的能力。你的 IT 准则加之你对 IT 赋能企业的愿景，使你能够领导你的业务同事，并影响他们对于 IT 在企业内部的作用的预期。这就是通过技术将业务现实和业务可能连接起来的方法。

大多数的组织认为，拥有建立这种联系的能力是相当困难的事情。这正是我们强调先制定业务准则然后再将它们转变为短命令形式的 IT 准则的原因。然而，在描述 IT 准则时，我们可能把制定 IT 准则的过程描述得过于简单了。在

第四章

概念上,它确实简单。但是我们理解,这就像其他领域的业务实践一样:概念简单直观,但是通常很难付诸实践。

制定准则:程序性方法

由于IT是你的专业领域,你也许会倾向自己建立IT准则或者完全在信息部门内部建立IT准则。我们能理解这种冲动,但是我们强烈建议不要这么做。让你的同事参与到整个过程中具有重要和长远的意义。

在前面关于业务准则的部分,我们描述了世界范围内的企业制定准则的各种不同的经验。现在我们简略叙述一下业务准则和IT准则的整个制定过程,这样你就可以理解它们是如何共同运作的了。

正如我们所描述的一样,这个制定过程以全天的专题讨论为中心,成员包括你、公司和业务部门的经理,以及其他被选中的IT经理。在专题讨论之前对参与人员进行访谈和调查,内容主要围绕业务战略和执行方面遇到的挑战、他们对企业及其业务如何竞争的理解,以及企业所需的协作与自治。

专题讨论小组的第一个小时就用在共享这些已列成表格的讨论结果上,包括企业的战略环境、重要的战略创新、业务单元间的潜在协作以及公司想利用这些协作的程度。实际上,这种讨论是关于参与者们对开讨论会之前那些提问的一种整合的反应,而且也体现了这些反应如何各不相同以及为什么不同。目的就是取得更多的共识,以及消除产生分歧的原因。

专题讨论的第二个部分,就是致力于制定五六个业务准则。以我们对于这个流程的经验,小组会很快就前三条准则达成一致,然后需要相当大的精力才能就后两三条准则达成一致。

业务准则讨论通常会非常激烈,并且会揭露出许多实质性的问题(这就是强烈建议引入一两个外部辅助者的原因)。这些问题在高管层例会中常常被埋在桌子底下,而现在则可以进行公开讨论了。此流程中重要的一环就是不断地解释为什么需要消除对一些议题的不一致意见。参与者需要达成能够作出明智的 IT 决策的解决方案。

再者,公开讨论这些问题有利于业务经理和 IT 经理的互相学习。发起这样的讨论还非常有助于建立你的人际关系网络和个人信誉。

现在,小组就该为制定 IT 准则作准备了。通常,我们会将讨论组划分为几个由三四个人组成的工作小组。我们要求每个小组按照 IT 在企业中扮演的角色来分类制定 IT 准则。随后,每个小组会承担起制定一两个其他种类的 IT 准则(信息和数据、IT 架构和标准、通信、IT 资产)的任务。如果你遵循了这一过程,你要保证每个工作小组有多个不同组合的参与人员,其中至少包括一名具有丰富 IT 经验的成员。

当这些小组完成了它们的工作,它们会拿出它们制定出的 IT 准则。你可能会发现大多数的讨论侧重于对第一类中关于企业内 IT 投资预期的问题(每一个工作小组都要回答)

第四章

的回答。其他领域的准则也会随即讨论。这些准则经过精简、内部一致性和企业特征检查后,依据以前确定的业务准则被勾画出来。讨论可能会揭露出实施IT准则的障碍,这种情况也同样存在于业务准则的制定过程中。随后,参与人员需要讨论,并就解除这些障碍的方法达成一致。经过专题讨论后的IT准则仍需要进一步的精简。精简准则的任务通常由一个更小的工作小组来完成,并且随后进行审定。我们也可以让专题小组的讨论更进一步,尤其是当讨论是围绕着为什么未来投资的范围是整个企业而不是局限在特定的业务部门这一问题而展开时。

用IT准则来确定基础设施和共享服务战略

对每个业务单元如何竞争的讨论,以及对更多协同性的渴望必将导致关于企业内的IT共享服务应该增多还是减少的思考。企业的IT基础设施投资加深了这种思考:企业在多大程度上获得了IT基础设施的关键能力?IT基础设施在每个组织中都扮演着重要的角色;通常来讲,其花费约占IT预算的60%。[6]因此,我们要求专家研究小组的参与人员充分考虑公司的业务准则对IT和基础设施服务的影响。

IT准则的焦点和语言——从限制性到扩张性——为企业的基础设施规划提供了一个清晰的向导:基础设施或者共享的IT服务在整个企业范围内应该最大还是最小?这又对整个企业范围内的IT投资水平和高管们的投入程度意味着什么?高管们有时会很惊讶,这些类型的决策确实是应该由他们作出的。当业务准则强调协作,并且所有的业务单元都以相似的方式竞争,或者共享同一客户群时,通常整个企业范围的投资水平就会更高,服务领域也会更宽。[7]但是进行正确的投资,并从服务中获得收益,需要整个企业范围内的协调与合作;否则,你只是拥有一套仅能启动,但却无法获得丰厚业务价值回报的服务。

在这一阶段,你可以在两三个关键领域作一项说明性的差距分析,这样你就可以知道要实现业务准则和 IT 准则所需要的共享服务的大致范围。而这个分析的基础是划分成 10 组能力集合的 70 项服务。(想了解这些共享服务请参见附录 C。[8])

你的 IS 团队需要提前核实你已经拥有了哪些 IT 服务。通过你掌握的现有的 IT 服务和刚刚制定的业务准则,你就能讨论需要哪些新型服务了。我们建议把焦点放到两三个服务能力集合上。这将会是一个"快速而随性"的练习,但是它也会向你的业务同事表明,如何达到他们的业务目标取决于掌握的特定 IT 能力。这些会议必然暴露出现行 IT 服务和在未来的某个时点对这些服务的要求之间的差距。

讨论通常能揭示出对于高水平或不同形式的基础设施投资的需求。如果业务高管们对于这些变革犹豫不决,你应指出如果不作出变革,业务准则可能将无法实现。是该接受实践检验的时候了。很多情况下,我们已在会议桌上向业务高管们解释了如果他们不进行必需的 IT 投资,他们的战略就不会成功。结果,我们有时要重做业务准则来适应限制性

第四章

的预算。你很清楚,建立对无法实现的IT服务的期望是毫无意义的。这正是我们应该揭露缺口的时机,当把问题明显地摆出来时,说服业务高管们支持更高的投资或者设定更低的业务预期将会容易一些。出于这个原因,在讨论中你千万不要退缩,不要以为你以后还有机会回到这个问题上。

最后,整日的圆桌会议讨论的最后一步是综合回顾企业所有的特定元素是如何组合到一起的。这些元素包括战略、战略创新、业务准则、IT准则、基础设施需求以及在讨论中发现和记录的各种障碍。

圆桌讨论绝对能生成一项IT战略和IT首要任务的议程,也能产生公司战略目标和计划所需求的IT投资意识。这种方法很大的优势就是任何成果都会受到公司上下更广泛的关注和支持,因为这是IT领导和业务领导共同制定的。你在这个进程中所起的作用,也有力地证明了公司在高管层中需要拥有一位新型CIO领导,而且这能让公司受益匪浅。

如何逆序设计业务准则和IT准则

尽管我们刚才描述的流程运转得相当良好,然而如果你能让合适的人员同时都聚集到会议桌前,那么它就能做到最好。许多CIO非常清楚,这也许是不可能的(尤其是如果你仍处在树立或重新树立自己的信誉的过程中时)。

约翰·佩特瑞(John Petrey)是新英格兰最大的独立银行北方银行的执行副总裁兼CIO。[9]他就职后发现,信息部门的历史意味着不能过早进行IT准则的讨论。

他发现北方银行的信息部门领导团队面临着三个挑战。首先，IT不能在银行的现行业务中充分发挥作用。IT在提供日常服务和新应用上都存在问题。这相应地导致了第二个问题——银行业务单元的经理们不重视IS部门。业务单元经常在IS部门不参与的情况下制定IT决策。第三个问题，北方银行的高管们完全不介入IT或IS部门的工作。

在解决运作问题（日常服务的提供和应用程序的开发）的同时，佩特瑞也开始研究IS中更深层次的潜在问题，比如IS与业务的脱节，IS对业务的处理缺乏敏锐性，以及IS流程的不透明。随着对这些问题的研究，他清楚地发现这个公司没有关于IT的长期愿景和战略。

迅速确定IT战略成了重中之重，但是不久，事实证明制定一个IT战略要比佩特瑞起初设想的难得多。主要障碍就是缺乏足够详细的业务战略文件来阐明其对IT的影响。

佩特瑞回忆说："我发现了许多应该称为战略'表象'的东西，比如电子邮件、备忘录、高管们的公开声明以及私人谈话，但是很难得到一个我所需要的那种详细描述业务方向的资料。我不想在真空中建立一套IT准则。为了发挥作用，它们必须基于业务方向并且处于一个合理的细化水平。"

由于企业战略是佩特瑞所谓的表象中的唯一证据，因此他不得不从后往前逆序进行业务战略的推导。他和他的IS团队根据这些战略表象逆推出一套业务战略和业务准则。他们又根据这些东西构造了一套推测的IT准则。随后，该团队便与北方银行的高管们开始研讨衍生的业务战略以及

第四章

随之产生的 IT 准则。研讨得到了一套正式生效,同时被广泛接受的 IT 准则。现在,佩特瑞和他的同事们对于艰难的 IT 战略决策(在未来两三年内投入时间、金融和精力实现 IT 赋能企业的决策)的制定工作给予了更多的投入。

  在这一阶段,你应该清楚地掌握你所在的企业的首要任务,你对 IT 驱动企业的愿景以及完成准则流程后得出的一些可靠的 IT 准则。这些准则显然与企业的目标密切相关,并且有助于制订与 IT 投资和 IS 领导相关的行动计划。你也许倾向于当得到 IT 准则列表时,就立刻开始执行 IT 战略。虽然 IT 准则确实是 IT 战略的基础,但是将 IT 准则转化成可持续的 IT 战略还需要关键的一步——IT 治理。那正是我们下一章要关注的内容。

第五章 创建清晰、适当的 IT 治理

我们前文所描述的新型 CIO 领导的关注焦点都是打好基础的工作。回顾以上章节,我们目前已经讨论了新型 CIO 领导应该如何顺利完成如下步骤:

- 领导,而不仅仅是管理;
- 了解企业的基础——企业的战略意图和目标、长期业务需求以及关键决策制定者;
- 创建 IT 赋能企业的愿景,避免迷失于技术的包围圈之中,为技术带来的影响创造令人鼓舞的愿景,尤其是网络时代和实时企业;
- 通过准则引导 IT 使用和效用的预期——对企业实现其目标必须关注的方向和方针进行简明、清晰、令人鼓舞的陈述。

领导力、愿景和准则都是为完成工作打好基础。作为新型 CIO 领导,你的使命是使企业能够享受技术的益处,现在

第五章

我们就开始讨论这一流程。第一步是制定和实施良好的IT治理。[1]这仍是CIO领导的需求方的任务,因为治理决定了满足谁的需求。除此之外,良好的IT治理还能使需要IT服务的人深入地参与到决策制定之中。

治理关系到一些非常基本但又非常重要的事情:如何制定IT决策,谁来制定它们,以及该谁承担责任等。IT治理与IT管理是不同的。治理是通过决策输入和决策权的分配来驱动期望行为,而IT管理是制定和执行明确的IT决策。[2]

虽然听起来似乎不是最令人兴奋的话题,但是有效的IT治理对新型CIO领导来说确实是至关重要的。事实上,你应该将良好的IT治理作为你制胜的秘密武器。起初,许多CIO认为治理将会使他们的生活更加复杂。但是他们很快就会发现事实刚好相反:正确地做事,将会使他们的生活更加简单。

新型CIO领导通过使用IT治理冲破复杂性不断增加的技术和组织壁垒,将业务高管和IT高管聚集在一起以更好地制定决策。治理就是将准则从文字变成现实,将IT战略和业务战略联系在一起并保持一致。好的治理使决策制定更快更好,它提供了将IT准则转变为战略行动的清晰途径。对工作在保持竞争力环境中的CIO和那些必须不断在效率和效果之间保持平衡的CIO们,治理尤为重要。

你为什么需要强大的IT治理系统?

良好的IT治理为何如此重要?因为良好的IT治理能

够帮助企业更快更好地制定与IT相关的决策,这有很多原因。

1. 良好的IT治理会建立信任。如果你的同事们对于如何制定与IT相关的决策不理解和不支持,你就无法维持他们对于你的领导力的信任。当IT治理得以正确实行时,它会使得与IT相关的决策和责任透明,从而为CIO赢得信任。

2. 良好的IT治理意味着更好的产出。你的信誉最终依赖于IT所带来的商业价值。当IT治理机制适当运行时,它将保证只有支持业务目标的IT项目和可能取得成功的IT项目(由你的业务同事所定义)才会被采纳并配置资源。因而IT项目更有可能取得业务领导的支持,已成功完成的项目也通常会被视为重要的业务成功典范——这些都将有助于树立你和你的IS组织的信誉。

3. 良好的IT治理将使IT战略和业务战略保持同步。现代商业生命期的一个难题就是IT战略和业务战略必然以不同的节奏和不同的周期运行。在上世纪90年代初,业务战略通常是通过大规模的规划流程制定的三至五年的计划。在那种背景下,持续时间长达一年、两年甚至三年的有着合理预期的IT项目也能够被采纳。然而,随着商业周期的加速,实际上已不存在静态的三年计划了。现在越来越多的情况是,计划和执行同步进行。由于商业环境的快速变化,业务战略的变化也更为频繁。这就是为什么需要引进强大的治理系统的原因。只有存在清晰、强大的IT治理系统,整合业务和IT的能力才会真正存在。如果不能确定谁拥有决定权和谁承担责任的话,将不可避免地导致行动的缓慢。有了良好的IT治理,企业在保持IT战略和商业环境的同步上将会更为有效。

4. 良好的IT治理会鼓励人们在使用IT时采用适当的行为。最后,IT治理还会为人们在使用IT时采用适当的行为如降低成本、客户数据共享、激励创新等创造环境和基础。这种鼓励非常重要,因为你在组织中不可能面面俱到地去亲自影响和检查每个与IT相关的决策。要将良好的IT治理作为你个人的延伸、企业愿景的延伸,以及企业上下支持业务增长的议事日程的延伸。良好的治理会保证整个企业内个体或者团体的行动与企业目标保持一致,不管你或者你团队中的其他成员是否在场。

IT治理是十分困难的,环境、行业、人员和技术的不断变化都将影响你和你的高管同事们对未来和企业应该选择的方向的思考。但是IT治理是每位新型CIO领导必须正确处理的任务,绝不能置之不理或者让其不清不楚。

在本章中,我们将讨论治理的各种形式。治理有很多方式,正确的方式依赖于企业和它偏好的运作方式。现在,我们就从有效IT治理的特征和IT治理的运作方式开始。

有效IT治理的六个标志

关于良好的治理存在着很多的传说和论调。为了找出区分良好的IT治理与一般的和拙劣的IT治理的关键要素,我们与麻省理工学院斯隆管理学院信息系统研究中心合作共同研究了250多家组织。从这项研究中,我们发现拥有有效的IT治理的企业,都有着积极影响业务目标的六个标志。[3]

清晰的差异化的业务战略

基于到目前为止我们所讨论的内容,相信读者对良好的IT治理的第一个标志是关于业务战略而非IT本身并不会感到惊奇。我们请求我们所研究的每一个企业都对三个价值策略——卓越运营、客户至上、产品(服务)领先和创新(第二章)——对于其未来的业务战略和运营的重要性进行打分。平均来看,那些认为每项策略都重要的企业其有效IT治理的得分较低。而那些具有较高IT治理绩效的企业都同时拥有清晰的差异化的业务战略。目标明确的业务战略更易于在所有的管理流程中集中精力关注期望行为,包括IT治理。

IT投资有着清晰的业务目标

IT投资关注于特定目标(例如改进产品质量,缩短进入市场的时间,提高员工间的协作)的企业也显示出了更有效的IT治理。通过将精力集中在更少、更重要的领域,业务也

第五章

将更有机会产出好的成效。良好的IT治理保证了业务目标清晰明确并能得到充分的理解。

高管人员参与IT治理

这点或许很明显,但我们总是强调得不够。对于我们研究的所有因素,CEO的参与都有着最大的正相关性,接着是COO、业务单元的领导以及业务单元的CIO们。公司的CIO和CFO的影响较小,但仍对IT治理绩效有着明显的正相关性。我们发现,一种简单但有效的衡量高管人员参与IT治理程度的方法,就是检验高管人员是否了解IT治理是如何进行的。我们对CIO们的研究显示,平均有39%的业务高管们能够准确描述他们企业的IT治理安排。这种比例越高,企业的治理绩效也就越好。

IT治理稳定,逐年的变更较少

在治理流程中,稳定性被证实是非常重要的。过多的变更会使业务高管们难以理解IT治理的运行机制。如果他们不理解IT治理,IT治理也就不能发挥作用。平均起来,IT治理绩效最好的前1/3企业每年只有一次变更,而治理绩效最差的后1/3企业每年会有三次变更。这种对比是很明显的。更多的变更通常会导致更低的绩效(虽然在企业战略发生改变时,这种变更的发生是不可避免的)。

创建清晰、适当的IT治理

作用良好的、正式的例外流程

拥有有效IT治理的企业都已建立了处理例外和争执的方法。以我们研究的一家投资银行为例,一个业务单元想引进一种新的产品,而这种新产品需要的软件不符合已统一认定的产品架构指导方针。因采用非标准软件,第一次提议被投资委员会驳回了。但是由于存在例外流程,该业务单元开始寻求通过例外流程解决问题。由于这个提案被证实是一种创新,并能成为潜在的新的收入来源,因而最终得到了批准。这款软件得到了严格的审核,最终成为了被银行认定的产品。

麻省理工学院的彼得·韦尔说:"例外流程是组织学习的方式。"[4] 如果没有处理例外的程序,你将发现你会错失重大的机会。但是运行中的例外流程对所有参与者来说应当是可以理解的和透明的。拥有这些流程的企业应当被看做是公开的和公平的,相应的其未经批准的IT决策和投资数量也很少。你也可以反过来看待此问题:如果在企业有太多未经批准的IT活动,那么你的IT治理对组织来说大概就是无效的或不适合的。(不要将此问题与刻板的、独裁的IT治理相混淆,它们也同样不起作用。)

正式的沟通方法

有效的IT治理使用正式的沟通方式和机制,用来加强CIO与高管同事们之间的关系。这些正式的方式也将强化

第五章

良好治理的其他几项标志,如稳定性、高管参与和例外流程。

在察看这些标志的列表时,你也许想知道哪些是原因,哪些是结果。我们很难给出最后的定论,我们只能说这些标志与良好的IT治理是密不可分的。就像运转在一个增强的或者削弱的信誉循环中的信誉和结果一样,这些标志和良好的IT治理或者相互强化或者相互削弱。良好的治理由于高管的参与而更容易,高管的参与既加强了这一流程又有助于保证更好的结果,而好的结果反过来又进一步促进了高管的参与。

IT 治理的三个主要元素

我们猜想,看完了上文所述的这些标志后,你在你的IT治理中至少会发现一个需要改进的领域。围绕改进的第一步就是描绘出公司当前治理状况的精确图景。绘制这幅图景需要定义一些术语。

任何IT治理系统都由三种主要元素组成,我们使用特定的术语来描述它们:

> 领域(domains):需要制定决策的各种IT领域;
> 风格(styles):在每个IT领域中谁制定决策以及谁进行决策输入;
> 机制(mechanisms):用来执行治理风格的技术和组织设置。委员会就是常用的机制。

接下来我们将详细地讨论这些组成要件。

领域

领域是业务和技术的重要交集,代表着需要制定决策的地方。有如下五种范围:

- IT 准则:我们在第四章讨论了准则。由于业务环境的不断变化,你的业务准则也将不断变化;相应地,你的 IT 准则也需要改变。IT 治理的一个重要内容就是要认识到你创建的准则必须不断改变,并确定由谁来作出这些改变,以及这些改变的决策者如何完成这些改变。

- IT 架构:你的企业将使用什么样的技术方针和标准?IT 架构定义了那些引导企业满足业务需求的技术选择。

- IT 基础设施战略:如何决定共享服务的本质和范围?IT 基础设施战略描述是否需要、为什么需要以及如何使企业建立和维持经过定制的共享的和可靠的服务来满足业务目标。例如,实现客户概览分析就需要开发和管理横跨各业务部门的某种标准应用系统。

- 业务应用需求:需要什么样的应用?这些应用是必须购买或开发的满足业务需求的业务应用,包括业务单元或部门的应用。

- IT 投资和优先级确定:优先级的确定对 IT 投资是非常重要的。它解决了这样一些问题,例如投资多少,投在什么地方,以及如何评判和审批 IT 赋能的业务

第五章

· 提案等。

治理风格

IT 治理风格定义了谁为决策提供参考依据以及谁制定决策——明确了组织中哪些级别和部门参与其中。不同的治理风格需要不同组织级别的业务高管和 IT 高管的组合。对于五个 IT 领域的每个决策都有可能使用不同的治理风格。为了方便起见,我们采用命名的惯例,基于关键参与者为不同的风格命名。

在业务君主制中,只有业务高管拥有决策权。例如在联合国儿童基金会(UNICEF),所谓拥有 C 头衔(CEO、CFO、COO、CIO)的高管们在四个领域中拥有决策权:IT 准则、IT 基础设施战略、IT 架构、IT 投资和优先级确定。

在 IT 君主制 中,IT 领导层掌握决策权,在我们所研究的一家英国银行,信息管理领导小组在三个领域中拥有决策权:IT 基础设施战略、IT 架构、IT 投资和优先级确定。

在封建制中,业务单元领导或者他们的代表拥有决策权。这种风格一般在相对自治的业务单元可以找到,并且提供本地响应。

在联邦制中,治理权由拥有 C 头衔的高管们以及至少一名其他业务单元领导共同享有。我们所研究的一家国际汽车制造商,其两个领域的决策权——IT 准则和 IT 投资和优先级确定——由它的全球董事会(和北美公司的执行委员会相当)和业务单元领导共同拥有。

在双寡头制中,权力由IT高管和其他另一个业务组织的领导共享(而不是多级别的业务高管共同参与),例如拥有C头衔的高管或者业务单元领导。在我们研究的一家南非的大金融服务组织中,双寡头制是应用于所有IT领域的治理风格。组织的IT治理风格寻求平衡协作与自治之间的压力。

第六种风格是无政府制,存在于单个流程所有者或最终使用者拥有决策权的领域。在这种风格下,专门化的决策被制定出来以满足本地需求。

治理机制

机制,书面意思是治理风格实施的手段和方法,可以是正式的,例如标准的委员会,也可以是非正式的,例如与同事讨论等。对应于每种治理风格都有很多的机制,下面列出了多种可能印证治理风格的机制。(我们省略了无政府制,因为其在大企业中一般不被采用。)

业务君主制

> 执行委员会(例如,CEO和向CEO直接报告的人员;如果CIO向CEO直接报告,也包括在内)
> 运营委员会(一般由高管组成,例如CEO、CFO、COO)
> 投资理事会
> CEO政令或许可

第五章

IT 君主制

> IT 领导层委员会（通常包括公司层面和业务单元的 IT 高管）

> IT 高管（CIO 和向 CIO 直接报告的人员）

> CIO 政令或许可

封建制

> 业务项目理事会或部门领导论坛（每个业务部门的总裁）

> 业务流程所有者

> CIO 和业务部门总裁一对一的会议

联邦制

> 业务投资委员会（包括公司高管和业务单元高管）

> 业务应用论坛

> IT 政策委员会（包括公司高管、业务单元高管和 IT 高管）

双寡头制

> 业务—IT 关系经理

> 信息指导小组（由公司业务高管和 IT 高管组成）

> 项目委员会（由业务高管和 IT 高管组成）

> 企业架构委员会（由业务高管组成）

这些机制可能适于一个或多个IT领域。理论上存在着的机制数量和人类智慧所能设计的数量一样多，但是最通用的机制包括如下部分：

> 执行委员会：通常这个机制制定大多数的企业范围的决策，包括在C头衔层面制定的IT相关决策。这种方法鼓励全局观点，但是除非由CIO提供最高级别的IT参考信息，否则这些决策所依据的信息是不充分的。

> IT领导层委员会：这个组织通常包括企业范围内的大多数的IT高管。这个机制对大型的多业务的公司尤其重要，因为在这些公司中，基础设施服务责任是共担的。

> 流程团队：这类团队由企业各部门的成员组成，将IT成员包括进这类团队中能够确保当业务流程重组时，IT能带来最大的益处。

> 业务—IT关系经理：这些高管们在业务和IS部门扮演调解者的角色和关键的日常沟通角色。他们帮助在IT部门与业务部门之间建立起沟通的桥梁。

> IT委员会：这些组织一般同时包括业务高管和IT高管，一般比执行委员会考虑的事项更详细，更关注多层次的IT政策和投资。

> 架构委员会：这些委员会的成员定义架构方针，经常是既参与业务管理，也参与IT管理。

服务水平协议、费用分担安排、IT项目和资源消费的追

第五章

踪、IT的商业价值追踪等也是许多企业所使用的治理机制，以此来满足企业的不同目的。

建立治理安排矩阵来了解你的IT治理现状

既然我们已经定义了治理的三种要素，那么你可以创造一个矩阵来描述一下你当前的IT治理是如何运转的。

公司董事会是当今IT治理的一个重要组成部分

企业——无论商业公司还是非营利性组织——都被治理体系所控制着。所谓治理体系是指这样一系列的安排：需要制定什么决策，由谁制定这些决策，以及由谁来承担责任。在最高层次上，董事会为公司治理负责。也就是说，他们要定义和监控战略方向，要确保CEO的高效能以及有必要的控制和责任到位。由CEO领导的高管团队负责制定和执行战略，鼓励期望行为，并为实现优良的绩效管理关键资产。

从董事会的角度来看，自上世纪90年代末以来，信息和技术作为资产的重要性已显著上升。随着IT重要性的增长和由IT带来的风险的加大，董事会现在必须快速、熟练地处理他们的IT问题。就如同监控金融风险一样，他们也需要监控信息和技术资产的风险。

一些董事会如同设立审计和风险委员会一样，正在建立IT委员会。一位非执行董事说："IT委员会的角色不是钻研技术，它关注的主要是提案和风险，并能够管理整个流程。"

很明显,如果公司董事会已成立IT委员会,这种机制需要得到重视,并纳入到你的治理计划中。

这个矩阵将提供几个方面的益处。它阐明了IT治理的多个部分是如何组合在一起的,它也为你呈现了企业当前IT治理状况的更清晰的画面。最后,矩阵可以用做你与业务同事和IT团队讨论治理的一种有效方法。

为你的IT治理系统绘制矩阵,在矩阵的上部列出五个IT领域(见表5-1,我们为一家亚洲跨国银行DBS所填写)。纵轴上列出了治理风格(我们删除了"无政府制",因为它很少被大企业所采纳)。然后通过判断在适当的单元格内填写谁拥有输入和决策的权力,以及使用何种机制将这些权力应用到每个领域。你应为每列填写一个单元格——填写关键风格的名称来展示每个领域所采用的风格。IT治理的透明度很重要。如果没有将你的治理系统的清晰画面展示给所有人,想了解谁承担什么责任是非常困难的——这对于决策的速度有相当大的影响。

DBS是一家通过并购不断快速发展的银行,它积极地应用IT治理促进变革和驱动增长。这些变革包括在保持单个业务单元没有放弃本地责任的前提下,将焦点更多地转移到对客户的关注上和增加业务部门之间的协作上。

为实现以上战略目标,DBS的业务高管,包括CIO,对一系列的IT准则达成了一致,他们在业务应用、IT投资和优先级确定的决策上贯彻了这些原则。每项提案都需要按照已

第五章

达成一致的财务和非财务标准进行评估。在IT领域内,直接对CIO报告的一群业务—IT关系经理负责IS组织与其他部门之间的沟通交互工作。IT领导层小组对IT基础设施战略和IT架构拥有决策权。

从矩阵(见表5-1)中你可以看出,DBS应用不同的风格达成不同的目标,采用了至少八种机制或决策制定者。所使用的风格依赖于IT的领域和相关业务治理的类型。

表5-1 一家跨国银行DBS的IT治理安排矩阵

风格	领域									
	IT原则		IT基础设施战略		IT架构		业务应用需求		IT投资和优先级确定	
	输入	决策	输入	决策	输入	决策	输入	决策	输入	决策
业务君主制		公司办公室(包括CEO、CIO以及三个业务部门的领导)和CIO						公司办公室和CIO		地区项目委员会和公司办公室
IT君主制			CIO办公室及成员和IT领导	CIO办公室及成员和IT领导		架构办公室和CIO				
封建制										

（续表）

联邦制					业务领导和业务过程所有者		
双寡头制	业务领导和IT领导			业务领导和IT领导			业务领导、IT领导和业务—IT关系经理

© 2003 高德纳公司和麻省理工学院斯隆管理学院信息系统研究中心，分析框架摘自 Peter Weil and Richard Woodham, "Don't Just Lead, Govern: Implementing Effective IT Governance," working paper 326, 麻省理工学院斯隆管理学院信息系统研究中心，2002年4月。

评估治理中所需的改变

　　一旦你已绘制了矩阵，并对当前的治理状况有了清晰的认识，你便可以对一些必要的改变作出评估——这些改变可以更有效地连接IT治理和业务战略。记住，对于任何改变，你都需要谨慎计划和分阶段实施——你不能一次性完全改变你的治理，否则会导致所有事情的停滞不前并造成大范围的混乱。

　　当重新设计你的IT治理时，再强调一次，要考虑的首要问题就是企业环境。在你试图重新设计IT治理之前，充分了解你的企业并详尽定义你的业务准则是至关重要的。你很可能发现定义准则的过程将显现出改进治理的必要性，并

第五章

将显示出哪些人应参与其中。

考虑你的业务导向

不同企业的业务治理——如何制定和执行业务决策——也是各不相同的。业务治理为IT治理创造环境。例如，如果你的企业战略导致组织高度集权化，这对IT决策权和责任会产生显著影响。另一方面，如果你的企业有着悠久的业务单元自治的历史，这同样也会对IT治理产生相当强烈的影响。我们注意到，在业务单元自治的企业中，如果IT治理系统试图创造并严格执行企业范围内的标准，结果只会是自己打败自己。

三种业务导向——协作、敏捷和自治——会形成不同的业务治理安排（见表5-2）。虽然你的企业或许具有三种属性中的几种或全部，但其中一种将会（或者应该会）占据主导地位。你与你的高管同事们共同制定的业务准则应该揭示出在你的企业及业务单元中三种导向中的哪一种占据主导地位。如果你无法说出哪个导向更占主导地位，那么你还需要与你的同事协商判断；否则，你将会不断地与你的IT治理抗争。

这些业务导向为你的IT治理创造了环境——迅速浏览你的矩阵，也许你很快会看出当前IT治理与企业业务导向的一些不同点。如果你确实发现了许多不同点，不要气馁，这是我们经常遇到的情形。你最终可能会欣慰地理解你为何需要努力地将一些具体的行动付诸实施。虽然在三种导向上，IT治理有一些方面是相同的，然而在支持每个不同导向的 IT 治理中会体现出不同的侧重点。

表 5-2 业务导向及治理安排

企业特征	业务导向		
	协作型企业	敏捷型企业	自治型企业
业务流程	在各业务单元间实现标准化和一体化	组件化、可调整、容易组合	更加独特、独立
协调和技能	强制规定的协作，消除冗余	在整个公司范围内实行一线人员响应	本地变革和竞争力
协调管理系统	业务单元既关注自身的战略也关注整个企业的战略	在全公司组织逻辑下业务单元进行本地化调整	只有企业财务和风险管理是集中的
信息和信息系统	大量经过整合的全公司的基础设施和共享服务	集中协调化和架构化的组件能力	全公司概念被淡化，每个业务单元都有适合自己的基础设施

资料来源：© 2003 麻省理工学院斯隆管理学院信息系统研究中心。Peter Weill and Jeanne Ross, *IT Governance: How Top Performers Manage IT Decision Rights for Superior Results* (Boston: Harvard Business School Press, 2004)。协作型企业详细资料引自 Jeanne Ross et al., "Aligning IT Architecture with Organizational Realities," *MIT Sloan CISR Research Briefing* 3, no. 1A (March 2003)。敏捷型企业详细资料引自 Nancy B. Duncan, "Capture Flexibility in Information Technology Infrastructure: A Study of Resource Characteristics and Their Measure," *Journal of Management Systems* 12, no. 1 (fall, 1995): 37-57，和 V. Sambamurthy and Robert W. Zmud, "The Organizing Logic of IT Activities in the Digital Era: A Prognosis of Practice and a Call for Research," *Information System Research* 11, no. 2: 105-114。信息和信息系统详述以及自治型企业详细资料引自 Timothy R. Kayworth, Debabroto Chatterjee, and V. Sambamurthy, "Theoretical Justification of IT Infrastructure Investments," *Information Resource Management Journal* 14, no. 3 (2001.7-9): 5-14. 和 Peter Weill, Mani Ubramani, and Marianne Broadbent, "Building IT Infrastructure for Strategic Ability," *Sloan Management Review* 44, no. 1 (fall, 2002): 57-66。

第五章

努力构建新的治理来满足业务导向

每个业务导向上都包含众多IT治理机制是必不可少的（见表5-3）。例如，在三种导向上，理事会或委员会可能都会出现。区别理事会和委员会的是成员资格、这些组织的运作方式、它们在企业中的位置以及它们责任的内容和程度。

表5-3 关键的IT风格和机制

治理属性	业务导向		
	协作型企业	敏捷型企业	自治型企业
决策制定模型	● 业务高管和IT高管紧密的联系 ● 自上而下地制定技术决策	● 业务和IT领导为特定的目的组合 ● 企业范围内的治理安排强调协作和学习	● IT与单个的业务单元和流程所有者共事 ● 强调本地业务决策制定
关键机制的焦点	● 建立良好的业务和决策流程 ● 执行层的委员会 ● 高层的、集中报告的业务—IT关系经理	● IT原则的广泛使用 ● IT项目的业务所有权 ● 计划好的IT—业务教育体验 ● 透明度和沟通	● CIO完成一对一的谈判 ● 通过社会化和平等压力实现标准化 ● 实行业务—IT服务安排
案例	ADVO直接邮递广告公司	杜克国际能源	Valeo，欧洲汽车提供商

© 2003 高德纳公司，与麻省理工学院斯隆管理学院信息系统研究中心。

协作型企业是指因面临来自市场的实施企业范围内整合压力的企业，和（或）那些想要充分利用业务单元间相似职能的企业。协作型企业需要清晰的决策流程，高管负责输入，高级业务—IT关系经理负责决策。这些企业尽可能多地在企业范围内努力实现业务单元间的协作。它们增加整合，合并相似点，在业务边界上实施通用流程。它们也制定标准，尤其是 IT 基础设施组件，例如桌面、E-mail、IT 安全、企业资源计划和其他企业应用程序。

我们发现在高绩效的协作型组织中，有些治理风格要比其他风格有效得多。对 IT 准则和 IT 投资及优先级确定这两个决策来说，在输入和决策制定上有高层领导和企业范围内的业务领导参与是非常关键的。而对于 IT 基础设施和 IT 架构这两个决策来说，一般由高层业务领导提供输入，IT 君主制制定自上而下的技术要求。

ADVO 公司是美国的一家直接邮递广告商，它阐述了在协作型公司内业务决策与 IT 决策制定之间紧密联系的必要性。它最高的两个 IT 治理机制 IT 指导委员会和 IT 优先级确定团队，都主要由业务成员组成。由八个业务职能部门的领导组成的 IT 指导委员会制定 IT 资产购置决策，而且每月都要监控大项目的进度。IT 优先级确定团队管理 IT 方面的花费。该团队中有来自各职能部门的成员，团队每隔两周都与 IT 应用维护主管接触。基于已建立的标准，会议上每个业务职能部门都提出其各自最重要的维护服务请求，团队从全部列出的请求中批准最重要的十条维护服务请求。

敏捷型企业的目标是比它们的竞争者更快地作出决策和更快地采取行动。它们的敏捷来源于对市场的密切关注，一般是对本地市场的关注；它们的企业结构强调流程和其他行动的协同，而不是强调完全的一体化。这些企业强调准

第五章

则,强调对业务高管和专业人士关于IT能力的教育,强调如何使企业内不同的部门有效地使用IT进行交流。举例来说,杜克国际能源(Duke Energy International,DEI)的高管们在他们不断扩张的公司内,传达和引导有关IT的更快速的决策制定。他们的准则解释了什么时候需要作出调整,以及什么时候不需要。DEI的经验就是,由于基本规则非常清晰,好的准则会缩短决策流程并带来更好的人际关系。

敏捷性企业也倾向于鼓励IT项目具有强业务归属。在DEI内部,对于所有的投资,投资流程都是一样的,包括IT投资。业务领导定义业务方案,并对产出结果负责。

自治型企业提供极少的集权方针;治理必须依靠CIO和他的团队之间一对一的谈判和平等的社会关系。自治企业的目标是放开对业务单元的束缚,使它们在本地市场上能更有效地竞争。IT治理必须反映这种聚焦于第一线而不是企业中心的自治的决策制定方式。

标准是由于社会化和同伴的压力(peer pressure)而达成的。我们所研究的一家欧洲汽车零件公司Valeo的CIO这样描述来自同伴的压力的力量:"当一百个工厂都执行同一个标准时,对任何人来说要让别人知道他们无法做出同样标准的东西是很难堪的。"业务单元绩效考核标准定期地张贴出来,没有哪个业务单元想让自己的分数垫底。同伴的压力鼓励这个业务单元尽快地实施IT及其他职能标准。

通常,自治企业内IS组织扮演着IT基础设施的内部服务提供者的角色,而将应用系统留给了应用单位。服务水平协议、标杆、费用分摊安排在这种环境下往往更为重要,其标准通常与外部服务提供商的标准相同或相似。

有时,自治企业在特定领域应用命令的方式会取得更高的协同性。例如金融、人力资源、IT部门被期望能提供通用的基础设施,这对于自治企业将是一个挑战,除非这些部门被授予比平常更多的集中控制权。

什么有效和什么无效

很明显,IT治理没有一种对所有企业都通用的模式。而在我们的研究过程中,我们已经得出了在其他条件不变的情况下在大多数企业中什么有效、什么无效的一些一般性的结论。

仅由IT部门作出的决策和仅由业务单元作出的决策通常都执行得不好

当IT领导团队拥有IT准则的决策权,也就是说,IT本身定义所有的IT准则时,很容易出现无效的治理。IT准则一般需要业务高管的确认。我们也发现在业务应用需求决策权上存在相似的结果。当决策权仅由业务单元掌握时,经常会导致无效的IT治理。企业正日益通过公司的执行委员会制定业务需求的主要决策(由CIO提供输入,如果他还不是小组成员)。目的是通过统筹考虑整个企业董事会的利益以鼓励更合理的投资决策。

自治型企业是这个规则——仅由IT部门作决策和仅由

第五章

业务单元作决策一般都运作得不好——仅有的例外。自治型企业缺乏企业范围内的业务驱动。我们发现一些有效的方法是高管们将IT准则决策权交给IS组织，将业务应用决策权交给业务单元领导。但这好像是IT君主制或业务君主制有效运作的唯一一种情况。

业务和技术高管紧密配合所制定的决策效果良好

一流绩效的IT治理执行者一般将业务高管和技术高管联合起来对两个IT领域共同制定决策：IT准则和主要的IT投资与优先级确定。从这些公司的CIO那里我们经常听到："这里没有IT项目，这里仅有业务变革的项目。"例如在DBS，业务单元领导拥有所有战术投资的权力。三个地区性项目委员会中的一个审查和批准额度100万—500万美元的投资或任何地区性的提案。这也是适用于其他投资的机制，不管是IT相关提案，还是新的银行产品、人力资源或所有权的提案都采用同样的机制。公司办公室负责审批任何额度超过500万的投资。IT相关投资决策要依据CIO的建议制定。

四种治理机制具有最大影响

用来执行IT治理的各种机制的效果是各不相同的。我们发现，最有效的四种机制都有业务部门的参与。这些机制是业务—IT关系经理、由业务高管和IT高管组成的IT委员会、执行委员会以及IT领导小组，它们都将企业范围内的业务高管和IT高管聚集在一起。如果你还没有实施这些机

创建清晰、适当的 IT 治理

制,你应该致力于配置它们来努力改善 IT 治理。

IT 领导层团队对基础设施和架构决策非常关键

一旦 IT 准则和投资方针建立好,它们就会为 IT 基础设施战略决策提供指导方针。这些决策一般由业务部门的同事提供输入,由 IT 领导小组最终制定。然而,IT 领导小组制定基础设施决策时必须关注业务准则。太多的情况下,这些决策不是依据业务需求制定的,而是由 IT 对于简单化和合理化的要求而决定的。对 IT 架构决策来说亦是如此。当 IT 领导小组负责 IT 架构决策时,决策需要依照业务准则被不断地评估,从而保证架构决策不被 IS 部门现有的技能和知识过度地影响。

一旦你已制订出当前的治理计划,就要经常和你的业务准则和 IT 准则对照,作出必要的变更,然后你就可以充满信心地执行你的 IT 战略。不管业务战略如何变化,变化得多么频繁,你已创建的治理系统都为保证你的 IT 战略与业务战略的长期同步提供了坚实的基础。现在我们就将开始准备建立支持你的业务目标和实现你的愿景的 IT 战略。

第六章　将业务战略和IT战略结合在一起

许多CIO都有一个IT战略。新型CIO制定的战略应该将业务战略与IT决策清晰有效地结合起来。不同的是，新型CIO的IT战略是建立在他们对整个企业的状况、愿景、业务准则和IT治理了解的基础上的。在这一章中，我们将探讨如何在这些基础上制定一个IT战略。[1]

在治理的基础上创建和执行IT战略

IT战略将能够使业务驱动的IT准则更加具体，这包括设定的目标集、提案、一个特定时间内的投资。没有一个好的治理就不可能创建一个好的IT战略。

下面再让我们来考虑一下前期的工作，我们首先要明确企业的战略目标、背景以及业务单元或者其他机构持续不断的业务需求，并基于以上理解来制定IT准则。这些准则或者规定将是我们行动的指导，因为它们将IT、企业整体目标

第六章

以及这些目标的优先级作为一个整体联系在了一起。

但是这些准则只是作为指导方针,而不是行为。你和你的IT团队需要有一个适当的IT战略来告诉你应该把精力和资源集中在哪些方面,你的治理安排将能够使你创建一个适当的战略。

治理之所以重要主要有两个原因:首先,需要做的IT工作总是比能做的要多,因此必须作出抉择。选择实施一些项目,同时放弃另外一些项目。投资一些项目,同时取消另外一些项目。治理为作出这些艰难的、容易引起争论的决策提供了一种权衡利弊的方法。第二,事物是不断变化的,影响着选择这个战略还是另一个战略的目标和需求也是经常变化的。随着时间的推移,业务条件和目标很少能够保持不变。治理为这些战略提供了一个连续检查的机制,因此在这个过程中任何变化和调整都可以通过一种快速的,但却清晰且考虑周全的方式作出。

治理体系表明了由谁来作出有关IT准则、架构、基础设施、业务应用需求以及IT投资和优先级确定的决策。IT战略是关于这五个决策的内容以及这五个决策在某个时间内的实施的。为了保证这个战略能够使这些必要的领域更加清晰,它至少应该包括以下的一些内容:

> 对IT准则的详细描述,这是驱动其他IT决策的指导方针。

> 对于关键的企业架构的决策。这是对所有形式的媒介进行的技术性选择,包括数据、硬件、软件、通信设

备,以及可能的流程和每一项被实施的决策需要达到的水平(是要求的,还是首选的,抑或是可选的?)。

➢ 你的 IT 基础设施提供了怎样的能力和流程。你需要知道哪些服务或者流程应该作为共享服务而被集中和统一提供,而哪些服务或者流程应该实施分散化或者说依各业务单元的情况分别提供。

➢ 哪些业务应用将被保留,哪些将被替换,以及哪些新的项目将被实施。

这些内容决定了资金和其他资源应该如何分配以使企业的商业价值最大化。

对很多企业来说,有效 IT 战略的关键就是要采用一种组合的方法。对于架构、基础设施能力以及业务应用,一个好的决策能够通过创建 IT 投资组合在整个企业范围内获得总体最高的商业价值。考虑一下在某一个时间段内具有不同的风险和收益的财务或者研发组合。这个组合能够并且经常需要重新进行配置来适应变化了的条件,一个例子就是在经济萧条期内需要将资金投向风险较低、投资回报较快的领域。

你的 IT 战略应该包括开发并维持一个提供服务和能力的投资组合。而这个战略的核心便是你和你的业务同事所作的关于其优先级确定和投资的决策。你们不得不作出选择,并且需要始终如一地按照一个有序的模式来进行。反过来,确定优先级需要严格的治理机制进行保证,而治理则是以对企业目标的良好理解以及对多重评价标准的仔细权衡

第六章

为基础的。

让我们考虑一下这个方法的替代方案,就是延续从20世纪90年代开始的标准的IS方法。这种方法基于可用的资源和用户的影响力,来对任何服务请求作出响应,并通过管理这些请求队列的能力评估其绩效。项目的发起人通常会夸大预期收益,最小化成本估计,暗示他们的提案具有强制性,淡化风险因素,甚至利用他们的政治权力来强迫实施。

但是,随着财务压力的不断增加,业务部门对于IT重要性的认识不断提高,IS的信誉不断降低;最为重要的,从IT中挖掘商业价值的需要不断增大,这些都要求我们用投资组合的方法代替原有的方法。我们的方法将通过终止低价值的、冲突的、冗余的工作来产生更好的IT决策。它能够驱使对企业真实需求的关注,并且使IT与企业更好地整合。它能够基于前面章节描述的好的治理方法创建一个IT战略。其结果就是得到一个可靠的投资组合,这个投资组合是与IT相关的项目和决策流程,它能够根据需要进行快速的决策和资源的转移。

要想使投资组合管理流程起作用既需要强有力的治理,又需要明确参与者的责任。我们见过许多的企业组成了投资委员会——一个由业务部门和职能部门领导组成的治理机构。投资委员会负责对一些重大的提案进行评估、优先级的确定和最终的选定,分配资源,以及定期检查这些投资组合的绩效。除了作出这些IT决策外,这个委员会可能还要在很多领域作出投资决策,正如在前面案例中描述的DBS的一系列项目委员会一样。当然,也有些投资委员会只将注意力集中于信息和IT的投资决策。

典型的投资委员会的成员包括CIO、COO、CFO(或者财务控制者)、战略规划者以及业务单元的领导。CEO可以作为投资委员会的成员,也可以不作为其成员,这取决于企业的文化。这个委员会可以作为执行委员会或者IT委员会下设的一个子委员会。那些在投资委员会中确定企业范围内优先级的人,必须具备企业整体的视角,同时具有高于项目发起者的级别(除了那些大型的提案以外)。投资委员会的宗旨是保证以下的目标得以实现:

> 优先级由业务战略驱动,并定期进行检查;
> 业务数据真实可靠;
> 不符合要求的提案将被取消;
> 投资组合反映了当前和即将出现的业务需求;
> 了解并管理风险,使其达到适当的可容忍的程度。

表6-1为我们提供了许多企业采用的一种能够有效分解参与制定这些IT决策的各种角色的责任的方法。

联合国儿童基金会——一个联合国的机构——提供了独一无二的机会,来告诉我们怎样在有效的治理环境下制定和实施IT战略。从20世纪90年代后期开始,在遍布世界各地的联合国机构内,IT的重要性不断地增强。联合国儿童基金会2003年的预算超过了12亿美元,其项目遍布全球超过160个国家和地区,主要通过与政府、非政府组织、其他的联合国机构以及当地的社区团体的合作来计划和实施项目。

第六章

它的资金主要来源于自愿捐赠,其中 2/3 来自于政府,1/3 来自于私人机构。

表 6-1　IT 战略的角色和责任

角色	责任
投资委员会	由业务领导和职能领导组成的决策制定和检查的团队,负责确定提案的优先级,选定提案,分配资源。
业务单元发起人	负责提案的报批,支持它的实施,并且承担实现项目回报的责任的业务高管。
投资组合管理者	对投资组合负责并对其进行监督,以及向投资委员会提供进行决策所需要的信息和报表的人。
计划管理办公室	负责协调所有的计划、项目和相关工具的能力中心,可以为投资委员会提供人员支持和专业指导。
计划管理者	负责管理一个计划的人,这个计划通常由多个相关业务单元的 IT 项目组成。
项目管理者	负责对某个单个项目进行日常管理,就项目的状态与投资组合管理者、计划管理者以及业务单元发起人进行沟通的人。

到 20 世纪 90 年代中期,在联合国儿童基金会的办公事务中只有很少一部分的 IT 应用,并且 IT 远没有得到 CEO 一级的关注。IS 团队的主要任务是支持联合国儿童基金会的总部成员,总部以外的事务主要还是依靠他们所能获得的当地的 IT 支持。基金的管理层在 1995—1996 年推出了一个雄心勃勃的宏大计划,来提高效率和效益,简化操作,并将决策的制定权和责任下放给各个地区和国家。随着这些变革的实施,管理层重新集中了 IT 决策和资源配置的责任,这样 IS 团队就能够支持所有的联合国儿童基金会的成员,而不

仅仅是总部的成员。此外,在 CIO 安德烈·斯帕兹(Andre Spatz)的领导下,IS 团队成为了一个组织变革中必不可少的组成部分,并发挥着重要的作用。

在变革的过程中,斯帕兹通过三个阶段指导 IT 和 IS 团队。在第一个阶段中,对 IT 的特别管理逐渐形成了单独的项目治理机制。例如,四位部门经理负责按进度和预算实施总部企业资源计划项目中财务和物流模块,这将替代超过 100 多个的既有系统。这个项目的管理流程成为接下来的项目的蓝本。

在第二个阶段中,斯帕兹将焦点集中于构建联合国儿童基金会的 IT 架构。今天,该机构中的每一个人都有一个标准的台式电脑或者笔记本电脑、办公自动化工具、互联网和内联网的接口,以及他们个人电脑上的应用程序。在有联合国儿童基金会分支机构的国家中,80%建有保证宽带服务、服务质量和超高速缓存的全球互联网协议。各分支机构的员工现在可以获得关于项目、财务以及其他资源的实时信息,并能够感觉到与组织联结成了一个整体。企业管理系统提供了一种通用的工具、系统和用户支持流程,例如全球服务桌面。这些系统以及有规则的数据采集,使资源能够快速有效地将目标集中于具体的项目领域。

第三个阶段,也就是当前的 IS 演进阶段,开始于当对 IT 服务的需求超过 IS 预算四倍的时候。斯帕兹帮助联合国儿童基金会管理层设置了一个流程来检查和选择能够为组织带来整体最大收益的 IT 计划和战略。这种方法由部门和业

第六章

务领导而不是IS领导,提出并判断IT投资请求。这个流程为选择投资和确定优先级提供了一个清晰的框架。这就有了一个包含总部级、地区级和本地级的整体的IT战略。

如果没有一个成熟度不断提升的治理系统,并创建了一个将业务战略和IT有效结合起来的IT战略,联合国儿童基金会现在就不可能享受到信息和IT带来的好处。治理已经成为斯帕兹成为新型CIO领导的秘密武器。

将开发IT投资组合作为IT战略的核心

一个企业有效地选择和管理它的IT战略投资组合的流程包括以下几个步骤:

1. 应用全面、统一的格式定义提案;
2. 应用一个客观的框架来评估这些提案;
3. 确定提案的优先级,并平衡这些提案组合;
4. 将资源按确定的优先级分配给各提案;
5. 积极地管理这些提案。

这些步骤并不是严格按照顺序执行的。每一步都会有闭环反馈。此外,这不是一个一次性的活动,而是贯穿于整个提案的生命期内的周期性检查过程。

步骤一:定义提案

对优先级确定决策提供支持的数据对于这一决策起着决定性的作用。搜集一致、可靠的有关每一个提案的信息,是一项十分关键的挑战。由于提案是按照统一的格式提出的,因此这些相互竞争的提案可以进行相互比较。

企业在这一步可以采用"一步式"或"两步式"的方法。在一步式的方法中,一个团队要准备好一套完整的业务方案或者成本—收益分析,在信息充足的情况下决定该提案对于业务的价值。

在两步式的方法中,一个团队要准备一个包括较少信息的初步项目建议,也许只是一个两页的简述项目概念的概要。决策制定者需要足够的信息来判断这些概念的可行性,并且决定是否投资开发整个业务方案。大型的提案通常需要采取两步式的流程(见表6-2)。

表6-2 制定提案的两个步骤

初步的建议	业务方案
1.项目名称及项目描述	1.项目名称及项目描述
2.业务需求或目标	2.业务需求和目标
3.项目发起人	3.项目发起人
4.粗略的成本估计	4.替代方案
5.粗略的收益分析	5.假设
6.与业务战略和IT战略的匹配度	6.成本估计
	7.收益估计
	8.与业务战略和IT战略的匹配度
	9.实施策略
	10.基础设施需求
	11.风险因素
	12.项目进度

步骤二:评估提案

为了获得一个平衡的投资组合,你必须创立一个包含投

第六章

资类别和评价标准的优先级确定框架。[2]合理的投资类别的划分方法将具有相似特征的提案划分到同一个类别中,这将有助于你更合理地配置资源。例如,维护和提升(加强)的项目,可能会被划分在同一个类别中,而这一类别有一个相应的预算额。你也可以使用客观的评估标准,这些标准基于业务准则、常用的财务测量方法和风险等,来对每一个类别中的提案进行排序。

一个战略性提案和投资组合包含不同类别或种类的投资,而如何进行组合将依据企业的目标。最简单的分类方法就是依据强制性(mandatory)和非强制性(nonmandatory)来进行划分。强制性的项目应该被视为一个单独的类别,但是很重要的一点便是证明它们确实是强制性的。一些高管认为,这些提案应该被排除在任何严格的选择流程之外,因为它们是强制性的。而我们的观点是,由于它们使用资源,强制性的提案也应该是投资组合的一部分,也应和其他任何项目一样接受评估。

你也必须为战略性提案选择评估标准。这里有许多可能的标准。这些标准以及它们的权重,在不同的类别中通常是各不相同的。例如,你评估一个战略性投资的标准可能和你评估一个事务性投资的标准不同。而这些标准间相互的重要程度应该由业务环境决定。例如,风险在一个努力生存型企业中的权重要比其在寻求突破型企业中的权重要高。

我们所看到的大多数标准都包括五个基本的元素:业务影响、财务影响、风险、架构的匹配度,以及价值提供的责任。

无论你选择什么样的标准组合,都不应该将财务作为唯一的衡量标准。否则,你的战略性提案组合将可能严重地向降低成本的计划倾斜。

业务影响

通常来讲,这个标准是最为重要的,至少对关键的业务绩效投资来讲是这样的。它衡量 IT 投资对实现企业战略最直接的贡献。业务影响可能体现在经济方面,例如降低了经营成本,或者减少了对营运资金的需求。业务影响也可能体现在非经济方面,例如更快速的市场反应、更短的生产周期、更少的错误、更好的质量、更新的服务、更大的便捷性,或者更加个性化等等。消除威胁也具有内在的价值。

财务影响

除了企业的预算,还有多种不同的融资渠道需要作为你投资组合的一部分,在后面我们将会讨论。不管你采用何种融资渠道,财务影响是最为重要的,无论你是否拥有所有相关的数据。这个标准的目标是通过使用那些 CFO 愿意为之提供支持的信息,尽可能获得最完整的图景;这些信息对于选择最佳的融资渠道是至关重要的。成本应该考虑从将来的成本贴现到现在的成本中来。总的来说,应该试着使用业务部门所使用的相同的衡量方法,因为它们是常用的、可靠的,并且已经成为了企业文化的一部分。与财务部门的成员一起工作来调整企业的资金使用方法以满足对提案的评估。

第六章

如果收益只是定性分析的，不能通过财务的方式表达出来，这也是正常的。但是，这需要其他强有力的证据来提供理由。一些企业采取额外的步骤来估计难以衡量的收益所带来的潜在的经济影响，例如更高的客户保留率。对于这些抽象收益指标的应用应该保持审慎。

风险

如果你和你的团队没有对提案成功和失败的可能性进行考评，那么任何投资都不能够通过评估。低风险的项目有希望实现它们的计划，而高风险的项目失败的可能性很高，因而这些项目必须具有更高回报的潜力以补偿失败的风险。这里至少有四种类型的风险需要考虑。业务风险考虑的是提案无法实现业务收益的可能性。例如，IS可能会建立一个门户网站，然后关闭了，因为没有人喜欢浏览。组织风险考虑的是新系统的计划用户；如果他们强烈抵制，系统注定是失败的。对这种风险的评估也应该考虑进去。技术风险是一种常见的不确定性，它与供应商在一个不稳定的行业中的生存能力或者一些标准的较短生命周期有关。操作风险与成本、收益和时间的不确定性程度相关。如果一个项目以前从来没有实施过或者缺乏相应的经验，那么操作风险可能会成为项目中止的原因。

架构的匹配

当企业考虑选择其他类别的资金投资或项目时，架构上的匹配和兼容问题不是一个普遍的标准。但是，兼容性较差或者与已有的IT架构缺乏应有的接口，都会对成本和收益产生重大的影响。例如，如果提交讨论的项目包含了一个新品牌的数据库，这里存在的挑战可能包括：(1) 对于操作、数据管理和支持，以及开发者来说都需要较长的学习曲线；(2) 从当前数据库中存取数据存在困难；(3) 需要补充在购买、维护和诊断数据库等方面的专业知识。

这些挑战可能会对成本、进度以及实施目标任务的能力造成极大的影响。

价值提供的责任

拥有收益管理或价值实现流程是那些能够实现价值的提案与那些没有可能实现价值的提案之间的一个重大区别。[3] 要确保将这一标准作为提案评估的一部分。谁将确保这些提案将来可以获得收益？这是他责任的一部分吗？提案发起人的奖金会和收益挂钩吗？我们可以把发起人比做一个生意人，他的生意就依赖于他的提案，除非这完全是架构性投资——架构性投资的发起人是CIO。如果没有一个人愿意承担负责提供收益的责任，那么我们相信这个提案应该被否决。因为没有人愿意承担足够的风险来保证成功的结果。

步骤三：确定提案的优先级并平衡投资组合

这一步通常应该由投资委员会或者一些类似的组织来完成，这取决于你在IT投资和优先级确定上的治理方式。

第六章

每一个战略性投资都将依据前面讨论过的标准的类别进行评分。在有些企业中,评分可以由投资委员会集体来完成。在另一些企业中,委员们在开会之前轮番查看待打分的建议书,这样他们就有时间熟悉每一个提案,准备向发起者提出的问题。

在评分过程中,使用权重来反映每一个投资类别中评分标准的相对重要程度。例如,在基础设施类别中风险的重要性可能要高于战略类别中风险的重要性,因为在战略类别中,较高的风险是可以被接受的。一些企业使用淘汰(kick-out)因素或者阈值(threshold),而不是权重。例如,如果一个提案的战略价值为 0,那么这个项目将不能被批准,无论它是否具有其他价值。

在这一步中,项目的发起人需要简要地概括出为什么他的建议应该获得投资。通过与项目发起人进行的讨论,委员会成员获得了对项目的深入了解,并据此判断这个商业方案是否现实。对每一个建议,委员会决定是批准、暂缓、发回重做,还是否决。

获得批准的项目接下来在每一个类别中依据它们获得的评分来进行排序。投资委员会应该在选择那些支持企业所有主要目标的项目和其他各种规模和类型的项目之间来平衡投资组合。

此时,对项目清单进行一次合理性检查是非常必要的。要做到这一点,你只需看看哪些业务流程和部门将从这些建议的项目中获得收益,再看看相对的风险级别和费用等,来确定你的投资组合已经获得了平衡。一些企业发现在第一步和第二步使用的标准和权重创造了一个非平衡的投资组合。如果这种情况发生在你身上了,你需要重新审视你的标准,并决定如何阻止这个流程远离你计划的方向。

步骤四：使提案和资源相匹配

在这一步,你需要的是将项目和可用的资源相匹配。这一步也应该综合考虑项目安排和建设顺序以及项目中的其他决定因素所必需的资源需求。

由于项目的安排有一定的排序,你必须评估它们对可用资源的使用要求。要对人员技能以及其他的因素进行粗略的评估。然后,根据项目的起止时间、总的时间跨度等对各个项目进行调控,以使现有技能得到最大程度的应用并实现对额外资源的需求最小化。有必要的话要在完成时间和需要追加资源之间进行权衡。延迟实施的提案列入备选项目组合,在后续的组合检查中重新进行筛选。

步骤五：主动地管理投资组合

由于项目的发起人总是会试图通过美化其项目方案来使他们的项目获得通过,因此投资委员会(或者其他决策制定机构)必须根据实际的费用和收益而不是商业方案中的估算进行判断。这一步是十分必要的。这样一来就可以将那些业绩不佳的项目及时纠正或者终止。一些企业将实际的项目绩效与奖金联系在一起以防止"欺诈"的发生。

第六章

改进投资组合的绩效要求主动地对其进行管理。在这方面比较擅长的企业通常每年至少对投资组合检查一次,这种检查是它们每年计划和预算周期的一部分。如果他们有很多的短期项目正在进行之中,许多 CIO 还会每季度进行一次检查。

跟踪进行中的项目应该以两种方式来完成:第一,对最近完成的项目至少按季度进行全面的检查。第二,由项目领导每周或每月定期公布进展报告。这些报告应该基于项目建议书中或评估流程中确定的绩效指标。我们倾向于频繁地检查,因为它们可以:

> 使那些表现严重不佳的提案在其生命期之初就被撤销;
> 推迟或者加速提案以应对内部或者外部的变化,例如兼并和收购;
> 重新界定范围以减少风险和成本,或者增加收益或战略匹配度;
> 合并或分解提案以消除重复或者使它们更易于管理。

分权企业中的 IT 战略检查

对分权型的企业来说,实施这样一种企业级的 IT 战略检查流程尤其是一种挑战,因为各业务单元已经习惯于控制它们自己的优先级。最开始的时候,它们很难通过没有偏见的方式来进行合作。当涉及分配金钱的时候,整个企业的目标便很难实现。

在整个企业的层面上建立这个流程是十分重要的,因为

将业务战略和IT战略结合在一起

它可以识别出跨业务部门的重叠的和冗余的项目。这就是为什么参与者理解他们的角色以及履行该角色应尽的责任是如此重要的原因。这里有一些克服这些挑战的技巧。

首先,你应该指派流程负责人(process owner),即一个负责监督战略检查和设置利益相关者期望的流程的人。最适合这个流程的负责人应该是拥有极好人际关系技能、经验丰富、受人尊敬的高管。他们需要能够与其他高管们一起轻松自在地工作。从以往的经验来看,这些负责人通常来自于IS部门,因为这些流程最开始的时候是用来确定IT项目优先级的。但是,今天的流程负责人也可以来自产品开发、财务或者战略规划部门。

第二,建立一个合格的支持团队。战略检查流程需要配备适当级别的人员。设计并实施这个新流程的团队必须得到整个企业的尊重,并且了解企业的政治环境。这个团队还要创建一些模板和评分的模型,并对其进行测试,以确保它们提供了投资委员会需要的用来制定决策的信息。最后,这个团队还需要知道当这个业务方案完成的时候,如何使项目的发起人参与进来。这个团队很有可能需要帮助起草最初的方案,并直到业务单元理解了需要的是什么为止。

建立一个多元化的资金来源体系

为了能从一个IT战略组合中获得最大的收益,新型CIO领导也需要创建一个多元化的资金来源体系。通过使

第六章

用多种资金来源,而不仅仅是公司的预算,你可以在更多的提案上获得成功。更为重要的是你可以更好地管理风险,并保证 IT 工作能够清晰地与成本和收益相联系。(成本和收益问题同样是新型 CIO 需要列入日程的问题,在后面的章节中我们会加以讨论。)

大多数 IT 赋能的提案通常是通过两种方式(公司 IS 的预算和业务单元投入的资金)获得资金的,但是还有另外六种融资模式。使用公司和业务单元的资金,需要企业对整个项目进行投资。但是由于受到每年的预算编制周期的制约,限制了每年可以启动的 IT 赋能提案的数量。财务风险是企业关注的焦点。无法预料风险的 IT 提案在预算中很难获得资助。

由于每年的预算是与部门计划相联系的,因此它们更适合于那些大型、低风险的项目。但是那些充满创新和机会的提案却存在高风险,同时也存在潜在的高回报。使用不同的资金来源,能够降低一个提案的前期费用,从而资助更多的项目,并分散财务风险。

可以利用多种渠道的资金创造收益。考虑到近年来的经济混乱,管理者和投资者都将注意力集中在了一个基本的财务衡量方法上,即资产回报率(return on asset, ROA)。对很多提案来说,很难将其与 ROA 相联系,所以出现了由运营预算(运营费用)而不是资本预算来为提案提供资金支持的趋势。但是运营预算经常被压缩,而同时业务单元却要求 IS 团队完成更多的工作。而外部的资金来源可以使你从这个陷阱和只让马儿跑不让马吃草的境况中挣脱出来。

除此之外，新型 CIO 领导需要更敏捷地对市场作出快速的反应。这意味着他们要能够在每年的预算之外更快地获得投资从而为新的项目提供资金。你可以想出一些替代的融资机制来作为你的交付能力的风险管理方法。

现在让我们来考虑一下所有的八种融资方法，其中包括对于内部融资的重新认识。

内部融资渠道

在四种内部融资模式中，公司资助和业务单元资助是应用最广泛的。另外两种模式，IS 资助和风险池资助，也是被新型 CIO 领导成功使用的方法。

公司资助

公司资助是迄今为止 IS 应用最为广泛的融资方式。企业划拨 IS 预算资金，用来支付那些计划执行的项目。获得公司资金需要时间，同时要受到企业每年的财政预算编制周期的影响。在经济萧条的环境下，投资委员会和资金批准会议划拨资金时，通常需要更多的细节信息，并且多次不断听证。由于存在一定的难度，因此公司融资最好用在那些长期的战略性的 IT 项目上，比如大规模地更新 IT 基础设施的项目，它可以使项目的收益惠及整个公司。

第六章

业务单元资助

业务单元资助是第二种最常用的获得资金的方式,受益的业务单元从它们的预算中划拨资金。业务单元资助直接将受益人与成本匹配起来,而且运作简单。

这种融资模式需要强有力的 IT 治理来保证项目的选择是整个企业 IT 治理流程的一部分。否则,如果资助与战略不一致的小型提案(pet initiative),可能只会占用资金,却无法增加收益。

业务单元资助最适合有计划、低风险的项目,有一个清晰的受益人愿意承担这些成本。一个例证就是应用于人力资源部门的人事管理系统。

需要返还的 IS 资助

第三个内部模式是 IS 利用现有的资金为项目提供支持,然后由受益人通过在未来进行返还的形式来补偿花费的成本。这种形式的投资使 IS 和业务单元具有了能够迅速对外部机会作出反应的能力。

例如,一个业务单元想要在第一季度为其工程部门的桌面系统添加一个计算机辅助设计的软件包。IS 部门可以使用在第四季度指定给 IT 项目的专门拨款来购买软件包,然后通过返还的方式来补偿这个成本。在 IS 资助中,选择正确的资助和返还时机是十分关键的。否则,IS 会让自己陷入严重的预算危机。

风险池融资

风险资本是一种常用的为高风险项目提供资金的方式。一些企业已经采用了风险资金的模式，并把它们应用在了企业内部。它们建立风险池基金，并且将这些资金投向那些具有很高的潜在收益，但同时也具有很高的风险的项目。应该将其作为一种应对外部机会（例如在第四章中讨论的IT赋能的机会）的方式。

在风险池资助中，财务部门常常将资金借给IS部门，但是却要求投资能够有较高的回报。当这个项目完成的时候，受益的业务单元的IS用户需要偿还这些投资以及承诺的回报。

每一个提案，必须有一个业务发起人，他们为日后的收益担保，并且他们的业务单元愿意在未来进行资金返还。一个由CIO和各业务单元的代表组成的专门小组也应该对这些项目提案进行仔细审查。如果考虑风险池融资，切记失败带来的严重的信誉代价。在开始这样一个项目之前，要确保你的IT项目组合已经做好了平衡，并且你也有了一个行之有效的风险管理办法。

外部融资渠道

虽然天下没有免费的午餐，但是外部的融资渠道将提供实实在在的效益。项目前期节省的成本可以用来投资其他的提案，并且可以分散项目的风险。

第六章

外部服务提供商提供资金

在外部服务提供商提供资金这种方式中,外部的提供商通过为项目提供资金支持来获得提供 IT 服务的机会,被提供服务的 IS 部门承诺进行日常的支付。其中最常见的利用外部服务提供商的资金的两个例子是外包和向供应商融资。

外包可以说是迄今为止利用外部服务提供商资金中比例最大的一种形式。这种融资模式可能会因为 IT 服务提供范围的不断扩大和企业对减少 IT 项目前期投资的需求而变得越来越普遍。在这种情况下,外部服务提供商为其提供的服务进行所需资金的投入,以期获得长期合同。

当其他的融资途径不可用的时候,向供应商融资是十分有用的。然而,企业需要适应合同的期限和条件,并在一个较长的时间内被固定的支付锁定。另外,在网络泡沫期,很多供应商对此机制的滥用使得向供应商融资在一定程度上也不太受欢迎了。

政府拨款或者奖励基金

大多数的政府机构提供拨款或者各种奖励来鼓励企业在本地投资。例如,欧盟通过提供给高失业率地区的企业财政拨款来重新安置那些失业人群。每年,三十多个欧盟团体都要向一些企业和当地政府提供数亿欧元的拨款。美国的许多州也提供类似的拨款和奖励。政府的投资可能会指定用于公共部门,或者是高等教育的项目。

拨款和奖励资金常常投资于那些大型的项目上，例如修建一个可以提高当地就业率的呼叫中心。虽然可以提供大量的资金，但是拨款和奖励基金是非常难以获得的：其申请通常需要较长的流程和时间，而且与政府的官僚机构打交道也常常会让企业很劳神。这类资金最适用的就是那些长期的、战略性的，同时能给当地经济带来示范性收益的项目。

联合体的资金

当前，企业之间的联合越来越多了，从航空公司联盟到一体化的供应链，各种利益集团所形成的联合体如雨后春笋般不断涌现。在这种安排中，几个企业将它们的资金和资源集中起来开发一些通用的解决方案——这可以使参与的各方分散风险。一个典型的例子就是健康护理机构与相关的保险机构。通用系统的应用不仅能够分散投资的成本，而且还能提高健康护理的服务提供水平。

依据梅特卡夫定律（随着参与企业数量的增加，平台的能量和吸引力也不断增加），联合体也可以通过创造网络效应从平台上获得收益。开放性标准就是这样的一种平台。

但是建立这样的联合体是非常困难和耗时耗力的。参与各方需要就工作安排和各自贡献的资金份额达成一致。同时，控制和保护知识产权也是一个挑战。

通过出售 IT 服务获得资金

在这种方法中，IS 组织通过向外部市场出售自己的 IT

第六章

服务来获得收入。当某种服务已经成为了通用的商品,不能带来竞争优势,且具有规模经济时,出售这种IT服务最合适。例如数据中心能力、网络主机以及银行的后台办公系统。

在向外部出售IT服务时,需要销售和营销的专业知识,但这些却是大多数的IS团队所欠缺的。外部客户需要我们将其视为内部客户一样来对待。管理这些关系需要时间、努力和专门的技能,因为那时你已经成为外部服务提供商了。我们强烈建议你能谨慎地对待对外销售,许多的IS团队在这一领域都没有达到预期目标。

判断哪种融资模式适合你的IT项目

同你的财务部门一起确定出每个IT项目最适合的融资模式,并且对各种融资模式进行一番权衡。主要包括以下5个步骤:

1. 通过以下几个问题识别出每一个项目的特点,得出对资金的要求:

   - 这个项目的收益将体现在什么地方,某一个业务单元还是整个企业?
   - 这个项目的规模是小还是大?
   - 时间要求怎样?收益什么时候会实现,短期还是长期?
   - 如果预期的收益没有达到的话,会有什么风险?

2. 检查各种替代的资金来源,按照这部分讨论的内容考

将业务战略和IT战略结合在一起

虑它们的收益、规模、时间和风险。

3. 在向CFO和CEO以及董事会汇报之前,最好列出一张需要回答的问题的清单。

4. 要仔细考虑现实的因素。考虑融资模式和财务战略的匹配程度。调整方案以达到最好的匹配。

5. 取得CFO和业务单元对这种融资模式的认同(就外部融资来说)。

考虑一个例子。一个销售总监想要给他的销售人员配备一个无线移动设备以获得企业的实时数据,这样销售人员就可以当场给出实时的报价,而他们的竞争对手却做不到。这是一种尖端的解决方案,但却是高风险的,而且销售总监现在就需要。那么最好的融资途径是什么呢?让我们思考一下这一提案的特点:

1. 带来的收益是局部的——仅仅是销售部门。

2. 规模比较小——仅应于销售人员。

3. 时间要求比较紧——销售总监希望通过无线设备的应用来打败竞争对手。

4. 风险比较大——这一应用将使用最尖端的技术。

对于这些特点,业务单元资助和风险池资助是这个项目最好的选择。这个销售总监可从他的业务单元来直接对这些项目进行投资,或者IS部门可以使用从财务部门获得资金,然后再由销售部门返还这部分资金。

这个选择依赖于企业如何资助销售部门的应用。如果IS部门提供这个服务,然后由销售部门负责返还这笔资金,

第六章

那么风险池资金就是一个更好的选择。

另一个不同的例子涉及提升IT基础设施的安全性。企业需要这样的改进来满足其对法律和法规的责任,那么什么是最好的融资途径呢?下面是这个项目的特性:

1. 收益是覆盖整个企业的——目标是加强所有的业务单元的安全性。
2. 规模是巨大的——涉及整个企业。
3. 时间是长期的——提升并整合安全性解决方案、架构和其他的流程都需要时间。
4. 风险相对较低——企业可以通过从专门从事基础设施安全这一领域的供应商手中购买软件包来解决问题。

这种情况下,最好的两个解决方案是获得公司资金和外部服务提供商的资金。如果可以找到一个合适的且值得信任的外部服务提供商,并且企业愿意履行合同并承担费用的话,外部服务提供商的资金是一个比较现实的选择。

使用一个范围广泛的资金来源可能是一个挑战,例如IS在融资模式选择、融资风险管理、融资控制以及财务数据收集等方面都需要相应的技能。只有很少的IS团队具备这样的技能。更多的融资模式意味着需要处理更多的利益相关者的关系,以及潜在的额外控制。当利益相关者在企业内部时,管理他们就已经很困难了。而当他们处于企业外部时,情况则更为复杂。使用外部资金的时候一定要小心,并试着在这些领域培养重要的技能和经验。但是这些非传统的替代方法中存在着获得巨大收益的潜力。

在AXA中创建并维护IT战略

AXA集团创立并维护IT战略的经验可能对如何在现实世界中执行该流程有所帮助。AXA集团是世界上一流的保险和金融服务提供商之一,总部设在法国,在全球六十多个国家设有营业部,员工总数超过14万,2003年的总收入为716亿欧元。在选择IT战略和计划方面,它提出了一个两阶段的治理模式,这种流程被广泛运用于企业的一些大型项目,而不仅仅是IT项目,尽管所有业务项目中70%—80%的项目都包含重要的IT组件。

在公司层面,治理委员会的名称是信息系统战略委员会(ISSC)。该委员会每季度举行一次会议,并由公司负责IT、采购和运营的经理团队主持,所有主要的IT利益相关者都是委员会的成员。ISSC不参与项目的实际管理,而是作为一个透明的决策机构来讨论并解决项目中出现的争议和优先级问题。这个公司级的决策机构参与以下任一情况的决策:(1)超出了设定的投资额度;(2)具有战略上的重要性。除此以外,所有其他的提案都保留在业务单元或分支机构层面来解决,公司管理层保留批准与否的权力。无论哪个层面的计划都遵循同样的报告和分析格式。为了保持这种透明性以及便于使用,AXA将所有的计划草案和文件都放在一个在线的数据库中。

ISSC以年度为周期运营,大型计划每年制订一次,全年

第六章

还有定期的会议,至少是一个季度一次。一年一度的会议通过一系列的研讨会与部门经理进行交流,第一场会议的目的是在战略意图上达成共识(AXA 使用的词汇,即我们讨论过的 IT 准则),例如是提高客户保持率还是减少成本。这些到后来都成为评估项目的参考指标。接下来便会从部门经理那里收集一些潜在项目的描述,最后的会议会将焦点集中到选择那些最佳项目上。而后在这一年中,将对一些项目进行进一步的成本、收益和风险的估算。除此之外,之前被否决的项目也可能因为环境因素的改变而被重新选择。

对 IT 战略来说,这种方法的好处在 2001 年 9 月 11 日以后变得更加明显。可以毫不夸张地说,许多 AXA 集团的下属公司仅仅在一夜之间就能够重新确定项目的优先级,从而将注意力集中在费用的减少上以应对赔付费用的增加和全球经济的放缓。

确定投资优先级的关键成功因素

从对众多企业的研究中,我们发现,对于选择和实施的 IT 赋能项目的成败,众多影响因素的作用是不均衡的。决定成功的关键因素包括从用于选择提案的基本标准到如何与主要的利益相关者就流程问题进行沟通。

配置足够的资源以支持这一流程

确定投资的优先级是一项十分重要的工作,因此想要成功的话就必须把它也当做一个项目来对待。启动这一项目的时候需要付出的努力也许比预想的还要多,这取决于各种资源是否已经各就其位。我们所访谈过的CIO们花了6—8个月的时间来获得支持,设计和制定框架和流程,以及培训参与人员。

保证这一流程是规范的和持续的

一个规范的流程意味着所有的提案都要经过同样的筛选流程,想跨越流程使某一个项目获得资助是不可能的。每一个项目都要接受同样严格的审查,并且和同类别中的其他投资机会相比较。这个流程还应该将此项目的整个生命周期都考虑进来,从提案的形成,到收益的评估,再到项目的终止等等,在所有的关键点上都要进行审查。

确保整个流程的客观性

投资类别和评估标准都需要被利益相关者界定和理解,而且他们必须认可其公正性。决策可能会受到一些其他因素的影响,而不完全取决于价值,这种情况不可能完全避免,但是公正的评估标准和分类标准却可以减轻这种影响。为了使不公正和偏见最小化,应该尽量保持评估标准和分类标准的简单和直白。三四个类别的标准通常就足以阐明其中的主要差别,并能够让投资委员会成员确定他们的资源分配决议。要使用那些适合你的企业的类别、标准以及实施方法。

第六章

保持沟通和教育计划

沟通和教育计划能够帮助利益相关者接受投资组合的管理流程。事实上,除非主要的利益相关者意识到企业的资源配置存在问题,否则他们不会采用新的流程来解决问题。你应该通过教育和研讨会的形式,不仅向利益相关者解释这些流程将带来的收益,同时还要解释如何使用这些流程。要确保你的 IS 团队承担将从每次投资委员会会议上学到的东西归纳记录的责任。接下来用这些资料重新定义你的流程。还要切记的一点是,任何流程,无论多么合理,都需要随着时间进行调整。例如,随着企业经验的积累,许多我们采访过的 CIO 都取消了对那些必须通过正式投资组合管理的项目的规模限制。

用工具支持决策的制定

为了使投资组合管理方法更加便于应用,新型 CIO 领导需要提供一些工具使其执行更为便捷。这些工具不仅能够保证一致性,而且能够支持团队的决策制定。经常使用的工具包括标准的业务方案模板、提高成本估计精确性的技术、计算财务指标的财务模型和电子模板、所有项目的在线数据库,以及分析和评价项目的评分和决策模型。你还需要再次寻求你的团队成员的帮助,确保你提供的这些工具能够满足他们的需要,并确保包括了那些他们习惯使用的工具。当然,你和你的伙伴不必浪费时间来创造一些难以使用或者不符合企业需要的工具。

选择提案的治理流程的价值

在评审流程结束的时候,当投资委员会拿出一份"过关"项目的名单时,你会发现这份名单并没有任何惊喜或突破。结果可能都在预料之中,甚至让人感到扫兴。你可能会想,我们将时间和精力花费在这个流程上是否值得呢?

答案当然是肯定的。在应用优先级确定这一流程之前,参与人员都有他们自己的偏好,对于什么是正确的选择也有一个清晰的概念,但这仅仅是从他们自己的角度出发的。而一旦采用了这一流程,即便一些参与者对某些条目或标准并没有达成一致,然而作为一个整体,团队也可以基于一套清楚的标准以及相关的信息和意见取得共识。任何一个参与人员都将能够解释资金花在了什么地方,以及为什么作出这样的选择。

抓住基于IT的机会

正如我们提到的那样,好的治理以及合适的战略设定通常会产生一个不会让人感到意外的投资组合。事实上,一个更加积极的结果就是减少了IT突变和异质的概率。但是,一个比较稳定的IT环境也有一些负面作用。它将会减少真正创新性技术应用出现的机会。这些应用不仅具有战略性,而且对于业务来说通常也具有颠覆性。同时,它们也是制造巨大飞跃的地方。

第六章

你可能会想知道,出于你对企业和技术的深入了解而形成的愿景如何与我们所讨论的 IT 投资组合和战略流程相匹配。你的愿景应该受到业务准则和 IT 准则的深入影响,并且反映在你所制定的战略上,但是你的愿景同样也应该包括那些突破性的技术应用。

企业越来越多地需要依靠新型 CIO 领导将创新性的东西引入业务流程中,这些非同寻常的创新和机会(即 ITO,与 IT 相关的机会)应该成为你现行 IT 战略基础的关键组成部分。因此,你需要一种方法来引进你愿景中最激进的部分,以及发现那些你无法预料到的 IT 机会。你不能仅仅依靠一些审慎的 IT 战略流程,这样可能会扼杀一些超常规的想法和机会。不管你愿不愿意承认,不受流程和原则控制的 ITO 的确是非常重要的。

当然,ITO 也带来了很多问题。我们很难预测 ITO 的进程。在最开始的时候,它们拥有引发重大变革的潜力,你并不知道它们会带来什么。它们具有很大的固有风险,也可能会引起信任的动摇,因为在这之前,没有人遇到过这些机会。由于 ITO 对现有事物的运行方式构成了一定的威胁,因此可能会招致阻力。它们通常会打破旧规则,并制定新规则。

ITO 更大的复杂性涉及 IS 组织的角色。为了得到更加有效的执行,ITO 应该被视为业务项目,而这样的话,它们就应该由业务领导来执行和管理。但是,ITO 并不仅仅是 IT 赋能的机会,它们的存在归因于 IT,也归因于风险巨大的新兴技术。这表明,IS 组织的角色应该不仅仅是为这些机会提供系统和基础设施支持。事实上，由于 IT 位于这些机会的核心，ITO 常常为新型 CIO 领导们提供了作为企业高管而发挥强有力的领导作用的真正机会。毕竟，如果你不能够发现并带来 ITO，那谁能够呢？

我们所遇到的大多数 ITO 都终止于不断增加的分歧，但这已经足以实现它们最初的目标，并引起一场真正的变革。由于这个原因，每个业务单元都需要一套规范、系统的方法来寻找 ITO 并将它们整合到 IT 战略中（见图 6-1）。在某些情况下，可以将对这些 ITO 的创造和追踪的方法与制药企业用于发现新药的方法相类比。许多的想法都被用于试验，但是只有很少的一部分能够最终投放市场。如此高的失败率，却并没有阻止这些企业去研制出一鸣惊人的药品。

图 6-1　在 IT 战略中将治理和 ITO 整合起来

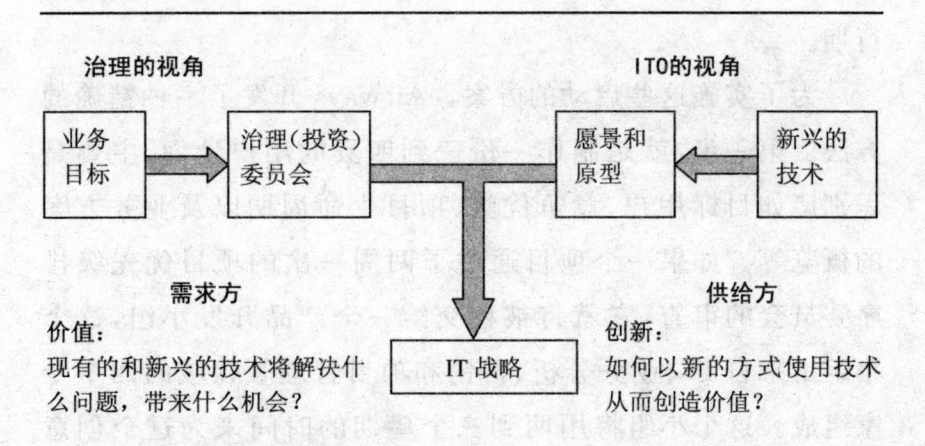

治理的视角　　　　　　　　　　ITO 的视角

业务目标 → 治理（投资）委员会 ← 愿景和原型 ← 新兴的技术

需求方　　　　　　　　　　　　供给方
价值：　　　　　　　　　　　　创新：
现有的和新兴的技术将解决什　　如何以新的方式使用技术
么问题，带来什么机会？　　　　从而创造价值？

↓ IT 战略

实践中的 ITO 流程

如何用最小的成本来培育正确的 ITO，并终止错误的

第六章

ITO呢？同制药公司一样，你的公司也需要ITO流程，同时还需要持续改进这些流程。一些大型的公司十分擅长创造和开发ITO，下面就是其中两个公司的例子：

国际航空公司

在20世纪90年代末期，国际航空公司（化名）建立了一个新的部门，叫做eAirways，其目的在于开发与IT赋能业务相关的好的创意。作为一个内部的孵化器和开发工厂，eAirways的员工由来自IS、销售、营销以及分销等部门的人员组成。这个新的部门设想出各种ITO，评估它们的商业可行性，并且不断对其进行开发，直到其达到主要管理者的要求。eAirways一年里承担了四五十个独立的项目。这些项目都通过了一个创意评审会，至少进入了初始测试阶段，eAirways试图在三个月之内将每个项目从开发初期推广到试运行期。

为了实施这些启动的方案，eAirways开发了一种精确的方法。第一步，就是制作一份三到四页的用户计划，主要是识别诸如目标用户、竞争优势、项目生命周期以及业务方案的概览等。如果一个项目通过了两周一次的项目优先级排序委员会的审查，它就将被移交给一个产品开发小组，这个小组由来自IT、业务分析、营销和项目管理等领域的四个专家组成。这个小组将用两到三个星期的时间来为这个创意制定一个更加完备的业务方案，如果这个创意仍然能够存活的话，就将会进入开发阶段。在这个阶段，这个项目将会在企业内部实施。例如,可以将其作为测试端对端技术的过渡型小项目。如果企业对这个项目的所有要求都被满足了,包括节约成本、创造收入以及吸引用户,那么这个项目就会移交给开发小组。这个团队的工作是将这项服务提供给客户,并且确定推广计划以及为企业内部和外部的使用所准备的宣传计划。

DHL

国际快递公司DHL同样有一个组织部门,即业务开发小组,这个小组主要是负责将一些创意从概念发展到实际的应用。它在下面的三个领域寻求变革:核心业务、客户以及创新(即完成工作的全新方法)。DHL认为,每个领域都有优势和劣势,因此业务开发小组要尽力通过创建跨越三个领域的机会组合来平衡这三个领域的发展。

这个业务开发小组发现,如果使用组合的方法,这个团队必须采用不同的方式来管理这三种不同的机会。创新已经变成了其中最难于管理的问题,因为它需要具有创造性的流程,而这可能会与组织整体的文化相冲突。事实上,在这三个领域企业都需要对其采取不同的组织结构,并且融合不同的文化,但这却是比较困难的。

并不是所有的企业都需要像国际航空或者DHL这样拥有大量、复杂的组织机构。但是,你确实需要一个管理ITO的流程,因为ITO的数量需要这样的流程。为了实现一个成功的ITO需要投入大量小的赌注,因为很多机会并不能真正

第六章

带来收益。

在任何给定的时间需要评估的创意的数量意味着这一评估流程不能被非正式、特殊的系统来管理。必须采取合适和正式的方式对这一流程进行管理。当我们审视世界上像国际航空或者DHL这样善于将ITO转化为商业上的成功的公司时,我们应该将焦点集中到它们管理机会的流程上,我们强调注意这个流程的三个不同的阶段:

1. 首先产生一个ITO创意;
2. 一旦批准了这个创意,马上对其进行开发;
3. 将对ITO的管理任务交给运营经理。

在每一步,我们都对新型CIO领导的作用给予具体的关注。

将ITO的产生作为一个专门流程的一部分

我们可以将ITO流程看成一个烟囱,在这个烟囱的一头,是项目的输入端,它相对大一些,以发现和产生更多的创意。

我们发现,在创意产生方面十分擅长的公司通常通过三个阶段来产生它们的创意:

1. 首先找到或者生成很多的创意。它们把整个公司的员工构想出来的所有创意都公布出来。
2. 然后迅速地对这些创意进行筛选,只留下很少一部分值得进一步考虑的创意。现在这个烟囱变得非常狭窄。也许50个初始创意中只有一个能留下来。在这一步很多的方法是非常有效的，比如合并、排序和加权等等。

3. 最后，批准较少的几个创意进行进一步的考察，这包括为每个ITO写一个简短、精确的概括性介绍，然后提交，再作正式的审查。

由于技术促进了ITO的大量出现，因此IS员工在这个阶段发挥着非常重要的作用。你应该创造出一个有助于这种创造性思考的环境，也许可以在IS部门内部制定一个流程来不断产生创意，以解决企业当前持续产生的一些业务需求。这一流程与创建你的愿景时我们所推荐的流程很相似。

ITO和努力生存型企业

在寻求突破型企业中，ITO似乎仅仅是CIO的领地。当然，对于努力生存型企业而言，ITO并不是CIO所关注的主要内容，但这也不是他们和保持竞争力型企业的CIO可以忽视的领域。每一个组织都需要新型CIO领导，而创造ITO是新型CIO领导工作的一部分。

努力生存型企业的CIO与寻求突破型企业的CIO需要采用不同的方法来处理ITO。但是寻求突破型企业的CIO处理ITO的时候，需要的是寻找创新和机会来获得新的资金流以及通过投资获得长期回报。而努力生存型企业的CIO们需要在实施ITO的时候进行一定的过滤，以寻找特定的机会来降低当前业务流程的成本并有效地提供IT服务，尤其是寻找那些较小的但是能够迅速带来收益的机会。究竟采

第六章

用怎样的ITO选择方法需要你基于对自己企业业务环境的理解作出相应的判断。

同样需要记住的是,由IT领导的表现为ITO形式的激进的创新也许可以使你的企业脱离努力生存型的状态。不要把你的所有希望都寄托在一个这样的突破上,但是也不要认为完全不可能而放弃这样的希望。

使用感知—反应流程和规则来开发ITO

在开发阶段通过一系列的步骤来影响、改进并证明ITO,每一个步骤都包括对其的评估。我们可以把这一阶段看成是在一个有规则的框架内的探索和尝试。

ITO固有的不确定性要求你在探索它们时要一步步地推进,逐步向未来迈进。我们将这个方法称为感知—反应流程。在感知这个步骤需要采取一些行动——一个试验、一个局部的尝试或者证明。接下来在反应这一步需要停下来进行评估,而在开始下一个新的感知步骤之前还需要进行修正。

许多管理者发现这个阶段实施起来并不是很容易,由于未来是不可知的,对未来不可能有精确的预测,因此不可能有任何的计划或者精确的预期。这个阶段的目的是为了探索可能性。成功需要使用感知—反应的框架和频繁的评估来进行不受阻碍的探索。要想在长期使业务部门适应这一流程主要依赖于:(1)在产生创意的阶段迅速地将注意力集中在最可能实现的创意上；(2)使所有的利益相关者对这些成功率较低的ITO设置适当的预期。

带着一种主人翁的感觉将ITO移交

这个阶段将把ITO转化为实际的商业应用。无论在这之前做了哪些优秀的工作，最终的成功还是依赖于业务部门员工对这些创新的认同和使用。所以，在实际移交之前，与运营人员建立联系是非常重要的。

这种联系可以采取多种形式。理想的状态是，ITO拥护者和这个运营团队的管理者是同一个人。为了保证一个平稳的交接，要让运营人员参与整个开发过程。确保他们参加演示。征求和采纳他们的建议，识别并寻求支持变革的员工的积极支持。更为重要的是，试着慢慢地向这些员工灌输主人翁的自豪感；允许并帮助他们将这些改变视为自己的观点。在移交过程中，开发小组应该手把手地和运营小组一起工作来进行最后的调整，并且确保每一个人充分地了解ITO的意义。交接在责任的正式移交后宣告完成。

对一些ITO具有的高度破坏性要保持敏感。破坏性的机会要求组织进行痛苦的改变和调整，有时甚至会改变人们思考和感知他们工作的方式。这些ITO往往在移交阶段出现问题。具有破坏性的ITO可能需要脱离现有组织或者需要一些其他的组织机制来允许其独立发展，因为它对现有的组织价值和流程造成了威胁。你对关系和利益相关者的管理技巧将在这个阶段经受最多的考验。一个真正破坏性的

第六章

ITO 可能会是你最大的成功和信誉的构建者,推动你向你选择的道路前进,但是如果你不能够创造、管理并保持管理层的支持,这些 ITO 也可能为你带来最惨重的失败并成为你信誉的摧毁者。

新型 CIO 领导在 ITO 中的角色是十分关键的

ITO 对于将你 IT 赋能企业的愿景变成现实是最重要的一个因素,因此在开发和推进这些 ITO 时,你的角色是十分关键的。雷盛(Rexam)的故事让我们对一个新型 CIO 领导如何直接参与到创造重要的新业务机会中有了一些深入的了解。

雷盛是世界一流的饮料罐生产商,并已成为世界五大消费品包装公司之一。雷盛在全球范围内拥有 45 亿美元的销售额和两万名员工,雷盛美国分公司的销售额达到了 16 亿美元。雷盛的饮料罐业务已经有一个多世纪的时间了,但是其流程并没有太大的改变,许多的流程仍然采用的是手工作业,例如从订货到付款平均 50% 采用的都是手工作业。

在 1999 年,保罗·马丁(Paul Martin)加入了美国国际罐头公司,并成为 CIO。在 2000 年,这个公司被雷盛兼并,并成为其美国分公司。在其任期的开始阶段,马丁发现大多数订单的接受都是通过电话和传真,然后键入一个电子表格中,保留几天以防出现变化,然后传真给离客户最近的工厂,在那里订单被重新键入后台办公系统。马丁看准了使用技术来提供重要业务收益的机会,在订单处理流程中减少了出错率和成本,并且将客户更加紧密地融入雷盛的系统中,这使客户很难再转投其他的供应商。

当他告诉他销售部门的同事"现在是利用互联网的机会"时,他们回答说雷盛的客户永远不会使用在线订单系统。而他一再强调客户会这样做:"如果我们能够向他们证明价值的话,他们就会。"

马丁的 IS 成员没有去投资大型的客户关系管理(CRM)系统,而是和一些咨询师们首先建设了一个叫做"CRM 使一切简单"的平台和基于雷盛的商业伙伴及一些客户的反馈信息的应用系统。马丁在一个客户的一个分支机构测试了这个系统,这个客户很喜欢这个系统,并且给出了很多的改进建议。在这个新的系统下,订单的出错率几乎降到了 0。这个客户最终将该系统推广到了其所有的分支机构。马丁使用技术来留住客户的想法获得了圆满的成功。

这个系统为雷盛和客户都带来了收益。雷盛改善了数百万美元的现金流。同时,客户也喜欢这一系统的便捷性、可以提供各种报告以及以多种方式修改数据的能力。它们可以在线查看订单的状态,并且自动处理变更。这个系统允许更多的交互操作,但是却隐藏了这种交互的复杂性细节,从而简化了买卖双方的操作。

饮料罐行业的业务通常每年仅仅增长 1—2 个百分点。总的来说,提高利润的唯一办法就是降低成本。在 2001 年底,价格 25 年来第一次增长。在重新商讨的合同中,雷盛主管营销的副总裁加入了一个新的条款:"如果雷盛为你带来

第六章

了额外的价值,我们将会向你要求额外的提价。"

显然,客户想要知道这份条款意味着什么?作为对客户质疑的回应,马丁走访了这些客户,并且向其演示了雷盛正在进行的工作,以及他们将为客户带来的潜在收益。"这个公司的CEO将我视为业务人员,"马丁解释道,"这些并不是IT项目,而是公司的项目,但这确实是我的工作,也就是解释为什么我们的系统解决方案能够适用于他们的业务问题。"马丁现在花在向这些利益相关者解释系统上的时间和他花在向雷盛的员工解释系统上的时间一样多。

很显然,马丁为他的公司设立的愿景和他在创建、开发、实施ITO上所发挥的作用极大地提高了他的信誉。事实上,马丁说他的CEO要求他将注意力集中在"战略和让外部关系处于其掌控之下"这两个问题上。这是一个新型CIO领导。由于他的成功,他在2004年晋升为雷盛全球公司的CIO。

整个ITO开发流程的管理方式依赖于企业整体和其管理方式。许多组织,像国际航空和DHL,集中进行ITO的开发。无论你们公司采用何种方式,作为CIO的你应该扮演一个重要的角色,因为ITO开发的目的就是为了发现基于技术的特殊机会。

通过使用治理流程来评估和实施与IT相关的项目,同时拥有一个例外的流程来处理那些高度创造性地使用新技术的方式,你能够为企业持续的业务需求作好准备,而不至于因为向后看、彷徨或忽视这些持续的需求而丧失掉机会。

最终，这两个领域为你需求方的领导力提供了输出。一方面你需要依靠你的知识来实施与 IT 相关的项目，同时领导你的业务同事一道来应用 IT 创造业务价值。另一方面，你可以通过向你的同事们展示技术在企业中令人振奋的广阔前景来达到领导他们的目的。只有做到这两点，才能扮演好 CIO 这一角色。

从这里开始，我们将转向领导力的另一个方面——供应方。在这一方面，新型 CIO 领导需要引导他的 IS 组织履行其在 IT 治理和 ITO 中所作的承诺。

第二部分 供应方的领导力

THE NEW CIO LEADER

第二部分

正如我们所谈到的,新型CIO领导必须提供企业领导层所关注的结果。虽然本书在前面"需求方的领导力"部分对"企业领导层关注的结果"进行了讨论,但是本书在"供应方的领导力"这一部分关注的是"交付"。二者对于成功缺一不可。

在这部分,我们将讨论在IS组织即CIO的传统领域中,新型CIO领导区别于传统CIO的焦点问题。如果你想要达到你在供应方领导力方面设定的期望目标,你必须处理好这些焦点问题。当然,如果达不到这些期望目标,无论你在需求方的领导力方面做得多好,你的信誉都会遭到损坏,并阻止你被视为一个新型CIO领导。

以下是这部分中你应该关注的四个焦点问题:

- 建立一个新型的IS组织。你需要一个和你一样关注实现业务目标的组织。
- 建立一个高效的IS团队。如果你没有适当的领导力,就无法组织你的IS团队来实现业务目标。
- 管理企业和IT风险。新型CIO领导需要负责与IT相关的企业风险管理。
- 传递你的绩效。无论你在其他任何领域做得有多好,如果你不能量化你的成功并让它为人所知晓,你将不会被认为是一个新型CIO领导。

第七章 建立一个新型 IS 组织

目前为止,我们已经讨论了作为一个新型 CIO 领导,应该如何领导你的业务同事和设定企业的 IT 需求。需求方的领导力关注于企业的需求,并致力于寻求通过 IT 的应用来实现企业战略目标和持续满足业务需求的方法。

作为需求方的领导,现在你应该对 IS 部门需要完成的工作有一个清晰的认识。这就是,用技术领导你的业务进程,这是技术赋能业务的承诺。当然,要成为一个新型 CIO 领导,这不是你需要改变优先级和关注重点的唯一领域。供应方的关注重点和优先级——IS 组织和实现你在需求方作出的承诺的能力——也需要改变。正如我们之前讨论的,信任是所有 CIO 领导实施领导力的基础。如果你正行进在成为新型 CIO 领导的道路上,你必须通过实现你在愿景、IT 准则、治理和 IT 战略中作出的明确和隐含的承诺,来保持和提高你的信誉度。如果你不能兑现承诺,你会失去信誉度;如果你没有信誉度,你将不能够领导你的业务同事,并且你会

第七章

突然发现自己正逐步沦为一位首席技术员。

因此,要成为新型 CIO 领导,你需要建立一个新型 IS 组织,这一组织在其组成、任务以及衡量和沟通其进展等方面都与以往明显不同。要记住,这些改变,正如在需求方领导力中讨论的一样,不会而且也不可能立即实现。我们指出的是你应该带领你的 IS 团队前进的方向,而不是明天就要实现的目标。

在这一章,我们强调有必要带领 IS 部门发展成为一个关注于流程(业务流程,不只是 IS 流程)的精简型的机构——这个机构将战略性地获取 IT 服务,并且像其他业务单元一样管理其财务。[1] 在本书的其他章节,我们将讨论 IS 组织必须为企业管理新的、更大范围的风险,如何构建你的 IS 团队,以及如何用业务人员能够理解和接受的语言向他们宣传你所取得的成功。

在探讨上述内容之前,我们需要回顾 IS 是如何发展成为现在这种状态的。因为现实的情况是,传统的 IS 部门结构已经不能再为履行技术对企业的承诺提供最佳的手段了。回顾历史会帮助我们找到答案。

IS 组织的历史

在 20 世纪六七十年代,IS 部门是一个母公司的集中数据处理部门,治理和组织都是很简单的。随着时间的推移,技术更加关注于单个部门,虽然 IS 部门仍可为企业提供更大的益处,但是在其变得越来越昂贵的同时,却越来越不能满足日益增长的需求了。例如，IT 促进了更大的创新和更大的敏捷性、撬动了智力资本、降低了费用、支持了在联盟和伙伴关系中的互操作性，并且帮助提高了生产力，加强了合作。但是具有讽刺意味的是，IS 部门始终在与 IT 的成功以及由这种成功所引发的更高的期望和不断增长的需求进行斗争。

结果，到了 20 世纪 80 年代，当大型企业试图通过将自己分解成利润中心型的业务单元来改进管理控制时，IS 部门大都也被拆分开了。分散的 IS 部门更有利于提高对业务部门用户需求的响应度。然而，不利的一面是经常需要作出重复努力、失去规模经济，最糟的是组织中的技术不能整体兼容。

企业试图通过采取一种折中的办法——一个联邦制的 IS 组织——来解决这一问题。其特点是，一些活动集中，一些活动分散到各业务单元。今天，联邦制的 IS 结构最为普遍。但是，对大多数业务来说，联邦制的模式还很不完美。判断哪些活动集中，哪些活动分散是一个永恒的问题。最佳的解决办法随着业务和技术的变化而变化。（最佳流程帮助建立协同工作和共享服务的标准，但这些标准需要定期检查。）

大多数 IS 部门是由内部组织的，这种方式只会使问题更为严峻。传统的管理或多或少将服务组织演变成了功能单元。这种方式在 IS 部门很容易管理和理解（至少对于 IS 人员是这样），但是因为它需要多重的交付，一般都需跨越 IS 单元，这导致了服务交付的不可靠。例如，很长一段时间，IS 组织被用来支持硬件系统，比如说一个团队支持 IBM 主机系

第七章

统,另一个处理数字设备公司的中型系统,另一个管理 PC。只有很少一部分员工知道在整个企业中,信息是如何存储、维护、更新以及支持的。IS 组织通过建立另外的流程来处理移交问题。这就导致了官僚流程的产生,而这些官僚流程进一步地加大了复杂性,倾向于关注内部问题,却并不增加任何价值。

所有这些复杂性使得 IS 组织结构对于企业业务部门的用户来说是完全难以了解的,因为这些用户不懂技术。对这些"门外汉"来说,传统的 IS 组织的图表读起来像是一本用外语写成的书。IS 组织本身,就像他们所提供的技术一样,成为了一个黑匣子。

这个结果有一点讽刺意味。一方面 IS 部门员工感到工作过多,压力过大(有很好的理由);另一方面,业务部门领导认为 IS 部门(以及内部的服务组织)与外部服务提供商相比,在成本和价值方面没有竞争力。这些领导基本上都认为内部支持部门是不灵活的、不负责任的。IT 被视为费用部门而且缺乏最基本的回报系统,似乎根本没有价值。由于缺乏一个价格来鼓励负责任的决策制定,业务部门领导所要求得到的 IT 服务总是比他们资助的 IT 服务多,结果导致了需求的永远积压,并且把 IS 部门放在一个一直说"不"的位置上。

IS 组织通过不断的重组来修正与业务部门要求的不一致,并不断弥补不足。这种努力通常是以无计划、非正式的方式来应对即时的压力。但是这些重组通常意味着随意地修补,这只会产生更多的复杂性和混乱。一些没有及时重组的 IS 组织发现 IT 服务由 CEO 或 CFO 倡导外包出去了。外部服务提供商可能会将费用带走，但是通常却没有提供更好的商业价值，对于最终用户来说，得到的是没有改善的服务。

我们简要回顾历史的结果是，许多 IS 组织发现它们处在一个不能持久的位置上。它们必须转向某处。在高德纳，我们多年来一直对这些挑战进行研究，以揭示 IS 组织应该如何去应对组织的挑战。

我们的研究揭示了许多的趋势。我们可以看到在集中协调的 IT 服务与在业务单元中执行和管理的 IT 服务之间有一个明显的界限。还有一个趋势是利用专家单元（它们可能是公司级的，也可能分散到各业务单元中）集中和培育特定的 IS 和 IT 技术。最重要的是，我们看到了 IS 组织向基于流程的工作以及战略性地获取 IT 服务这一方向发展的趋势。

IS Lite：IS 组织的集中趋势

在现在众多的趋势之中，基于流程工作以及战略性采购比其他趋势更为普遍。基于流程工作是一种围绕它支持的流程组织 IS 团队的方式，无论它们是 IS 流程（与 IS 功能相对），还是在更大范围的企业中的业务流程。基于流程工作意味着：在 IS 组织或企业中，围绕端到端的工作流来组织人员、工作和技术，而不是围绕职能、平台或技术集合。例如，传统的实现订单的方法也许把职能分解成输入订单、库存控制、运输、付账、客户服务和保险索赔流程。在基于流程工作

第七章

中,一个单独的拥有必要技能的团队管理整个端到端的流程——从处理最初的订单到处理担保和付账等。结果,整个流程对客户来说看上去是无缝的。我们调查过的CIO认为,这个趋势是提高客户满意度的一个最重要的新因素。

第二个趋势是战略性地获取IT服务。许多人错误地认为,战略性地获取IT服务意味着只是把部分或全部的IT职能外包给外部服务提供商。对于外包的原因最普遍的假设是节约成本,但是许多只为了节约成本而外包的组织发现,它们总是不断地对其真正实现的节约感到失望。那些真正了解战略性采购的组织明白获取IT服务不只是外包这一条途径。它们能够看到外包最主要的利益,是免除了操作性的工作,并且解放了IS员工,使他们有精力去关注更为战略性的问题。外包那些支持基础设施的IT活动(例如数据中心工作和网络管理)尤其普遍,而外包开发、维护、应用和系统集成也是如此。

这两种发展趋势——基于流程工作和战略性地获取IT服务——是IT商业应用的一种成熟表现。想想制造业的发展。商品现在可以通过一系列的流程制造出来——零部件可能是在世界上不同的地方生产的。这样的演变现在也同样发生在IT领域。

如果你想有效地领导这些趋势,而不是被这些变化所淘汰,你就需要关注这些趋势。未来,基于流程工作和IT战略性采购、高度集中的服务以及专家单元之间的汇合点是"IS Lite"——一个精简的、更加敏捷的IS组织,与企业的战略更

建立一个新型 IS 组织

加一致，反应更迅速。

与传统的 IS 组织相比，IS Lite 将更精简并且更专注，同时也更有效。许多传统 IS 组织的工作将会或者外包或者嵌入业务单元，IS 组织将作为一种用户与内部供应商或外部供应商之间的媒介。然而最重要的是，IS Lite 团队将专注于推动企业创新（见图 7-1）。

图 7-1　IS Lite 的形式

一个 IS Lite 会将传统的工作部分转移给业务单元和外部服务提供商。

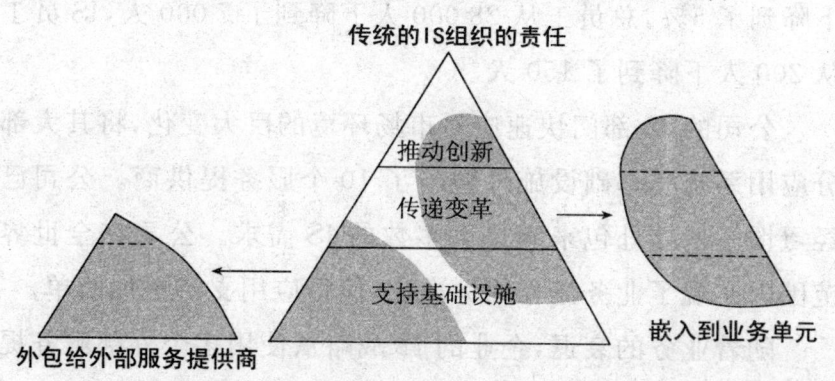

传统的 IS 组织的责任
- 推动创新
- 传递变革
- 支持基础设施

外包给外部服务提供商　　嵌入到业务单元

要完全实现 IS Lite，许多 IS 组织还要花很多年的时间，但是我们已经看到一些优秀的组织正在向这个方向发展。实现 IS Lite 并不轻松，但是即使前面的道路坎坷崎岖，我们有一个目标总比对前面一无所知要好得多。

JDS Uniphase 提供了一个 IS 组织为何以及如何向更加精简的、更具战略性的 IS 组织前进的例子。在光学制造科技领域处于全球领先地位的 JDS Uniphase，为通信设备设计制

第七章

造光纤产品。该公司在圣何塞、加利福尼亚、渥太华、安大略设有运营中心,并在中国、美国、加拿大、欧洲等20多个国家和地区设有制造工厂。

公司最近一年的年收入是8.34亿美元,这个数字表明公司从通信繁荣期最高峰的32亿美元跌落了80%。当通信业发生巨大震荡时,该企业进行了全球的重组,不只为了生存,更是为了迅速占领最终会实现有效逆转的技术市场。

JDS Uniphase在保证IT对关键业务成功支持的同时,也随着收入的降低而不断降低成本。IT费用从收入的10%下降到了5%,总员工从28 000人下降到了7 000人,IS员工从200人下降到了150人。

公司的IS部门快速应对市场环境的巨大变化,将其大部分应用系统和基础设施外包给了10个服务提供商。公司已经习惯了依靠外包来满足大多数的IS需求。公司在全世界范围内实现了业务流程的标准化,使得应用支持更加简单。

随着业务的衰退,企业的IS战略从使用多个外部服务提供商转变为与一个服务提供商建立战略伙伴关系。目的是为了降低费用,建立一个单一的解决问题的合同,并且一旦业务恢复,保持潜在的可扩展性。一个提供主机服务的软件服务提供商最终被选择为战略伙伴,所有JDS Uniphase的应用系统都移植到该服务提供商提供的单一应用系统套件上,由该服务提供商的员工提供维护和支持服务。

桌面支持、特定站点系统支持以及网络管理是没有外包的主要IS职能。这个决策是基于JDS Uniphase的设施在地域上的分散性作出的。网络对于工厂运营的关键性,以及缺乏值得信赖的可以提供更好、更廉价服务的服务提供商,是将这些职能保留在企业内部的原因。

JDS Uniphase 完成向更小、更集中的 IS 组织的转变用了 6 个月的时间。它需要巩固三个数据中心,重新设计广域网,移植最新发布的业务应用系统,终止或重新磋商现有的外包合同,制定主机托管合同和服务水平协议,以及裁员等。

最终的结果相当令人满意。费用降低了,服务水平提高了。由于业务应用系统服务提供商提供托管服务的是其自己的应用套件系统,因此服务提供商不需要和中间人打交道,出了问题也没有地方推卸责任。无论是需要管理的供应商的数量,还是简化了的基础设施,都极大地降低了复杂性,使得 IS 部门在不影响服务的同时,减少了员工数量。而财务的结果也是令人振奋的:公司利润增加了 4 000 万美元。

基于流程工作:迈向 IS Lite 的一步

迈向 IS Lite 意味着接受我们之前提到的趋势。要创建一个更小巧但是更具战略性的 IS 组织(不只是一个更小的由首席技术员领导的 IS 组织),基于流程工作是必需的。传统的 IS 组织是围绕职能(例如编程或桌面支持)来设立的。某一职能专家负责他们自己的工作,完成之后把工作交给负责其他职能的专家。相比而言,流程是一个由来自各职能团队的专家组成的实体,将价值的最终"产品"提供给用户。这就好比一条生产线和一个生产团队之间的区别:生产线上的每

第七章

个工人只完成整体任务的一小部分,而生产团队则要负责产品的生产、配送的整个流程。与原有的满足部分业务的流程或IS自身的流程相反,基于流程的IS通常支持整个业务流程。以这种方式组织和工作,通常可以更快地交付成果,减少错误,改善客户满意度。

例如,通过客户联系中心进行客户咨询服务就是一个很好的例子。一个设计良好的中心始终展现给用户一个一致的界面,服务标准与哪个业务单元提供服务或者客户使用哪种交流方式(电话、传真、电子邮件或网络)无关。

围绕流程进行组织通常需要流程团队以现存的IS组织结构为基础(见图7-2)。基于流程工作的成功依赖于娴熟的资源管理能力和IS员工的团队合作能力,以及与其他IT专家和业务人员一齐向同一个目标前进的努力。也许在你的组织中很难找到以这种方式工作所需要的技能,但它们可以被培养出来,这个问题我们将会在第八章中进行讨论。

IS部门的工作会围绕着为业务流程提供支持来进行组织。业务部门正越来越多地在其组织中加入一个维度关注一个或多个核心流程,以作为其现有结构的补充。

关注业务流程不可避免地导致流程重组。IT是流程重组的主要因素:它使得工作可以更加有效地完成。因此它使得IS部门参与业务支持变得更为重要,并且使业务支持成为流程本身的扩展。

一些企业建立了所谓的精英中心,例如编程、项目管理或应用集成,而其中的IS员工就像仓库中的原材料一样被抽调来支持这些业务流程。这种方法的一个困难就是管理流程和业务单元之间的利益冲突,这种优先权冲突可以由指导委员会解决,但通常把一个完整的 IS 单元指定给一个业务流程更为简单。当然,这种方法也有缺点,主要的不足就是重复劳动。

决定如何以最好的方式(或者通过精英中心召集的团队或者通过一个专门的 IS 单元)支持业务流程意味着要在协调成本和重复努力所付出的成本之间进行权衡。

关系经理是基于流程工作的关键

成功地建立一个以基于流程工作为基础的组织需要的不仅仅是改变组织结构图。IS 部门与业务部门之间的关系对于基于流程工作和在整个企业范围内共享业务流程知识都是非常关键的。这种关系最好由一个 IS 部门中的高层关系经理来处理。

关系经理是 IS 组织(内部)面向客户的部分,负责理解客户需求并把需求传达给 IS 组织。他们在客户心目中必须拥有很高的个人信誉度,并且负责使 IS 部门的信誉度达到一个适当的水平。他们要懂得如何利用技术为业务带来优势,并且熟悉如何通过负责 IS 交付的经理实现这些优势。CIO 们通过对关系经理进行有关公司的决策流程、优先级以及业务和信息系统协同性的培训和指导,来为他们提供支持。

关系经理通常需要完成如下任务:

➤ 管理 IS 与一个或多个业务单元或业务流程负责人之

第七章

间的关系；
- 商议 IT 服务和价格；
- 磋商服务水平协议；
- 解决服务提供方和接受方的冲突；
- 确保建立并且遵守 IT 标准；
- 推荐 IT 的新用途以提高业务绩效；
- 扮演 IT 服务经纪人的角色，协调内部和外部资源；
- 关注并报告竞争对手的 IT 使用状况；
- 管理对 IT 服务的需求和预期。

基于流程的工作实践：盎格鲁铂金公司

盎格鲁铂金公司（Anglo Platinum）是盎格鲁美国铂金有限公司的铂开采和加工子公司，它是把 IS 部门转换成为基于流程工作的典范。作为全球最大的铂开采商，公司拥有 4.4 万名员工，主要业务集中在南非，年收入达 200 亿兰特（25 亿美元）。

多年以前，该公司将 IT 系统分散在 11 个业务单元，这些业务单元主要是针对西北部的金矿业务。这样的结果导致了公司系统的重复建设：11 个企业资源计划系统、11 个电子邮件系统，等等。

后来，公司开始通过规范业务流程和集中决策制定，发掘现有 13 个业务单元的内在协调性，盎格鲁铂金公司的 IS 部门通过迅速采用一个基于流程的规范及在共享和外包领域所具有的专长来支持公司的这种努力。

业务单元的IT服务需求被用标准化的和有着很强流程导向性的语言进行陈述。整个企业的核心流程包括安全、健康和环境,冶金学,研发,财务,人力资源,供应链,固定资产管理,公司服务,以及IT。当然,各业务单元之间不可避免地存在着一些差异。公司中心的流程支持者鼓励在各业务单元间实现标准化和协调治理。

每个业务单元在全公司每月的用户会议上发现IT需求并确定优先级。会议由一些合适的流程支持者主持。业务单元的IT需求由一个IS经理来协调,然后提交给IS经理会议。这个会议的参加者中也包括IS核心部门的代表,他们被称为IT团队。IS经理会议也关注于业务单元的服务和基础设施的相关事宜。

IT团队同样也是采用流程导向的。由一个流程协调者来领导每个业务流程,这些流程协调者分为三种:负责商业业务解决方案的、负责技术业务解决方案的、负责业务信息管理的。

信息系统中的流程协调者与业务流程支持者之间进行交互。他们力图在业务单元之间共享流程变革的需求,并充分利用标准化、规模经济和共享专业知识的优势。来自IS部门的流程协调者与来自业务单元的业务流程支持者会就需求和优先级达成一致。他们的决定再由业务技术会议审核。

IT的需求方面由IT团队中的流程协调者来负责;IT的供应方面则由IT团队中的专业员工来负责,他们由三组人员组成:计划人员,负责战略和规划、架构、研发和治理;建设人员,负责管理大型外包系统的开发;运行人员,负责服务提供的管理、安全和应用支持。(这种组织在图7-2中得到了说明。)

图7-2 Anglo Platinum 基于流程的工作

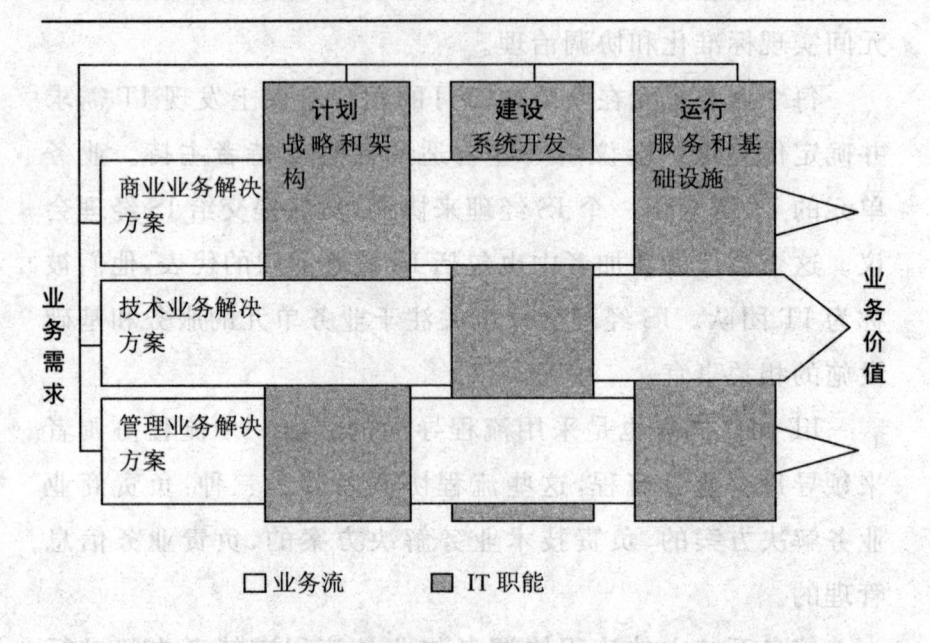

资料来源:Anglo Platinum.

新型 IS 组织和三种类型的 CIO

在引言中,我们指出建立一个新型 IS 组织,是努力生存型企业 CIO 的最高优先级工作。如果没有适当的 IS 组织,这些 CIO 们将会陷入成本削减和更低质量服务交付的恶性循环,最终将会损害所有的信誉度,这与其新型 CIO 的角色也是完全不相称的。但是,正如我们所解释过的,并不能基于

建立一个新型 IS 组织

你现在的业务立场预言你将能够成功地成为新型 CIO 领导。

处于三种不同的企业类型中的 CIO 们在建立他们的新型 IS 组织时，关注点也是各不相同的。在努力生存型企业中，CIO 希望探索战略性获取 IT 的途径，寻找利用外包在同样或更低的费用下改进服务交付质量的方式。如果你处于这种状况，请认真遵循本章中关于战略性采购的建议。否则，你会发现你降低费用的努力将遭遇尴尬的失败。在保持竞争力型企业中，CIO 希望关注引入基于流程的工作，来提高 IT 服务交付的质量，并且当企业转为采用一个更具扩张性的模式时，能引领组织的快速成长。在寻求突破型企业中，CIO 应该充分地认识到战略性采购的力量，特别是通过从外部服务提供商获得的业务变革和业务战略服务，寻找增加信息系统能力（以及将知识转移到组织中）的方法。

我们最后的忠告是，我们在这里和第八章提到新型 IS 组织需要作出的所有变革，都应该列入新型 CIO 领导的日程。虽然方法和变革的顺序可能有所不同，但是这些变革的需要是大势所趋，并不依赖于你现在的业务环境。

战略性地获取 IT 服务

IT 外包——目前正在重塑 IS 组织的第二个主要趋势——最早出现于 20 世纪 70 年代。当时，一些公司把数据中心的设备和人员转移到如 EDS 和 IBM 等大型外包商。最近的离岸外包的热潮开始于 2000 年。最开始外包数据中心

第七章

的目的是把成本从多年的投资转变成每年可预测的费用,并且把操作性的工作交给基础设施方面的专家。这种现象逐渐扩展到其他的领域,如桌面系统管理、员工的帮助桌面系统、网络运行及既有系统的维护等。

IT外包常常是对于令人不满的现状——花费太高、服务质量不好或需要昂贵的技术投入来跟上当前的技术——的反应。然而根据高德纳公司的深入研究,80%的外包交易没有达到最开始的目标,特别是那些只关注费用的外包交易。一些领先的大公司,改变了它们的标尺——这些公司在一个更加广阔的背景下看待IT服务外包,高德纳公司称之为战略性采购。

战略性采购常常要问:"每个IT服务的最佳来源是什么?"它耐心地在众多来源之中,为每个IT服务寻找机会。绝不能犯将战略性采购和外包等同的错误,这非常重要。当然,战略性采购评估外部提供商,并将其作为IT服务的潜在来源,但是它也同样考虑内部的提供者。首先,战略性采购意味着任何的可能得到IT服务的方案都在议程之上;你要考虑所有可能的获得IT服务的解决方案,并从中选择一个最有效满足业务需要的方案。第二,战略性采购不是只考虑短期约束或目前昂贵的费用,战略性采购考虑的是企业的长期目标,以决定何种服务、技能、能力、资金安排是企业长期发展所需要的。采购战略是一个在内部活动和外部活动、服务和专有技术之间实现持续的最佳平衡的过程,是业务战略、业务流程和代表组织战略目的的IT服务间的持续一致性。它是一个灵活的工具,而不是一个硬性的决定或者一个基于服务商品牌的静止的外包合同。

战略性采购是一个过程,而不是一时的决定。

把战略性采购错误地等同于外包的主要原因是,当考虑所有的选择时——内部的和外部的——大多数CIO发现对于他们很多的IT服务需求,外包服务是一个非常可行的选择(特别是当他们不只考虑费用的时候)。然而,正如你所经历的,战略性采购决定并不像你的那些被媒体宣传所诱导的业务同事们认为的那样简单。这里面充满了陷阱。我们采访了世界各地的许多CIO,了解他们采用的确保战略性采购决策正确性的措施。下面,我们就对他们所采取的这些措施进行介绍。

明确什么是不能外包的:每个组织必须保留的五种关键角色

在外包盛行的初期,一些企业并不重视他们需要保留和培养的能力。根据我们的研究,我们认为IS组织必须在企业中保留一系列角色和技能(见图7-3):

1. IT领导。领导的角色对于实现你创建的愿景至关重要。此外,IT领导权在把IS组织转化成IS Lite的过程中也是必需的。在我们的调查中,CIO们目前把IT领导权作为内部员工最重要的角色,并且他们预计在未来领导权依然是极其重要的。IT领导权得到了最高程度的重视。

第七章

2. 架构的开发。这个能力在创建新型 IS 组织的过程中扮演了重要的角色，因为需要确保系统和外包商的联系、建立基于流程的工作（经常由基于网络的流程来支持）和控制精英中心使用的标准。架构的开发只会变得更加重要，之所以这样说的一个简单的原因在于持续增长的安全管理的重要性。建立和实施安全标准是这个角色的重要部分。这并不表示架构的开发是不能外包的，而是说架构的规划和决策制定能力是要保留在企业内部的。

3. 业务的强化。业务强化的角色主要负责 IS 和业务的整合，这对于向基于流程的工作的转变和将 IT 工作向业务单元的转移都是至关重要的。同时，这个角色对于组织由技术导向转向业务导向，以及由以费用为中心转向以价值为中心也同样至关重要。

图 7-3 五种保留在 IS 内部的关键角色

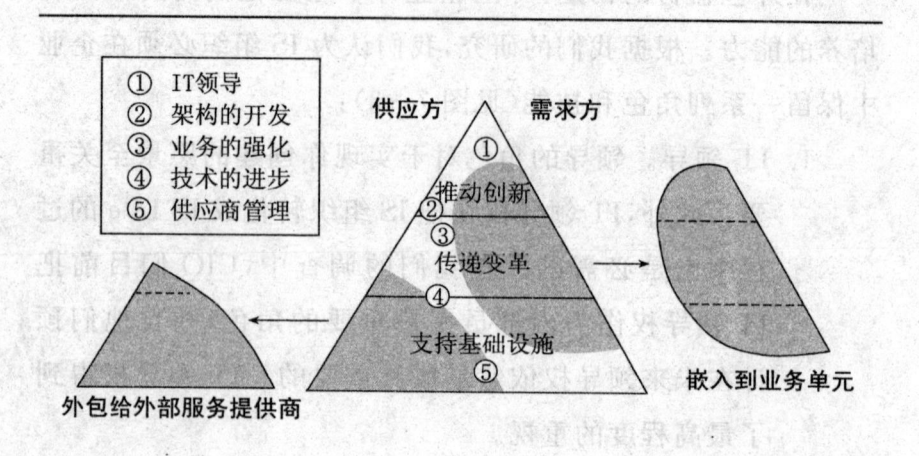

① IT 领导
② 架构的开发
③ 业务的强化
④ 技术的进步
⑤ 供应商管理

供应方　　需求方

① 推动创新
② 传递变革
③
④ 支持基础设施
⑤

外包给外部服务提供商　　嵌入到业务单元

4. 技术的进步。这种技术能力与引进可以直接支持业务目标的新技术有关。对创新持续增长的关注使得这个角色的重要性不断增加。
5. 供应商管理。由于它与合同管理和绩效监督有关,供应商管理在外包和能力管理中扮演了重要的角色。供应商管理也是从外部服务提供商获得最大价值的关键。随着外部服务提供商扮演着对企业越来越重要的角色,供应商管理的重要性只会不断增加。

诊断你的采购需求

为了分析采购需求,我们可以将IT服务划分为三种类型(这与我们在第六章所提到的投资组合方法联系起来):

- 管理基础设施的服务:这类IT服务提供并支持基础设施,例如数据中心运行、网络管理、桌面系统支持、网站托管及存储管理。许多这种类型的服务现在都是具有商品属性的服务(commodity service),费用节约和可用能力是选择这类服务最主要的因素。一旦业务需求确立,需要的主要是技术知识,而不是管理知识。这些服务被外包是最普遍的。
- 业务变更的服务:这类IT服务开发并推广应用系统并整合系统。这种类型的服务既需要技术知识又需要业务知识。
- 业务战略的服务:这类IT服务推动在业务中创新性地使用IT技术,并将业务战略和信息战略编织在一

第七章

起。在这类IT服务中，重要的是愿景和创造性，而不是成本效益性。对于这种类型的工作，要求服务提供商（内部的或外部的）所具备的专业知识中更多的是业务知识，而不是技术知识。

一旦你对需要服务提供商来提供的实现业务目标（基于IT战略和准则）所需要的服务进行了分类，你就可以评估哪些服务来源可以提供最有效的服务了。

评估和选择最好的服务来源

可以将业务和IT结合在一起的专家是极具价值的资源，但其实际数量要比我们希望的数量稀缺得多。这就意味着在IT领导权和架构等需要深厚业务知识的领域可用的内部资源是非常稀缺的。因此许多具体IT服务的最佳服务提供源往往在IS之外。从内联网管理到IT战略规划，这些服务来源可能是业务单元里有IT教育背景的、能够管理一系列IT服务的员工。在大多数情况下，外部服务提供商使得业务单元内部的员工在作为IT服务来源方面相形见绌。这些组织可以实现规模经济效应，并且以最低的成本满足基础设施服务需要的服务水平。这些供应商正在从传统的基础设施管理型供应商，成长为掌握业务变革能力，甚至是掌握创建业务战略的能力的供应商。

要真正地实现战略性采购，你必须把服务提供商和你自己的IT部门进行比较。比较可能很棘手，因为过程充满了政治陷阱，而且会导致员工产生焦躁不安情绪。那么应该如何评估各种服务来源呢？从哪些方面比较内部和外部的能力更为合适呢？

现在，告诉你从业务环境和企业的战略意图开始评估应该不会使你感到惊讶。然而，这些评估内容必须根据你管理外部服务提供商的能力进行调整。如果你的企业关注创新，而你看到了你的 IS 组织在提供业务战略服务能力上的差距，那么这些服务可能就是开始外包的理想领域。然而，你应该非常谨慎，因为外包任何职能都需要深入的业务知识。同时要时刻牢记，管理业务战略服务要远比管理基础设施困难得多。因此，当你决定要外包任何服务时，你都需要权衡你管理外部服务提供商的能力和技巧。

一旦你决定了要评估的服务，你就可以建立一个统一的标准，在此基础上评估所有服务来源，无论是内部的还是外部的。要像对待外部竞争者一样对待你现存的 IS 能力。例如，如果你使用一个需求建议书（request for a proposal，RFP），那么让你的内部团队也参与投标（请参见下节的关于 RFP 和低成本投标的内容）。本着这一原则，从现在开始，我们使用的"服务提供商"这一术语既包括内部的也包括外部的服务提供商。

选择最佳的服务提供商大大降低了每项 IT 投资的风险，通过采用一个标准化的灵活的评估流程，可以确保评估的效率。

在开始评估前，你要确定你已经做完了所有的功课。首先，让将会与服务提供商一同工作的最终用户或业务用户参

第七章

与进来。第二,使评估标准和需求与业务目标相一致,让业务目标成为流程中的灯塔。第三,精确地定义需求:这使得服务提供商可以构建它们的服务,并形成一个可靠、可信的建议书。第四,确保服务提供商真正地对你的要求作出了回应。如果你在比较服务提供商的时候注意到了这一点,不仅可以使结果产生巨大的不同,而且也可以节约大量的时间。

现在,建立你的选择和评估标准。我们的研究工作以及高德纳的同事的研究都显示,这些标准可以分为五大类型:

➢ 流程、技术和行业知识:服务提供商的核心竞争力是什么?服务提供商有没有什么具体的方法?在你的行业,服务提供商有没有相关经验?

➢ 相关记录:服务提供商做没做过类似的项目?能否提供好的案例记录?它在以前的工作中是否为你或者你的同事们工作过?

➢ 合同的灵活性:服务提供商是否愿意修改它的标准实践来适应你的业务和财务需要?你的关系经理是否有权修改合同,还是需要多层的审批?

➢ 核心人力资源的经验和可用性:服务提供商是否愿意包括关键的人力资源条款?你是否有权从一组候选者中进行选择?提供商是否能保证特定的人员作为合同的一部分?

➢ 企业和服务提供商之间的文化契合:提供商在 RFP 和谈判过程中如何描述自己?它有没有花时间了解你的企业文化?它是否认为文化是你的决定的重要

建立一个新型 IS 组织

一部分?

每一类标准被赋予的权重应该根据服务的特性而各不相同。例如,对于长期而复杂的业务战略服务,文化契合可能是一个重要的标准;但是如果你对一个短期技术实施项目进行评估,文化的契合就不那么重要了。类似地,服务提供商的相关记录,对于一个成熟的项目来说是非常重要的;而如果你要转化关系进入一个新的领域,例如创建一个新的业务,记录根本就不存在。运用一个流程将权重分配给一组评估标准,将使你能够在为每个特定的项目制定适当的评估标准时保持一致。不要忘记超越这些标准,寻求外部专家的帮助。[3]

记住:没有唯一最好的提供商。为一个特定的项目或特定的服务选择服务提供商时,要根据特定的工作类型和服务提供商在当时的可用性来考虑。再一次强调,战略性采购考虑的是某项技术和知识在组织内外的长远影响。

如果你得出评估结果,选定了某个最佳的提供商,下一步就是签订一个能促进成功的合同。(如果最佳服务提供商是内部的,你应该采取下列步骤以制订一个适当的服务水平协议。然而为了简化起见,我们假设你与外部服务提供商签订合同。)

为 IT 服务的交付,签订并管理灵活的合同

不幸的是,太多的 CIO 花费了太多的时间和精力试图签订一个可以"一劳永逸"的外包合同。管理外包服务的关键

第七章

不在于去签订一份一劳永逸的合同，而在于如何去准备、撰写以及管理合同，使之在必要的时候，适应变化。在一个变化如此之快的世界，你为什么要期待一个一成不变的合同呢？

为了签订灵活的合同，可以思考三种不同的合同安排：实用合同（Utility contracts）、强化合同（Enhancement contract）、拓展合同（Frontier contract）。这些类别分别对应于三种IT服务类型：基础设施、业务变更、业务战略。

> 实用合同（Utility contracts）：关注于成本效益。客户希望得到和他们现有的服务同等水平的服务，但是要更好、更便宜。

> 强化合同（Enhancement contract）：通过一个不是非常剧烈的变革，显著地改进服务。例如重组一个现有的流程。

> 拓展合同（Frontier contract）：利用IT给现有的业务活动增加重要价值或者将业务带入新的领域（或者超越现有的领域）。例如，一个零售商进入客户理财服务领域。

这三类合同共同的挑战在于在激励外部服务提供商和保持控制间达到平衡。在将企业带入新领域的拓展合同中，这一点尤为重要。为了达到平衡，你需要在和外部服务提供商签订合同和建立关系的过程中，采取额外的两个步骤。

首先，在一个基本的合同中加入应对变更的条款。在合同的基本部分中设定基本的条款和条件，例如保密、版权、变更控制、过渡和终止条件等。合同同时也需要确定工作的范围、地点、报告、标准、安全性、价格以及员工和资产的转移。在合同期间,这些条款不会有太多的改变。

在这些基本条款的基础上,补充条款涉及五个主要领域:战略和政策、资源、整合、赔偿,以及审计和反馈。补充条款的目的是为了形成一个共同管理的基础,来分担管理负担。你希望你的服务提供商像你一样努力工作,找到更好的解决方案来减低成本,更好地解决业务问题,适应商业环境变化。补充条款和共同管理的程度依据服务种类的不同而各不相同。实用合同不需要太多的共同管理,而拓展合同对共同管理有着很高的需求。

虚报低价的投标和需求建议书

当你审查外部服务提供商和它们的合同价格时,要记住,服务提供商经常向客户虚报低价:在长期合同的开始降低价格,并且准备在今后的时间里补回损失。我们看到,许多企业都惊讶地发现原本看上去庞大的费用节约最终都蒸发了,而且经常出现费用的变更和没有预计到的因素导致的价格增加。这向我们传递了一个信息:不要仅仅关注价格的表面价值。要询问这些价格是如何确定的,以及价格在合同的存续期中会如何变化。你需要了解你的外部服务提供商的业务模式以及赢利模式。(同样你也要尊重外部服务提供商对赢利的需求,因为它们需要利润以维持业务并为你的组织提供服务。)

第七章

采用将较长的、详尽的需求建议书分发给众多候选服务提供商的方法有助于解决这个问题。高德纳公司的专家建议使用一个快速的流程首先选择出最好的两家,并且只要两家。(我们知道这种方法对于政府组织不行,它们需要公开的招标过程。)之后,你可以在保持一个竞争环境的情况下,进入具体的工作陈述和合同流程。基于同许多客户合作的经验,我们发现这种方法可以达成最好的长期结果——一份使你和你的外部服务提供商都可以生存发展的合同。

第二,把与服务提供商之间的关系从正式的、正常交易关系,转变为亲近和基于信任的关系。成功地管理灵活的合同也需要改变 IS 部门和外部服务提供商之间的关系,从一般到紧密。紧密的关系对于改善合作,以及建立足够的信任水平以保证机密的共享是必需的。同样,你在管理关系和建立信任方面的能力对于你的成功也是至关重要的。紧密关系的不利之处在于如何面对冲突的问题,以及如何解决冲突。明智的做法是事先就一个分步骤地解决冲突的流程达成一致。

合同管理和关系培养是非常具有挑战性的,特别是在一个既有内部服务提供商又有一些外部服务提供商参与的环境中。你需要一组具有同时管理关系和监督合同能力的员工。下一步就是提供这些能力。

提供采购管理能力

管理外部服务提供商所需要的 IS 能力随着服务种类的不同而不同。虽然业务能力和行为能力在管理使用合同时非常重要,但是技术能力更加重要。而管理拓展合同则不同,强调的是行为能力和业务能力。获得这些能力相对困难,这些能力对于大多数 IS 部门都极具挑战性。传统的 IS 部门内部很少具有这些能力。它们需要通过大量的培训而获得,或者从企业其他部门或者企业外部获得。我们将在第八章讨论如何识别和获取这些能力。

战略性采购是一种提供 IT 服务的新方式。它基于这样的前提,即"什么对企业最好",而不是简单的"我们如何解决问题"。但是由于从外部获得 IT 服务也有它们固有的问题,因此你最好了解不同的采购需求、你的采购选择、合同的本质以及需要的能力,以便为一次成功的采购作好准备。

从采购到战略性采购: Pari-Mutuel Urbain

法国的 Pari-Mutuel Urbain(PMU)公司在采用更具战略性的视角之前,通过艰难的道路,学到了很多关于外包的教训。PMU 公司是欧洲最大、全球第三大的赌博公司,年收入 65 亿美元。它拥有一个强大的在线网络,允许从 8 000 个销售点投入赌注来即时开始比赛。在比赛后十分钟就可以付钱给获胜者。

在 1996 年,PMU 决定重组它的核心 IS,并且外包它的

第七章

应用系统开发以获得内部无法提供的 IT 技术。因为新的核心系统需要 5 年的开发时间,导致了许多积压的开发需求需要完成。为了快速解决积压的工作,PMU 选择了 50 多家小型的外部服务提供商,但这使得 PMU 面临着费用超支和无法通过激励外部服务提供商来降低成本的困境。

当新的 CIO 在 2001 年上任时,他马上重新将许多的项目控制在手中,同时减少了外部服务提供商的数量,并且改变了 PMU 的 IS 组织的角色和能力。PMU 以前的文化是试图在企业内部解决所有的问题,并且不太擅长管理外部服务提供商。内部的员工需要在开发需求以及撰写更加严格和准确的规范说明方面进行培训。否则,外部服务提供商就不可能提供现实的、固定价格的或需求变更最小化的合同。内部员工还要在更高水平的测试能力方面进行培训,以保证外部服务提供商交付合同中规定的服务,并且结果满足规范说明。公司实施了许多培训项目来培养这些核心能力。同时还雇用了四个富有经验的高级项目经理来保证项目和外部服务提供商置于控制之下。外部服务提供商的数量也从 50 家减少到不到 10 家。合同也被重新签订,价格被固定下来,而不再是随着时间和成本的变化而变化。最终重新协商的费用比例下降了。通过这种方法,PMU 可以将更大的合同提供给更少的外部服务提供商,并从其产生的竞争中获得经济利益。所有的这些步骤,使得 PMU 的 IS 部门在不降低服务水平的情况下,将 2002 年的预算减少了 10 个百分点。

像一个外部服务提供商一样运作

一些组织采取了更大的变革步伐,并且试图按照外部服务提供商的模式塑造自己。它们朝着高德纳所谓的内部服务公司即 ISCo 的模式迈进。这个模式有许多 IS Lite 组织的特点。根据我们的研究,它特别适合那些拥有分散业务单元或机构的企业。在这种模式中,IS 部门像一个以赢利为目的的业务部门一样管理自己。它对其所拥有的能力进行营销,对所有服务收费。ISCo 使用灵活的拨款、定价和回收资金机制把服务需求与服务供给,特别是基于市场的定价协调起来,最终目的是以一种可以让 IS 组织赢利的方式为服务要价。

显然,ISCo 模式中的竞争性因素产生了许多问题。例如,ISCo 是否应该在与企业内的业务单元合作时采取竞争的立场?当 IS 组织在一个分散化的企业中作为一个独立的业务部门时,诸如内部竞争这类问题正是 ISCo 这种模式看上去最为可行的原因。

把 IS 建立在坚实的财务基础上

最后,我们来讨论新型 CIO 领导构建新型 IS 组织的第三个任务:把 IS 建立在坚实的财务基础上。许多 CIO 认为,IT 费用可能会造成一个双输的局面。

如果 IS 部门在预算中承担所有的 IT 费用,并且从不把

第七章

费用分摊到企业中的业务部门,这些业务用户会认为IT是免费的。免费意味着不但没有费用的负担,而且没有合理利用IT的责任。

另一方面,如果让业务部门承担IT费用,也会产生问题。业务部门会对如何计算和分配费用以及费用水平进行无休止的抱怨,最终会说,"我们可以在外面得到更便宜的服务"。

如同薪水问题一样,IT费用问题通常不是钱的问题,而是财富、价值和贡献的问题。处理好IT费用这一问题的目标,不是要将IS部门的预算降到零,而是建立信任,以及以符合企业目标的方式合理地使用IT。正如你所看到的,正确地处理费用问题对于建立一个新型IS组织是至关重要的一步。

识别你的IT服务费用

解决费用问题的第一步是确切地了解IT服务的费用都包括哪些。如果没有这个知识你就不能有效地迈向新型IS组织——IS Lite和进行战略性采购。正如你已经知道的,IT服务费用很难识别,特别是共享的IT服务,如基础设施。费用受到使用程度和服务水平的共同影响。不同的识别费用的方法,会得到不同的结果,也会招致不精确和不公平的指责。

作为新型CIO领导,你需要充分利用你的关系,让财务部门参与到费用识别和分配过程中。我们建议采用一个与财务人员协作的三步流程:建立一个标准化的账目表,决定使用哪些会计处理方式,建立一个一直使用的会计政策。

建立一个标准化的账目表要从编制一个 IT 服务目录开始,表明提供了哪些服务,谁在使用它们,如何为每类服务分配费用。费用可以用不同的方法计算,同时考虑固定费用和可变费用。

最好的方法是让 CFO 或者财务部门的某位高管参与进来,这样可以使分配费用的方法与其他业务部门一致,最终确保你的业务同事接受这种方法。你还应该和财务同事一起,对所有问题分类,例如边际费用、资产投资以及活动的费用等,这种方法可能比传统的方法更加复杂,但是也更加准确。

为更好的决策分配费用

为了给 IS Lite 和战略性采购提供适当的决策,你还需要在服务部门、业务单元和用户之间分配费用。你也许不打算大范围地共享这一信息,但是你需要将它作为你规划战略的一项输入。

现在广泛使用的费用分配方法有很多种。当 IT 服务费用相对业务费用较少时,你可以使用一种简单、高级别的基于单一的业务变量的分配方法,例如业务单元利润或者员工人数。这种方法对于共享的服务效果最好(比如基础设施),因为在共享服务中,费用和使用之间缺乏明确的关系并不重要。

但是当 IT 费用在总的费用中占很大比例时,就需要一

第七章

些其他的方法。低级别的费用分摊方法是按照 IT 相关变量进行计算,例如 PC 或网络 ID 的数量,这种计算方法对于像桌面支持、IT 架构这类的服务最为适用,这些服务很容易就合适的变量达成一致,并且每个人的使用水平差不多。然而,如果变量不能准确地反映实际的使用,这种方法会不公平地惩罚一些人,帮助另一些人。

直接费用方法是把 IT 服务的所有费用都分配给一个单独的用户,这种方法对于具有明确归属的服务如应用系统开发和具有特定目的的项目最为适用。很明显,直接费用法不适合共享的服务。

另外两种方法——资源使用量法和分级的使用费率法——试图基于实际的使用量计算费用。资源使用量法适用于实际使用量可以得到精确、客观测量的情况,例如在数据存储和电信等方面。而分级的使用费率法把用户分配到不同的服务级中,每一级按照固定的费率收费。这种方法最适合于服务层级可以预先定义的稳定的环境中,像桌面帮助、应用、维护、数据中心等。实际的使用量不能准确地测量,但是所有相关人员可以就一个预先定义的水平或服务等级达成一致。

迈向新型、精简的 IS 组织之路充满挑战

迈向新型、精简、目标集中的 IS 组织的道路不会是平坦的,因此需要你成为一个领导者,而不仅仅是一个管理者。领导你的业务同事所需要的所有领导技巧在这里都是必须

具备的。

首先，使一个新型IS组织有效运作所需要的能力与使一个传统IS组织有效运作所需的能力是不同的。在基于流程的工作和外包高水平的IS工作中，业务能力和诸如协作、建立团队、解决冲突等行为能力将比传统的技术能力更加重要。

不必对许多现有的IS部门员工缺乏在新型、精简的IS组织中扮演新角色的能力而感到吃惊。但是糟糕的是，获得这些能力是一个不小的挑战。技术能力可以通过直接的培训获得，而业务能力和行为能力相对难以获得。克服这个挑战，需要使用多种组合方法（通过内部培训和外部招聘），以及仔细关注公司中其他部门的员工，特别是深度参与IT相关项目的员工。

你必须预计到IS所面临的阻力。基于流程的工作和外包，像许多其他的没有被我们识别的趋势一样，要求IS组织作出重大的改变；改变经常会被抵制，特别是当它涉及一个未知的并且充满危险的未来的时候。对于IS的阻力通常从员工对变化的工作实践和外包的关心开始，特别是当你的外包决策把你的IS员工转给外部服务提供商的时候。

尽管充满了困难，然而驱使IS组织变得精简且目标集中的力量将不会改变。需要明确的是：传统的IS组织，即提供企业需要的所有IS服务，并且围绕IS之外的任何人都不了解的IS职能进行组织设置的组织，不会再持续很久了。它们已经开始从现有的混乱和复杂的状况，向我们所描述的更简

第七章

单的 IS Lite 模式转变。

如果你希望成为一个新型 CIO 领导，IS 部门的演进是你所面临的不可避免的挑战。建立一个新型的 IS 组织是向你的企业兑现技术承诺的关键一步。

第八章 创建高效的 IS 团队

在本书的第二部分，我们探讨的是新型 CIO 领导在领导 IS 组织时任务优先级上的变化。在本书的第一部分里，我们已经讨论过你在领导你的业务同事时所应该具备的新技能。现在让我们看一看在 IS 组织中你的职员需要掌握哪些新的技能去履行你的承诺。可能你已从多年的经验体会到这一点，即不管你如何出色地组织你的职员，如果他们不具备合适的技能，你都将无法成功。

IS 组织的角色正在随着新型 CIO 领导角色的变化而不断发展变化，因此你的团队所需具备的技能也在不断变化。事实上，这种新的技能与你在领导业务部门时所需的技能很相似。换句话说，就像我们在第七章中提到的那样，你的团队必须同时扮演业务领导的角色。现在，大多数 IS 团队的成员都是以团队的形式工作——和其他成员、他们的业务同事以及外部供应商一起工作。而且，团队成员们将会越来越多地直接和公司的客户一起工作。现在，团队成员们与他人协

第八章

作的能力,以及在团队中的贡献能力对于完成工作来说是至关重要的。这些领导力中较"软"的人力因素的重要性并不比我们已经讨论过的大多数因素低。

在本章,我们首先关注你的高级 IS 职员所必须具备的领导技能。[1] 随后,我们将讨论对于新型精简的 IS 组织来说必不可少的各种 IS 能力。同样,它们与传统 IS 组织所需要的能力是不同的。最后,我们从 IS 部门的人力资源角度出发,构建 IS 的领导能力。

运用自己的领导技能,提升 IS 团队的领导技能

在本书的开头,我们已经讨论过在领导和管理之间有着明显的区别。领导者们影响着人们去改变,使人们去承受那些仅仅依靠他们自己不太可能完成的困难的转变。相比较而言,管理者们则更多地关心关于执行的问题、关于让企业这部列车准时运转的问题,以及关于提升企业绩效和控制力的问题。一个基本的区别就是:领导是做正确的事情,而管理是正确地做事情。

现在,你应该已经意识到,成为新型 CIO 领导意味着需要在 IS 组织之外付出更多的时间——因此在 IS 团队中就必须要有更强大的人力资源去管理服务的交付。你需要拥有大量掌握必要技能和具备必要经验的人才。随着日常业务对技术的依赖越来越强,每一个直接向你报告的职员都必须同时很好地理解并掌握业务和技术。

首先是一个坏消息。在 IS 组织中,通常是依据专业技术

水平和经验来对人员进行提拔的。因而高级职员通常会被提拔到那些需要人事技能的领导职位上，即使这些人缺乏相关的人事技能。不仅仅是拥有技术背景的人员如此，从组织业务部门调入 IS 的职员也可能会因为他们的财务技能和分析技能而得到提拔，他们可能也同样面临着缺乏人事技能的问题。

现在，有两个好消息。这些必需的人事技能可以通过学习获得，而且培养这些技能所获得的回报是巨大的。拙劣的领导会造成下属士气低落和缺乏动力，而有效的领导则会带来强大的团队凝聚力和高效率。领导技能不容易培养，但获得领导技能也并非不可能。

在考虑这些技能的时候，你应该问问自己对这些技能运用得如何。不要忽略别人对自己的评价。不幸的是，研究表明，领导者们在组织中的职位越高，他们对自我的评价和他人对其评价之间的差距就越大。

人事技能是领导力的核心

在第一章中我们讨论过，拥有高水平情绪智力的领导者具有处理自己情感和他人情感的能力。丹尼尔·戈尔曼解释了情绪智力如何影响 IS 职员的问题："团队的效率与成员的情绪智力之间有着直接的联系。生产率就是一个衡量指标。以软件开发为例，在同等技术水平的条件下，情绪智力水平最高的团队的生产率总是高于其他团队。在高情绪智力水平的团队中，成员们会花时间去帮助他人，听取他人的问题，

第八章

给予解决建议并且在需要的时候介入其中。另一个指标是职员的保留率。高情绪智力水平意味着低流失率。当然,团队领导者的情绪智力也是非常重要的。领导者们要设定目标。领导者的情绪智力对团队的绩效有着重要的影响。"[2]

我们同样讨论过情绪智力有四个基本维度:自我意识、自我管理、社交意识和社交技能。为了成为一个高效的新型CIO领导,你必须在处理IS组织事务的过程中以及与业务同事的交往中应用情绪智力——同时你的IS领导团队也必须要培养同样的能力。而且,作为一名CIO,你在培养IS领导团队的情绪智力上具有不可推卸的责任。

高效的领导者需要满足被领导者的需求

团队绩效,例如你的IS领导团队的绩效,取决于你满足三种团队需求的能力:任务需求、团队需求和个人需求。

任务需求

在影响团队绩效的众多因素中,明确的方向(具有挑战性但却合理的目标和目的)是最为重要的。Hay集团的一项调查发现,方向是否明确是影响团队实际绩效和期望绩效之间差别的最显著的因素。

明确的任务显然适用于特定项目,但它同样适用于一个团队的所有工作。对IS员工来说具有重要意义的明确的使命、愿景和IT准则能够引导和推动组织实现较高的绩效。

除了需要明确的方向外,团队还有其他的任务需求。其中一个是合理的流程,例如审查和确定目标优先级,制定时间表并在需要的时候重新修订计划。另一个需要是明确考核进度的依据:已达到的里程碑、已取得的成绩和已完成的任务。作为领导者,你必须确保这些任务所驱动的需求都得到满足。

团队需求

　　团队需求最主要的是规模、结构和凝聚力。每一个新成员都会为团队带来新的能力,这是毋庸置疑的,但是这是以流程损耗为代价的:当越来越多的人尝试着一起协同工作的时候,就会产生从最晚开始时间(late starts)到个性冲突等协调方面的问题和低效率的问题。团队在超过五个成员的时候,效率就会开始降低。如果关注的焦点是生产率——通常情况下都是如此——那么答案是显而易见的:将工作团队保持在尽可能小的规模。

　　一个团队还需要对其成员的角色进行明确的定义。这些角色可以是由于新的团队合并而产生并被认可的新岗位,也可以是由领导者指定的岗位。如果角色不清晰,那么团队成员将可能会在重复工作和权力斗争上浪费时间。

　　团队需要对经验、技能、才干和个性进行适当的组合。共性可以减少不和,但这却是以失去创造力和新思维为代价的。你必须找到所有这些要素的恰当的组合,在那些具有相似特性和那些具有不同特性的成员之间找到一个平衡。

　　其他的团队需求还包括团队成员之间以及团队成员与

第八章

你——团队领导——之间畅通有效的沟通。清晰的流程,例如设置议题、给出输入、设定或重设优先级以及处理异议与冲突,是非常重要的。规范也是必需的,要制定必要的规范从而使组织为可接受的行为制定基本的规则。团队治理的相关问题也是必须加以考虑的,即 IS 治理,这和为 IT 相关决策创建治理系统是一样的。

个体需求

我们每个人都需要意识到:我们是独立的个体,我们能有所贡献,我们的贡献应该得到尊重。领导者们必须负起责任,确保顾及这些需求——这些需求不仅要在领导者自己与团队成员的交流中体现,而且要在挑选出的团队成员的情绪智力中加以体现。

正因为个体需要感受到他们能为团队作出贡献并得到团队的接纳,团队成员的选择应该基于移情能力(他们与他人交流的能力)的基础之上,这和技术技能同等重要。具有移情能力的成员能够帮助他们的同事感觉到自己的声音能够被听到、被理解,这将会激发每一位成员的贡献感、归属感和认知感。

Hay 集团的另一项调查阐明了移情能力的重要性。[3] 调查人员发现,当团队中意识到移情能力重要性的成员比例增加时,团队绩效会显著提高(当然,这是以假设那些认同移情能力重要性的人员会实施相应的行为为前提的)。团队绩效的衡量标准是财务指标、团队氛围、客户满意度以及团队成员的成长和发展。

满足个体需求也表现在我们在第一章中讨论过的其他两个方面：领导风格和个性类型。这两个主题都需要我们作一下简单回顾。

了解职员的个性类型

在第一章中，我们曾建议你确定自己的个性类型，并且试着判断业务同事的个性类型。在你的IS团队内，你应该做一个正式的类似迈尔斯·布里格斯（Myers-Briggs）的个性目录，这个目录至少应该包括那些直接向你报告的下属。如果你试着按照同事们最适应的方式与他们进行沟通，那么你对职员的领导将会有效得多，这不仅仅是一个礼貌问题，而且是一种共识。这是使团队高效工作的核心——每一位团队成员不仅要了解他自己完成工作的方式，同时也要了解他人喜欢怎样的交流和工作方式。作为一个领导者，你必须建立对自己偏好的清晰认识，从而能够很快地了解他人的偏好，这样你就能找出适合激励和安抚他们的方法和手段。

IS团队的领导风格

我们曾经解释过，在第一章所讨论的六种领导风格（命令式、引领式、愿景式、姻亲式、指导式和民主式）中，对你的业务同事们，你应该多运用愿景式、姻亲式与民主式的领导风格。为了成为在IS组织中最有影响力的新型CIO领导，另外三种领导风格也应该发挥作用。在正式权力的基础上，

第八章

你可以偶尔利用命令式的领导风格使组织事务良好运作。不过,指导式和引领式的领导风格你也必须要善加运用。事实上,对于你的 IS 领导团队来说,引领式就是一个新型 CIO 领导的全部。你需要引导你的职员作出必要的改变,因为你自己也同样在进行着这样的改变。

作为领导者,你和你的高级 IS 团队必须了解领导风格的各种类型,了解各种风格的适用情况,并且能够在需要的时候加以合理运用。领导者如果在自己的主要领导风格之外,再掌握至少两种其他的领导风格,那么他将极大地改进团队的绩效。

构建你(和你的团队)的人事领导技能

虽然领导力的软技巧不容易学习,但还是有法可循的:它们可以在工作中锻炼培养出来。

正如戈尔曼所说,"情绪智力是可以培养的,但是你必须使用正确的学习模式。例如,和技术技能相比,培养情绪智力需要采用不同的方式。你必须改变自己的习惯,但是习惯的改变是需要时间的。不过这种改变每天只需花费你一点点时间。在某种意义上,情绪智力的培养只需平常时间即可,根本不用抽出专门的时间"。[4]

情绪智力的培养要比传统的学习困难得多,需要的时间也更长,因为这涉及大脑的几个不同区域。因此,想要得到这种能力就必须采用一些与传统学习方法截然不同的方法。戈尔曼说过:"一个人必须首先丢掉一个旧的习惯,才能培养一个新的习惯。"[5]一蹴而就是不可能的。

为了让这种技能能够在IS中被广泛掌握和运用,你和你的高管们都必须努力培养和塑造这种技能,纸上谈兵是无益的,甚至还会造成一些不良的影响。如果你言出必行,那么领导经验和团队绩效就会逐渐在IS中显现出来。

不过,这是一个缓慢的过程。你可以通过贯穿整个IS的正式培训和旨在提升情绪智力的发展项目来加速这个进程,包括精心地选拔新的职员。在IS中实施提升情绪智力的项目应该采取自上而下的方式,逐渐向团队底层推广。这个项目要求开展定期的培训和训练课程,还需要抓住每一次机会实施情绪智力原则,如招聘面试、职员评估、团队绩效审查、项目实施后的评估、远程会议以及高管人员务虚会等。

博姿国际股份有限公司(Boots plc,英国从事健康和美容产品的零售商)的CIO戴维·利斯特(David Lister)表示:"知名大型公司都已经引入了情绪智力的理念,并利用它们取得了很好的效益。"在这家公司里,一个基于情绪智力的能力和等级组合已经运用于定义IS的每一个角色,并且已经有越来越多的人都根据它们得到了评价。

"将某人送去参加一个培训课程是件很容易的事情,"利斯特解释说,"但问题是,很多情况下,他们从课堂回来后并没有取得哪些进步,他们仅仅是回到了上次离开的起点而已。在工作中的教练和指导对于他们来说是一种更为有效的训练方式。这种方式通常需要进行一年,并且需要投入大量的时间和努力,但是得到的结果却是值得的。"

第八章

改变自己，提升团队：美国审计总署

美国审计总署是一个服务于议会和美国公民的联邦机构。它通常被称为"议会的调研之手"，或者是"议会的看门狗"。美国审计总署是独立机构，不隶属于任何党派。议会通常会让美国审计总署去调查联邦政府是如何使用纳税人的金钱的。美国审计总署的总部设在华盛顿，拥有3 500名员工和超过4亿美元的运营预算。IT部门则拥有100名政府官员和175名合同员工——他们全部都受2000年当选的CIO托尼·西科（Tony Cicco）的领导。

西科说："当我接任这个职位时，IS如同一盘散沙，很少有团队合作，对CIO的信任跌到了谷底。而且审计总署的士气调查显示，IS排名最后。"为了使情况有所改善，西科实施了大规模的变革。"我希望创建一个大家乐于工作于此的环境。我意识到这需要从我做起。"

第一步是参加一个外部的领导力培训班。其所带来的回报是令人瞩目的。"过去我明显地过于以任务为导向，并且缺乏耐心，同时也没有给予他人足够的表达自我的时间。我得学会向后退一步，给他人足够的表达自我的空间。"

下一步就是增加IS内部的沟通。他说："我会在每周一次的管理委员会例会上与我的七个直接下属会面，并且每两周与他们进行一次一对一的谈话。我每个月与他们及他们的下属员工见面一次，而这仅仅是一个开始。"

每周西科都会随机从IS中挑选一个团队，给予该团队的

成员一个直接就他们关心的问题与其直接对话的机会。西科还实行了一个开放政策。"我清楚地告诉了每一个人：如果我办公室的门是开着的，那么你可以随时进来与我讨论任何事情。"

当然，西科这个方便职员与他交流的政策也让他自己从中获得了更多机会去交流目标，设定预期，并给出绩效反馈。他说："确保人们清楚地了解到他们被期望的目标是什么，并且让他们知道自己应该怎样做，是领导者工作的一部分。"

在西科的 IS 工作日程中，建立他七个直接下属的板凳深度（bench strength）具有非常重要的意义。"我首先要做的，就是站在他们背后并且信任他们。我必须让他们在没有我介入的情况下独立运作自己的部门，以显示我对他们以及他们能力的信心。当然，我也需要让他们知道，我一定会出现在他们需要我的地方。"

为了提升他的直接下属的能力，西科也作出了很多的努力。"我希望他们将自己看做是 IS 高级管理团队的一部分，而不仅仅只是我的一个直接下属。"在很多会议上，一名直接下属都会代表西科作为 IS 的代表参加会议。

提升高级 IS 管理层能力的另外一个方面，就是鼓励和要求与组织的其他部门建立更密切的联系。IS 部门主动与业务经理们紧密合作，并向他们展示 IS 的构成情况。"不论是对于直接下属还是业务经理，这个做法都是非常成功的。在最近的一次高管层会议上，我得到了一次自发的热烈鼓掌，

第八章

这对于 IS 部门来说还是前所未有的。"

起初,西科从公司外部聘请了一位专家——一位组织心理学家。"她首先来到 IS 并作了一项针对 IS 中存在的问题的调查。这是非常有帮助的。现在她每年仍然会花 30 天的时间在 IS 中,就某些特定问题给予我们帮助。"

为了确保所有这些变革举措都能够带来一些实在的变化,西科建立了一个员工关系委员会。员工们可以通过这个委员会来反映一些问题,并且为西科提供反馈信息。"为了在 IS 中建立开放和公平的意识,IS 管理委员会会议对每一个愿意旁听的人员都是开放的。我们经常都会看到有很多人列席例会。"

所有这些变革的成果究竟如何呢? IS 部门士气大涨,并且成为了审计总署所有工作团队中士气最高的一个部门。业务部门对 IS 的信任持续增加,同时整个组织对 CIO 和 IS 团队的信任也达到了前所未有的程度。

聚焦于团队的趋势还将继续下去。随着越来越多的科层结构为团队让道,这种趋势已经在广泛的业务领域里成为了毋庸置疑的事实。而在正向 IS Lite 和与外部服务供应商紧密联系的方向演化的 IS 部门中,则更是如此。

我们的研究结果很明确:领导力和团队绩效是区分新型 CIO 领导的关键标志。那些同时关注了软技能和硬技能,并且在员工中培养这些软技能的 CIO 们将会赢得优势。

CIO 办公室

随着新型 CIO 领导的角色变得越来越复杂，我们发现 CIO 们运作 IS 职能的方式也发生了一些变化。许多 CIO 都已经创建了一个由专职人员组成的小团队，这些人员直接向 CIO 报告，并且承担了 CIO 的一些职责。这个团队最普遍的存在形式是 CIO 办公室。其运作方式与总裁办公室或 CEO 办公室很相似。在这个专职团队的帮助下，CIO 能够更好地在企业内推行 IT 使命、愿景以及战略。比较典型的是在大企业（如年利润超过 30 亿美元）中，CIO 办公室的成员都是作为 CIO 面向其他业务或是 IS 团队的发言人出现的。

这些在组织内部圈子中备受器重的少数人已经超越了传统的 IS 角色的界限。这些人作为 CIO 的左右手，在内部圈子中常常起到 IS 组织关键影响人物和决策者的作用。他们通常被授权代表 CIO 行使职权，有时候这个办公室的人员编制中就包括各级 CIO 们。

一些颇为典型的 CIO 办公室成员的角色还包括了 CTO 和 CIO 专门助理。大企业的 IS 组织还可能会有一个委派给 IS 组织的 CFO。近来，新添加到 CIO 团队中的角色和职能包括关系管理、项目办公室管理、变革管理、营销、沟通、战略以及主要架构。这些角色通常都是由企业其他领域的一些拥有卓越的商业智慧和真正团队领导能力的人来担任，而不仅仅是考虑那些拥有高超技术水平的人。

高效的 CIO 办公室团队应该是由具有以下特点的成员

第八章

构成:
- ➢ 灵活、高效,致力于推动组织实现卓越的个人;
- ➢ 具有高度商业智慧以及沟通与合作技能(尤其是在团队内部)的人;
- ➢ 在任何人员变动期间都能保持持续性和稳定性的人;
- ➢ 有能力在执行团队会议中代表CIO,或是能够为董事会及其筹备工作作出重大贡献的人。

设置一个CIO办公室能够让CIO将更多的时间集中在其他关键业务的执行上。这能使公司业务与IS组织更好地整合。由于这个办公室增加了团队成员在组织中的显现度,因此它促进了规划的持续性与连续性。如果运作适当,这个CIO团队甚至能够成为培养企业未来高管的基地。

虽然这个方法已经在很多企业取得成功,但它也有一定的风险。首先是费用的问题。并非所有的团队都能承担设置这一管理层级的费用。你可能会考虑逐步增加职位。第二,如果CIO办公室的成员没有或不能良好协作,那他们就可能扰乱团队和IS,甚至是整个企业。最后,作为领导者,你必须愿意授予成员关键的决策权。团队成员们需要有承担决策的权力和责任。

培养关键的IS能力

培养团队的领导技能是创建高效IS团队的下一步骤——培养新型CIO领导在新型IS组织中所需要的能

力——的基础。在第七章的开始，我们讨论了推动 IS 向新形式和新关注焦点发展的动力。我们谈到过，先行企业的事实已经表明，新型的 IS 组织将会是更精简的和更加关注业务的组织。不管是在 IS 内部还是在整个企业，IS 将更可能围绕流程（而不是职能）来组织。它将会战略性地获取 IS 服务，在很多情况下，这将意味着更大量地外包传统的 IS 工作。如果很多传统 IS 工作通过外包来完成，同时与业务同事的合作和关系构建变得越来越重要，那么这就对留在 IS 中的员工在知识和技能方面提出了截然不同的要求。

转向新的 IS 能力：优利多船舶服务有限公司

优利多（Unitor）公司的 CIO 鲁尼·拉斯马森（Rune Rasmussen）已经在培养自己以及员工应对新世界的能力方面领先了一步。优利多公司是国际航海运输、邮轮和离岸市场方面的系统、产品和服务的顶级提供商，总部设在挪威首都奥斯陆。它拥有广泛的国际业务，这些业务主要集中在休斯敦、鹿特丹、比雷埃夫斯（Piraeus）和新加坡。公司业务主要分为四个方面：海洋化工、维修、消防和冷藏服务。优利多公司一半以上的 IT 预算都是外包出去的，这些预算主要用于广域网、数据中心主机和 ERP，并且外包的比例预期还将进一步增长。

IS 已经变得高度集中化了，在其中心除了 CIO 拉斯马森，还有 27 名员工，另外还有 12 名直接对业务领域负责的员工。这个中心下设两个小组：一个由 3 人组成的负责 IT 需

第八章

求的小组和一个由24人组成的负责IT供给的小组。

需求小组主要关注架构、绩效要求（包括服务水平协议和外包合同）和项目投资组合管理。拉斯马森说："这些需求方面的角色和活动必须采取积极主动的方式，而且无论什么情况下都应保留在内部，否则你怎么可能在业务目标已经设定之后对其产生影响呢？"

供给小组采用流程导向的方法。它负责报告系统的绩效和可用性，同时也对安全、持续性、恢复、问题处理、支持以及培训等工作负责。

这样变革的好处是什么？拉斯马森强调，这些好处集中在一个方面。"你能够更好地辅助业务部门达成其目标。参与业务决策制定将变得更加容易，并且它会使你将钱花在能实现最大化增值的地方。"

这种新型的精简的IS方法已经与传统的IS安排大相径庭了。拉斯马森说："IS员工的特征也已经彻底改变了。你需要的是能够处理好关系并且能够在（外部服务）提供商内部建立适当关系网络的IS员工。"

IS的变化要求新的技术和能力。拉斯马森解释说："这些新的技术和能力并不是我们已经具备的传统的技术和能力，尤其是在需求方面，因此我们正尝试着去培养它们。这意味着公司要为管理者们提供一个个人发展计划，从而激发适当的行为。在我待在这里的三年中，我的角色已经发生了变化。我的职责更多地是管理决策与业务，并且培养IS管理团队的技能。"

新型 IS 能力

IS lite，尤其是战略性采购，提出了 IS 角色的问题。拉斯马森发现，IS 的工作改变了，但是对于企业来说它仍然是至关重要的。很多 CIO 和他们的下属抵制 IS lite 和战略性采购，因为他们担心这个转变将会降低他们的重要性，同时也害怕新型 IS 组织所需要的变革。我们能够理解这种担心和害怕。但是新型 CIO 领导必须要引导他们的下属抛弃这种消极的想法，因为这种想法是基于一种传统的错误观念：CIO 和 IS 员工的重要性会因为这些变革而降低（这是基于首席技术员视角的观点），领导的下属越多就意味着越重要。如同在业务领域中一样，在 IS 中，越来越重要的是影响力，而不是有多少直接下属。

事实上，IS 将会面临一个黄金时期——成为外部服务提供商和企业之间的经纪人和合同管理者。通过这种方式，IS 在 IT 需求方面的工作将会获得更多的资源，这方面潜在的业绩可见性和信誉度都是较高的。为了抓住这个机遇，你必须引导 IS 全力关注于 IT 对业务的赋能。然而，这将会需要新的能力。

第七章讨论了每一个 IS 组织必须扮演的基本角色：IT 领导、架构的开发、业务的强化、技术的进步以及供应商和关系管理。如果在履行这些基本的职能方面遭遇失败，将可能会导致失败的采购安排、频繁的重新谈判和低下的客户满意度。

第八章

　　这些关键角色在 IS 中所需要的能力与传统 IS 角色所需要的能力是不一样的。以前 IS 主要需要精通技术与应用,现在技术也一样重要,但是除此之外业务技能和行为技能即使不比技术更为重要,至少也是同等重要。如果 IS 想要完成它最重要的角色——构想和创建一个 IT 赋能的企业——那么所有层次上的 IT 员工都需要建立关系与信用。为了实现这个目标,IT 员工需要具备搭建业务与技术之间桥梁的能力。

　　前面讨论到的所有 CIO 需要具备的能力,现在 IS 员工也同样需要:扎实的业务与行业知识、关于自身企业竞争力或提供服务的深入知识,同时至少还需要具备赢得对创新提案的支持与保持创新的动力所需的行为技能。技术技能当然依旧是重要的,但是它们已经变成了基础,对于完成 IS 工作来说是必要条件,而不再是充分条件。

　　当我们说某人是胜任的,那就意味着这个人拥有完成某个特定任务所需要的三个特征:必要的知识、技能和品质。当然,知识就是你所知道的。技能就是向着特定的目标去完成某件事情、运用知识的能力。品质(也有人称之为态度或资质)就稍微复杂一点。有一些是天生的,有一些则是后天培养出来的。当就某个特定类型的工作来说时,它可能包括类似于协调性、耐心、敏锐性或者判断力等特质。它们使知识能够真正运用到实处,并且能够使一些人在第一时间获得这些技能。

分析IS工作所需的能力

对基本能力的分析应该是简单明了的。不要过度分析，否则你只会将事情过度复杂化，并且会减缓培养你所需的员工能力的进程。只要识别出能够让某个专业人员在一项给定工作中表现优异的基本知识、技能和品质，然后将这些因素归入适当的类别，你就会知道这项工作所需要的能力是什么。现在越来越多的情况下，你可以利用外部的组织和你一起来进行这项分析。[6]

一旦识别并衡量出了成功开展一项工作所需要的能力，你就拥有了一张甄选、培训和培养员工来完成这项工作的蓝图。例如，创新性的思考是一项有价值的IS能力，头脑风暴则是一种相关的技能。了解创新性思考的好处，并且知道如何让其他人参与其中，这也是很重要的。对于任何角色，都要确保从三个方面来定义其所需要的基本能力：技术、业务和行为。有些工作在一个方面所需要的能力比在其他方面所需要的多。很明显的是，低级别的技术工作更加注重技术能力。但是，正如我们所说过的，新型IS角色的关键在于更加关注业务技能和行为（例如关系）技能。

让我们来看一看培养不同类别的能力的难度。培养技术能力相对简单，行为能力是一种内在的能力，培养它要困难得多。这样我们就发现了在IS中进行能力分析的好处。用具有适合的行为能力和业务能力的人去担任某种角色，并且在此基础之上培养其技术能力是一种更加有效的方法。

第八章

这也正是能力分析非常有益的原因：它可以帮助你挑选出最容易培养和最高效的人才。

我们必须反复强调：一定要抵制将事情复杂化的诱惑。要仅仅选择几个主要的能力去定义一个角色，并且要避免过度分析。不要识别过多能力，否则会使得系统无法被理解，并且难以维护。尤其要避免衡量能力的方案过于复杂，应该使用简单的评分系统或者评级系统（比如基本、精通、高级或教练级）来描述所需要的熟练水平。

总部位于英国的博姿国际股份有限公司就为它的 IS 团队使用了一个基于情绪智力的能力模型，该模型列出了八个领导能力特征，每一个特征都被划分为三个等级：入门级、核心级和世界级。

IS 中的每一种角色所需的能力以及能力的级别都已作出明确的规定，人员的评价就可以按照这个规定来进行。博姿国际股份有限公司的 CIO 戴维·利斯特说："为了成为一个世界级的组织，我们必须确保让合适的人去担任适当的角色。当然，也有人仅仅将这看成是一种精简机构的裁员方式，但是大多数人都将它视为晋升培训和发展的机遇。"

高德纳公司的 25 种基本能力模型

高德纳高管项目开发出了一个 25 种 IS 基本能力的列表，其中包括 6 种技术能力、9 种业务能力和 10 种行为能力（见表 8-1）。你可以用这张列表来为自己 IS 组织中的工作进行能力分析。

表 8-1　高德纳的 25 种新 IS 能力

技术(T)	业务(B)	行为(H)
T1 了解现有系统和技术	B1 理解业务实践和方法	H1 领导、激励和建立信任
T2 设计和开发应用	B2 了解业务组织、政治和文化	H2 创造性思维和创新
T3 运用流程、工具和方法	B3 商务能力	H3 关注结果
T4 系统集成	B4 理解和分析竞争形势	H4 战略性思维
T5 设计技术架构	B5 管理项目	H5 培训、授权与培养
T6 了解新兴技术	B6 管理业务中 IT 应用的变更	H6 建立关系和团队合作
	B7 计划、排序和管理工作	H7 影响力和说服力
	B8 交流和收集信息	H8 谈判能力
	B9 关注顾客	H9 解决冲突和问题
		H10 适应能力

职业轨迹与能力

　　并非每个人都会愿意花费精力去培养他不具备的能力。想当然地认为这些人对组织毫无价值是错误的。你可以考虑创造基于能力的职业轨迹，通过这一措施一方面可以向你的员工们说明某些特定领域的发展可能会需要那些能力，同时也向他们传递了只要多拥有几种能力就可以实现更高绩效的信息。例如，英国航空公司的保罗·科比(Paul Coby)就基于能力为 IT 员工们制定了三条职业发展道路。第一条是针对技术背景的员工。他设立了一个项目去发现那些"实践大师"，并对他们的技术能力而非管理他人的能力给予嘉奖。

第八章

第二条则是针对 IS 管理和程序及项目管理交付。第三条是针对总经理的，他们管理 IS 和业务的接口。这些经理给 IS 带来了可信性和对公司业务的深入把握，同时还使 IS 清楚地了解了业务部门对自己的看法。个人可以通过获得新的能力从而实现在不同职业发展道路之间的转换。同时这些职业发展道路也给了人们清晰的发展引导，并为科比提供了一个人员保留策略，这个策略针对的就是那些他想要保留，但是却不打算学习和培养特定能力的人。

尽管这个列表不可能适用于每一个组织，但是它可以作为一个有效的开端。可以将它视为培养你自己设定能力的指导。

一旦识别出适合于一个给定角色的简短的能力清单，并且用四个等级来描述每一个能力的程度，你就已经创建了该项工作的角色描述。一个角色描述定义了满足角色要求的能力以及相关的水平标准。不要设定不合理或不必要的高标准。更好的办法是，选择那些真正重要的能力，并且设置相对较高但并非不可企及的水平标准。

匹配角色、能力和水平标准

为了说明角色描述是如何使用的，我们将这 25 种能力运用到 IS 组织必须保留的五种关键角色中（见表 8-2）。这些角色描述适用于高级执行力水平。对于相对较低的水平，角色描述的要求会低一些。

表8-2 角色和能力的匹配

能力	供应商管理	技术改进	业务增长	架构开发	IT领导
技术					
T1 了解现有系统和技术	☆	★	☆	★	●
T2 设计和开发应用	○	☆	●	●	●
T3 运用流程、工具和方法	●	☆	●	●	●
T4 系统集成	●	☆	●	●	●
T5 设计技术架构		●	●	★	●
T6 了解新兴技术	●	★	●	★	●
业务					
B1 理解业务实践和方法	☆	○	★	☆	☆
B2 了解业务组织、政治和文化	☆	○	☆	●	★
B3 商务能力	★	●	☆	●	★
B4 理解和分析竞争形势	●	○	★	☆	★
B5 管理项目	●	●	★		☆
B6 管理业务中源于IT应用的变更			★	☆	☆
B7 计划、排序和管理工作	☆	●	●	●	●
B8 交流和收集信息	●	●	☆	☆	☆
B9 关注顾客	●		★	●	☆
行为					
H1 领导、激励和建立信任	●	●	★	●	★
H2 创造性思维和创新	●	●	☆	☆	☆
H3 关注结果	☆	☆	☆	☆	☆
H4 战略性思维	●		●	☆	★
H5 培训、授权与培养	●	●	●		●
H6 建立关系和团队合作	★	☆	★	●	★
H7 影响力和说服力	☆	●	☆	☆	★
H8 谈判能力	★		●		☆
H9 解决冲突和问题	☆	●	☆		☆
H10 适应能力	●	○	●	☆	☆

角色描述适用于高执行力水平的 IS Lite

绩效水平：○ 基本；● 精通；☆ 高级；★ 教练级。空白表示该能力不适用于该角色。

第八章

注意：没有一种角色的描述包括了全部25种能力。同时也没有一个角色，甚至是IT领导的角色，要求所有相关能力的表现都必须是高级水平或教练水平。虽然技术改进和架构开发强调技术能力，但不管是业务能力还是行为能力对于这些角色来说都是非常重要的。业务增长角色最强调业务能力，而IT领导角色更倾向于业务能力和行为能力。

可以将这里的信息作为建立你自己IS组织角色描述的指导。同时，不要以为角色是静止不变的。随着外部环境和组织环境的变化，角色也会不断发生改变。你的描述体系需要进行定期的检查和更新。

将角色描述与个体描述进行比较

角色描述识别的是IS团队中每一种角色的能力和相关的水平要求。这个描述向你展示了你的角色所需要的能力。

与此相反的是，个体描述会衡量评价现有员工的个人表现。它识别的是现有员工的能力和绩效水平。

个体描述可以采用几种不同的方法进行。管理层评估是一种显而易见的方法，其他方法还包括个人自我评估、组织内和组织外相关人员的评估，以及独立评估中心评估。

当个体描述完成之后，将它与相应的角色描述进行比较。这将是极具启发性和重要性的一个步骤。你将会对IS组织现在的状态与它的愿景之间的差距有一个清晰的认识，不论是在个人层面还是整个团队层面。角色与角色之间的差距将会让你知道你还有哪些不足需要去弥补。

你可能会想到更进一步地创建一个详细的能力清单,这个清单包含了角色描述也包含了个体描述的数据。这样一个数据库能让你更加方便地进行两种描述的比较,它同样也是储存与维护能力手册的一个最佳场所——该手册包含了每一个角色所需能力的详细说明以及相关的水平要求。[7]

这个清单的一个好处是能够凸显出最有价值的员工——你所有员工的 1/4 或是 1/5,他们是你必须要牢牢掌握住的。当你要提拔或者不可避免地失掉一些员工的时候,它还会对接班人计划提供重要的帮助。但是能力清单的最主要作用还是在于能够识别那些你必须填补的不足的能力。即使你做的仅仅是一个马马虎虎的分析,你也能够相当具体地发现哪些能力较弱。

用培训和招聘来弥补能力的不足

弥补能力的不足可以采取两种主要的策略:培训现有员工和雇用新的员工。要在短期内建立一个强有力的 IS 团队需要双管齐下。

培训现有员工

现在已经出现了各种各样不同的培训方式了,另外还有一些新兴的、在线的、自我培训的方式,这些都是非常有效和经济的,尤其是对于能力中的知识成分来说更是如此。技术能力的获得通过参加教育和培训计划相对更容易。业务能力和行为能力,尤其是行为能力,要难培养得多,而且不幸的

第八章

是,适合于它们的培训方式也非常有限。对于业务能力和行为能力的培养来说,最好的方法可能就是在工作中进行指导,通过向有能力的人求教,来弥补经验上的不足。

选择一个已经拥有必要的行为能力的人是更好的方法。将这样的人雇用或调入到IS中,然后通过培训使他增加必要的技术(与业务)技能,这会比其他方式更加有效。

谨慎雇用新员工

现在你已经完成了角色描述和能力清单,接下来,在雇用新员工时你就会有一个确定的目标。问题是如何依据这些能力目标录用人才。在实践中,新进员工的能力是不可能被完全了解的,而且难以确认。

首先,要确保从人力资源部门的人员或伙伴那里获得足够的支持。人力资源部门需要知道哪些能力是你的团队成功所必需的关键能力,并且这些能力如何影响你的招聘战略。解决方法是:与人力资源部门共同设计出一系列结构化的问题,根据角色描述所要求的能力甄选候选人员。对于其中的每一个能力,你都已经识别出了其知识、技能和品质元素。现在当你面试这些应聘者的时候,你就可以问他们这些问题,以得到一些详细、切实的证据,从而证实这些候选人是否可雇用,或是否具有该角色所需的每种能力的特定组成元素。不要接受一些不切实际的主观声明或是泛泛的概述。要求他们回答一些具体事件和故事。通过压力面试要求他们展示一些能够充分表明他们拥有某种能力以及构成该能力的知识、技能和特质的细节。用同样的方法来询问申请者的证明材料,寻找特定能力的蛛丝马迹。

招聘是一门充满不确定性的科学,但是使用精心设计的方法可以使它不再是一件毫无章法可循的工作。如果能够出色地完成这项工作,你就可以为 IS 带来具备必要能力的新员工。

努力生存型公司的新型 IS 能力:欧洲复兴开发银行

如果你是一个努力生存型公司的 CIO,那么发展和培养这些新型能力看起来可能是天方夜谭。虽然在企业裁员的时候增加新型能力确实更加困难,但并非完全不可能。你可以对优势进行必要的重构或者适当削减。就像我们接下来要讲到的案例中,欧洲复兴开发银行的 CIO 就在面对着预算削减和裁员的严峻形势下,构建了一个更加精简但却更加强大高效的 IS 团队。

欧洲复兴开发银行是一个营利性(但并不追求最大化利润)的组织。它创建于 1991 年,其目的是鼓励向开放市场导向型经济的转变,同时促进中欧、东欧以及独联体国家的个人和企业的投资。现在欧洲复兴开发银行是这个地区最大的投资者,它在自身提供资金以外还带动了大量的投资。

2002 年,银行的财政副总监、运营领导(包括 IT)同时也是 IT 主管(该银行称呼 CIO 的方式)蒂姆·戈德斯通(Tim Goldstone)发起了一项在不降低服务水平的基础上降低 IS

第八章

组织费用的提案。戈德斯通用一系列的方法裁减了他所主管的 IS 组织的人数,并且在两年之内将银行的资金预算降低了 40%,运营预算降低了 15%。

自 1991 年成立以来,欧洲复兴开发银行已经外包了大部分的 IT 基础设施运营和系统开发工作。大约有 70% 工作量是外包出去的,其中大部分都是外包给大型外部服务提供商和合同商。不幸的是,欧洲复兴开发银行外包合同的总值较小,与那些大型外包商希望争取到的大型合同根本无法相比,因而根本得不到这些服务提供商的重视。自 2002 年起,欧洲复兴开发银行开始将其业务外包给较小的外部服务提供商。该举措不仅降低了银行的外包费用,同时作为小型外部服务提供商的大型客户,欧洲复兴开发银行还获得了更多的关注和更大的便利。戈德斯通说:"虽然现在我们不得不与更多的供应商打交道,但是它们对我们投入了非常多的关注,因为我们在它们的客户业务中占据了非常重要的一个部分。"

由于欧洲复兴开发银行从一开始就有很高的外包比例,所以供应商管理与合同管理一直都是内部员工的一项非常重要的能力要求。为了能够使 IS 组织保持精简,银行将供应商管理整合进了大多数管理人员的固定工作中,而不是将其作为一项单独的职能。因此,为了能够胜任部门中的这些高级职位,这些职位的候选人必须表现出出色的供应商管理技能。

为了满足欧洲复兴开发银行的新需求,改变的不仅仅是外部服务提供商和合同商的数量和类型,内部的技能类型也相应地发生了改变。例如,随着一些项目的完成,所需要的项目领导理所当然地减少了,而对于业务与技术支持员工的需求却不断增加。不管是直接的支持还是通过更有效的外部服务提供商管理与合同管理提供的间接支持,这些新员工都提供了更好的应用和技术支持。虽然员工总数减少了,但是雇用的新员工提供了所需的能力,并弥补了能力上的不足。实际上,欧洲复兴开发银行成功地将缩减规模的挑战化为了改变 IS 团队内在能力类型的一种有效方式。

戈德斯通结合切身体验总结到,一旦企业从原则上制定了裁员的决定,就应该尽快向更加精简、精干的 IT 组织转型(裁员应该按照两个显著不同的阶段进行)。由于面对着业务和成本压力,以及组织变革的内在压力和不确定性,最好在公布决定之后尽快实施变革,同时使保留下的员工能够尽快集中精力于他们的新任务。

找到具有合适能力的合适的人,看起来好像仅仅是新型 IS 组织的一个必要条件。这的确是必要的,但是并不充分。好的人员可以弥补目标的不当与战略的失误。如果他们有足够的行动自由,他们将会找到正确的方法。但是即使有了好的战略和目标,如果组织雇用和保留了不合适的人员,造成的后果也将是无法挽回的。合适的人选可以正确处理糟糕的境况。但是不合适的人选,即使心怀善意,也只会将计划弄糟。

新型 CIO 领导要求一个具备新的知识、技能和品质(即

第八章

能力）的 IS 组织，这些能力与传统 IS 所需要的能力从根本上来讲是不同的，并且更加难以获得。如果无法获得这些新的能力，你将无法完成你的使命。最终你将无功而返，你很快会发现自己已经走上了一条错误的路径。

第九章　管理企业和 IT 风险

几十年前,一个记者问那个臭名昭著的美国银行抢劫犯威利·萨顿(Willie Sutton)为什么抢劫银行,他回答说"因为钱在那里"。今天,罪犯攻击计算机网络为的也是同样的原因:在今天这种数据驱动的服务经济中,那就是"钱"所在的地方。尽管新千年带来了对于计算机恐怖主义(cyber-terrorism)的新的担心,然而利用计算机进行犯罪(从恶意破坏到利益驱动的不法行为)的趋势,事实上这些年来一直在增加。同时,新的风险正在不断地出现。正因为存在上述这些问题,今天的 CIO 们比以往任何时候都处于更大的危险之中。新型 CIO 领导们必须勇敢接受这些挑战,并为他们的公司管理这些新的与以往不同的 IT 风险。[1]

找出 CIO 领导们必须面对的新威胁产生的原因并不困难。首先,最重要的原因就是由于大多数商业流程都依赖于 IT,使得 IT 出问题所造成的负面影响每天都在加大。不仅如此,世界上很多国家已经通过(更多的正在制定中)法律来

第九章

明确在商业行为中滥用或丢失企业数据,特别是关于客户数据的责任,在某些情况下要追究个人的法律责任。这些法律包括《欧盟数据保护法案》、《美国健康保险便利和责任法案》(HIPAA)、《萨班斯—奥克斯利法案》以及《加利福尼亚州数据库安全破坏通知法案》。(如果你不知道这些法案的要求是什么,那么现在就是开始与你公司的律师建立牢固关系的时候了!)

下面这些就不只是法律了。在高德纳公司最近对CIO们的一个调查中发现了四种新的风险,这些风险提升了IT供应方工作中风险管理的重要性:

业务间的内在联系:业务之间不断增加的内在联系加大了对信息的依赖,同时也增加了信息被偷窃和滥用的可能性。对于这些联系的错误管理是传统的IS范围之外的一种新型风险。

高管犯罪:这种形式的犯罪曾经制造了很多轰动的公司案件,新颁布的法律就是旨在减少这些违法行为和惩罚这些违法者。这些法律反映了在处理和保护信息时所遇到的新的法律风险。

客户对隐私保护的需求:不断增加的身份盗窃事件以及大量被盗窃的敏感私人信息等,都使有关隐私的问题得到了越来越多的关注。在保护隐私方面的失败是一种新的客户风险,不符合新的隐私法案是一种新的法律风险。

IT可能会出问题:在你的公司中,IT出了问题可能会影响到你的客户和供应商的业务,可能会对公司的声誉造成巨

管理企业和 IT 风险

大的破坏,并可能使公司陷入民事和刑事诉讼。

风险管理简介

现在几乎所有的交易,每一步的业务运作都离不开 IT。例如,现金和客户都是使用在线机制进入公司的。所以,不管讨论什么样的商业风险,你都必须专注于 IT 的风险管理。[2] 2003 年 4 月,《萨班斯—奥克斯利法案》对美国南方保健(HealthSouth)公司 CIO 的重罪指控清楚地表明了你应该对风险管理投入怎样的关注。你已经逃避不了这个问题了,不管你承认与否。

但是,你不能孤立地管理这些风险。太多的原因和结果是在 IS 部门控制之外的。公司必须确定风险管理的优先级,并将 IS 作为讨论的一部分内容。如果没有 CIO 的积极参与,公司就不能有效地管理这些风险。同时,CIO 们也必须积极响应新的 IT 风险的管理,并使之纳入公司风险管理的计划之内。

如果不能将 IT 风险管理和企业风险管理进行有效整合,将给企业带来巨大的风险,因为这两项风险管理对整个企业都有着巨大的影响。例如,一个安全或技术上的事故可能很容易就会跳出 IT 围墙,而发展成为一个公司事件,从而影响到客户保留、制度监管和公司形象。

这些特定的风险都与 IT 紧密相关,所以新型 CIO 领导已经成为承担这些责任的当然选择,即使这些责任和后果远远超出了 IS 部门之外。信息安全、隐私以及滋生于 IT 流程

第九章

和产品中的风险都是明显的例子。即使 CIO 不是领导的当然选择，IS 的参与对于成功也是非常重要的。

你必须是企业风险委员会的一员，风险委员会受董事会的领导，制定企业整体的风险容忍度。风险委员会（或许在你的组织中使用的是其他的名称）必须由高级管理人员组成，必须直接向 CEO 报告，同时必须管理跨业务部门的风险。当特定的业务部门出现了特定的风险，在这个业务部门内部也必须建立类似的委员会。这些业务部门的委员会应该同样包含你或者你的高级 IS 管理人员，以确保 IS 参与到风险管理中。

卢森堡中央银行：在巴塞尔 II 时代管理风险

创建于 1919 年的卢森堡中央银行（Banque Generale du Luxembourg）是卢森堡大公国最大的银行之一，拥有大约 390 亿欧元的资产。这家银行活跃于国内国际市场，在卢森堡发展成为金融中心的过程中扮演了关键的角色。

卢森堡中央银行的 CIO 米歇尔·多芬（Michel Dauphin）道出了风险管理中的最新变化：

> 当前金融服务中最重要的一个风险管理问题是关于资本充足率的新的国际规则，称做巴塞尔 II。目前，管理者们考虑的资本充足率的风险仅仅是信用风险和市场风险。巴塞尔 II 的要求更多，因为它包括操作风险以及使用更加精确方法估计的信用风险。这就迫使银行加强它们的风险评估和风险管理过程。

> IT 必须作出巨大的贡献,所有相关的巴塞尔Ⅱ数据必须集中采集来满足巴塞尔Ⅱ的计算。为此,需要进行大量的 IT 开发工作。为巴塞尔Ⅱ开发支持资本需求评估的系统需要 60—70 IT 人年(man-years)持续三年的努力。

> 我们在 IT 层次上使用 ISO17799(国际标准化组织规范)。它帮助我们识别有关 IT 安全、员工安全、业务持续性等方面的操作风险。ISO 标准定义了一个框架来改善我们的流程,使我们能更有效地管理风险。我们正在以此标准为基础开发一个由 IT 引发的业务风险清单,并应用此标准制定缓解这些风险的对策。

不仅要管理技术风险,还要管理源于业务对于 IT 的依赖而产生的业务风险,多芬和他的同事们识别出了以下业务领域中与 IT 相关的关键风险:

> 由于系统不可用或用户界面不友好而对业务人员的效率所产生的影响;

> 由于系统缺乏灵活性,导致对新的市场机会缺乏敏感度和快速响应的能力;

> 由于数据缺乏完整性,可能对业务产生的重要影响;

> 由于用户接口没有得到很好的管理,而产生的欺诈;

> 由于 IS 没有提供适当的报告方式,而导致的监管和法定报告的缺乏;

> 由于 IT 系统无法正常运行,而导致的员工情绪紧张。

"当然,我们经常不得不在风险管理和其他目标之间寻

第九章

求平衡。"多芬说,"为了做到这一点,你不得不衡量潜在的影响和缓解的代价,从而决定分配给它的资源。"

处理风险的四种基本战略

处理风险的传统方法有四种:缓解、转移、接受和避开。

- 缓解:减轻风险自身或其后果。要使缓解有效,企业必须采取足够的控制措施来降低风险事件的可能性或者减轻风险事件的后果。

- 转移:将风险向企业之外的其他风险承担者转移。要使转移有效,一些主体(例如保险公司)必须愿意并且能够承担这种风险。

- 接受:企业对于风险有意识的和自愿的承担(对于特定种类的风险,这叫做自保险)。要使接受有效,风险发生的可能性要足够小,或者风险的后果要足够轻,使企业能够承担。

- 避开:消除风险事件发生的可能性。对于大多数企业,避开表示退出一项业务活动或者一个市场,或者放弃一项产品。为了使避开有效,企业必须有退出的自由,并且愿意放弃与风险并存的机会。

缓解是管理大多数新型风险的基本策略。接下来,我们将讨论的是能够帮助你和你的企业降低那些直接影响风险事件的概率或结果的各种方式和方法。

对风险进行识别、检验、分类和防范

从来没有哪家企业可以做到完全安全,没有风险。风险管理的首要问题是,"什么风险是企业可以容忍的?"可以采用如下三个步骤找出问题的答案(与商业伙伴有关)。

首先,分析目标和威胁。为了识别风险,首先将企业作为一个整体描绘出其脚本(scenarios)。通过回顾你所做过的工作来开发你的业务知识和业务准则。对你的业务最重要的战略是什么?各个战略存在哪些主要障碍?市场、竞争对手、监管者以及其他人对于你的业务战略有哪些反应?是否存在单点故障(single points of failure,是指当某一个硬件或软件组件出故障时将引起整个系统不能为用户提供服务的故障。——译者注)?战略从哪里集中数据、资金、物资或者任何其他的有价值的企业资本?作为企业风险委员会的一员,如果你还没有建立这些脚本,你务必要将你自己的想法与业务同事们进行确认。

然后,将这些脚本应用于那些受风险影响,并暴露于风险之下的业务流程,越精确越好以避免陷于困境。征询你的IS高管的意见,以了解他们认为的在自己所涉及的业务流程中最重要的风险和潜在的后果。要让他们了解到,他们在自己的职权范围内对于风险负有最终的责任,不管其是否认识到了这一点。

并非所有的目标都是同等重要的。要运用诸如收入损失和市场份额减少等指标来识别和评价处于风险当中的资

第九章

产——业务流程、市场和数据库。要将声誉损失等无形指标转换（通过估算其对销售额和客户保留率的影响及带来的法律惩罚或罚款等）为经济形态的估算指标。另外一个估计资产价值的较好方法就是计算潜在的犯罪收益——这是促使外部人员进行攻击的价值。对于资产的损失可能会危及第三方的情况，你也应该估算因疏忽而造成的潜在责任。使用脚本建立公式来估算你识别的主要资产的脆弱度。下面有两个这样的等式。

脆弱度＝一年内可能的成功攻击的数量

或者

脆弱度＝总攻击数×成功攻击的百分比

在这个阶段的最后，你会得到一份清单，这份清单列出了每项资产的脆弱度。

第二步，计算每个攻击脚本的年度风险。如果你拥有有关对你企业的攻击以及你的对策的良好数据，完成这项工作可能相对简单一些，这个话题后面我们还会讨论。用下面这样一个等式来计算每一个脚本下的风险或者潜在的年度损失：

潜在年度损失＝风险的损失×脆弱度

然后，基于风险等级排列你的风险清单。这个步骤的结果就是一份你的风险优先级清单。

第三步，识别潜在的防御方案，并对这些方案进行权衡以应对风险。一旦制定了可能的防御方案的清单，你应该对照四条标准对其进行检查：

1. 费用。
2. 与企业目标的一致性或协调性。
3. 对业务流程的影响和变更业务流程的成本。也就是说,这些流程是否需要重新设计?
4. 对当前和未来风险管理方案的影响。也就是说,你是否需要保持住昂贵的难以得到的技能和知识?这种防御方案是否会限制缓解其他风险的灵活性或能力?它是否可以提升长期的而不仅仅是短期的风险管理能力?

一旦你完成了识别风险的流程,你就需要对它们进行分类,在同类风险中和不同类风险中分别对风险进行比较,并将风险管理的任务具体到人。另外,你应该对识别的风险状况和已经采取的风险管理措施进行定期报告。组织中的每个层次的管理者都必须聚焦于其职责范围内大约五到七个主要风险,并且定期向其上级汇报。即使在企业的其他部门中还没有采取这种措施,你也应该领导你的 IS 团队来设置最高等级的风险管理。这样做可以在很大程度上提高你和你的新型 IS 组织的信誉度。

新型 CIO 领导风险管理的首要任务:信息安全

尽管新型 CIO 领导者必须在 IT 导致风险或者有助于缓解风险的各种情况下领导整个企业的风险管理,然而处于 CIO 风险管理议程中最重要位置的一个问题是信息安全。这是最大的 IT 相关风险领域之一。信息安全可能会带来最

第九章

大的不良后果,所以信息安全无疑成为了 CIO 和 IS 部门的主要职责。让我们来看看一个 IS 团队是如何基于企业目标进行安全风险管理的。

BT Wholesale：IT 风险管理保卫商业信誉

BT Wholesale 已经将管理新型 IT 风险融入了其战略和治理流程之中。这家公司向英国境内超过 500 家的通信公司、网络运营商和服务提供商,以及其他 BT 分公司例如 BT Retail 和 BT Global Services 提供综合的网络服务。

公司 CIO 菲尔·丹斯(Phil Dance)解释了公众信任的重要性:"BT 处在一个公众信任的位置上。人们希望能够打电话。当他们拿起电话拨出号码时,他们希望能够连接上。如果我们失去对网络的控制,人们就不能打电话了,这将会成为一个非常尴尬的公共事件。我们必须对我们的声誉给予重点关注。"

为了保卫声誉,风险管理一直就是一个最高优先级的工作。BT Wholesale 已经采取了企业级的风险管理方法。丹斯说,整个企业的高级管理人员都被要求审视他们自己的责任,识别他们各自领域内的风险,并且制定缓解风险的战略。"为了识别风险,我们组织了正式的风险管理会议。我们采用了各种各样的方法,包括头脑风暴法,来寻找重大的风险,并制订了减缓这些风险的行动计划。然后我们使用通用的方法来记录和管理这些风险。这些都是非常恰当的标准风险管理,并且很好地融入了企业文化之中。"

"但是对我们来说风险管理已经改变了。向电子商务（e-business）的过渡成为了新的风险的源头。你将自己向真实的风险开放，各种新形式的网络攻击能够方便地进入你的业务系统。而且你不知道什么时候会出现攻击，以及这些攻击将来自于何方，将采取何种形式。"

由于面临的威胁已经变得越来越严重，BT Wholesale 不得不采取复杂的解决方案。不仅仅遵循传统的智慧，这家公司还评估了应对各种形式风险的可能方法。例如，BT Wholesale 曾经广泛地研究了它的网络在暴露于一个破坏性电脑病毒下的最佳应对方法。事实上，因为人们不可能知道攻击何时会发起，会来源于何方，BT Wholesale 决定假定它的网络已经受到威胁，并且为了减轻这些威胁而进行了大量的工作。

公司实施的一个方法就是根据运行在网络上的服务来分割其 IP（互联网协议）网络。数据处理的网络与管理硬件系统（路由器、开关等）的网络是分开的。这就使得公司把交换网络（switched network）封锁起来，极大地降低了网络被攻陷的可能。当然，在设计 IP 网络时，确实是只有一个网络。但是从一个风险管理者的观点来看，只有一个网络将是非常危险的。在一些报道过的案例中，那些管理中枢较弱的服务提供商被一种病毒感染后，很快失去了对其核心网络的控制。由于丹斯致力于在 BT 中提供信息安全风险管理，他对于企业风险管理立场的理解表明，网络和信息安全对于网络效率是至关重要的。

第九章

制定一个正式的安全政策

进行信息安全风险管理的第一步是制定一个正式的安全政策。安全政策就是一系列的业务原则,它体现出企业对于风险的容忍程度以及执行这一立场的安全措施。政策为艰难的选择和权衡提供了一个制度上的解决方法。同时它也对哪些后续的行动(例如获取内部资源或进入特定的外部网站)是必须监控、报告和标记的作出了定义。政策必须基于行业标准,例如 COBIT 或 ISO17799,因为它们体现出了安全计划的标准,并为全面的安全评估和管理提供了基础。

安全政策的起点基于公司对于风险的态度。例如,决定什么时候实施新技术是风险管理决策的一部分。相对于潜在的信息安全弱点,公司是否更关注于变革(新技术总是与信息安全弱点如影相随)?你只有在完全熟悉企业风险管理立场的情况下,才能回答这个问题。

你需要通过清楚、恰当的安全治理安排识别出谁负责制定关键的决策,以及谁对信息安全相关事宜负责。正如你在IT 治理中具有一系列的决策领域(原则、架构、投资和优先级等)一样,对于一系列安全领域的决策,你的公司也需要清晰的治理系统。这些决策至少应该包括风险战略、安全政策、安全架构和业务应用安全等(见表 9-1)。

使用风险战略决策来决定哪些行为是可以接受的,同时在企业的安全政策中反映你的决策。如果你不给你的员工分配具体的实施政策的责任,并确保其贯彻执行的话,政策当然也不会发挥应有的作用。最后,你必须选择采用哪些技术和流程来确保企业的安全,基于你的政策作出决策,并且在动态的基础上管理这些技术。

在动态的基础上管理安全流程

安全管理必须是以事实为基础的管理。正如那句格言所说,"可测的就是可控的"。要确保你有能力根据你的政策衡量你的安全。最好的方法就是,第一步在首席安全官(CSO无论这是不是一个专职的工作)的领导下集中IT安全事故和状态的报告。很多企业并不进行有关攻击以及对攻击的响应或者抵御效果的统计。在最近《CSO杂志》所进行的一次调查中,几乎一半的CSO的回答是没有追踪所有的攻击或者没有向警方报告网络犯罪。[3]如果没有衡量标准,一个企业的信息安全就无从考量。衡量标准应该包括攻击的类型(成功和不成功)、攻击的人(如果知道的话)、攻击的目标、攻击的效果和抵御单次攻击的成本,以及攻击造成的损失。(第十章将介绍更多有关创建有效的仪表板以监控进程的方法。)

你应该通过考虑如下问题来为你的安全流程提供一个较高等级的评估:

- ➢ 你是否重新审视新应用的安全架构,以帮助确保安全漏洞不是从开始就固化在系统之中?
- ➢ 你是否不断地管理用户入口和软件配置以避免攻击的成功突破?

第九章

➢ 你对事件的反应在多大程度上接近于实时？
➢ 你的备份、恢复和业务持续性规划的状态如何？

表9-1 安全治理安排矩阵

类型	领域							
	风险战略		安全政策		安全架构		业务应用安全	
	输入	决策	输入	决策	输入	决策	输入	决策
业务君主制		Mgt Board						
IT君主制					IM Leader, Sec Arch Comm	Dir of Info, IM Leader		
封建制								
联邦制	Mgt Board, IMSG		IMSG, IM Leader				Sec Arch Comm, Biz Liaison, Biz Proc Own	
双寡头制				IMSG, IM Leader				Biz Proc Own, Sec Arch Comm

治理机制：
Mgt Board：管理委员会　　　IMSG：信息管理指导小组　　　Dir of Info：信息经理
IM Leader：信息管理领导小组　Biz Liason：业务联络官员
Biz Proc Own：业务项目主管　Sec Arch Comm：安全架构委员会

资料来源：安全安排矩阵取自 Peter Weill 和 Richard Woodham 发明的 IT 治理矩阵，"Don't Just Lead, Govern: Implementing Effective IT Governance," April 2002 (MIT Sloan CISR working paper 326)，使用得到许可。

在你的 IT 安全体系中，不要忽略内部人员

当 CIO 们试图为信息安全提供有效的风险管理时，他们中的很多人陷入了一个误区：在保护他们的企业免受来自外界攻击的同时，他们并没有考虑到来自内部的威胁。前面我

们提到的BT Wholesale在防范外部攻击的同时,还采取了一个重要的步骤,那就是同时开发了控制内部有意识攻击的方法。事实上,数据表明,最具破坏性的攻击往往是由内部人员发起或协助的。尽管很多新的风险确实是由外部进入企业的,然而你也必须比以往任何时候更多地关注来自内部人员的威胁,包括那些处于较高职位的内部人员。

尽管不能根除这些风险,然而你可以通过认真监督你的员工来降低这些风险。这里有一些降低内部风险的简单步骤。首先,最重要的就是将验证新员工和新提拔人员背景的政策安排到位。如果不这样做,危险是显而易见的。例如,俄亥俄州的美国癌症协会雇用了一个涉及偷盗和欺诈等三项轻罪和两项重罪指控的员工。到2000年,这个员工已经从IS部门提升成为首席行政官,并且已经盗走了将近700万美元。[4]

你也必须加强对员工的培训,提高他们对安全政策和自身承担的安全责任的意识。很多安全问题都是由于公司员工的疏忽造成的。美国国防部门的报道称,到目前为止外部人员突破安保的最普遍方法就是打电话给部门人员并询问敏感信息。[5]企业的员工有多少人知道什么信息是他们可以或不可以提供给外部人员的?当然,你所采取的任何培训都应该经常重复进行,以提醒那些通常不是每天都考虑安全问题的员工,确保新员工能跟上速度,并最终建立必要的安全文化来支持企业的风险管理。

第九章

安全架构的演化

除了政策和流程之外,你必须采用长远的眼光来审视你的安全架构。企业的安全架构从历史上来看多基于堡垒模式:静态且没有区别的,难以改变的,特定的位置,信任一组有限的机制(坚固的壁垒和一扇上锁的大门)。坚硬的松散的表面保护一个柔软的紧密的内部。门外的任何人都是受怀疑的;内部的任何人都是可信的。一旦你跨过了这道门,你可以做任何你喜欢的事情。

今天出现的是一种新的与现实风险更加合拍的安全架构——要知道信息安全都与风险管理有关。这种出现的架构叫做机场模式。它比堡垒模式更具灵活性、情境性,包含基于角色的多样的安全地带。通往这些地带的"门"可以根据个人的角色和地带的任务,使用多重技术来进行识别、授权和出入控制。结果就是大堡垒中出现一系列小堡垒。

基于当前的企业趋势和现有技术,机场模式目前运行良好。然而,对于一个高度网络化世界来说,最终结果是点对点的动态信任模式。从网络上的任何一个用户到另外一个用户,动态信任都需要点对点的授权和信任。这种模式使用多种重叠技术或者替代技术,并且要求交易中的各方都必须自行识别和授权,并且证明他们的参与权。这种基于规则的动态信任安全模式涉及个人和环境状况、历史和当前的网络和环境状态,以及附加的应用层模式的保护。这个模式相应地最适合于一个拥有智能无线设备的人口众多的世界。

所有的三种模式分别对应于特定的风险和时期。堡垒模式适用于主机时代。机场模式适用于当今大多数的企业。点对点模式将会适用于一个在任何时间和任何地点数据都可以进行无线连接和传输的世界。

确定你已经采取了这些战术步骤

到目前为止我们一直聚焦于信息安全的风险管理战略。但是,如果我们不实施一些我们应该立刻采取的特定战术行动,那我们就太过疏忽了。这里就是这些相应的战术:

- 确保审查踪迹不被操纵和消除,包括那些相关电子文档的访问和修改。
- 要求 IS 员工执行一组操作规范,以识别非正常的访问,并且将责任赋予 IS。
- 监控含有关键数据的系统入口,并且对外宣布系统处于监控之中。特别要注意那些访问超出他们正常职责和行为之外的系统的内部人员。
- 将访问权限与确定的角色或职位绑定。设置明确、公开的限制;当超出限制权限时,进行监控和相应的调查。
- 花时间和公司法律顾问一起充分研究可能对你的业务产生影响的所有新的或正在引入的法律规定。当前的法规包括《萨班斯—奥克斯利法案》和《健康保险便利和责任法案》(美国)、《特恩布尔法案》(英国)和

第九章

《巴塞尔 II》(欧洲)。
> 实行经常性的、常规的、定期的测试。对 CIO 们非正式的调查表明,大多数企业都有一套应对突发安全事件的计划,但是只有极少数的公司真正地定期检测这些系统。
> 制定明确的政策来保存和管理电子文档,包括电子数据表、电子邮件、文字文档和其他任何对管理决策和报告有用的东西。

有一个问题你可能想要知道,那就是从哪里获得预算来完成所有的这些工作。切记,你必须在威胁和防御之间取得平衡。所以,首先,将上面提到的与企业相关的步骤进行排序。其次,记住这些风险管理问题不仅仅是 IS 部门的问题;它们是企业的问题,并且需要采用相应的处理方式。你需要确保你的高管同事和董事会了解这些风险,同时要确保缓解风险的努力符合董事会的风险管理标准。然后,就可以在企业层面上就如何分配美元和资源,以及如何确定可接受的风险等级进行决策了。最后,记住我们曾经讨论过的那些可能的投资选择,它们当中的很多种都适合为安全项目申请资金。

持续地监控安全安排和相关的费用

总之,我们不断重复安全是一个流程,而不是一个不变的状态。安全不是——而且永远也不是——一个你能达到的目标。它只是一个你在不断变化的环境中为之奋斗的目标。

　　监控你的安全安排，首先要确保它们是有效的，其次要确保你自己和你的企业在安全安排上的成本效益。你也需要经常回到这个流程的起点——风险和缓解风险的费用总是不断快速变化的。你必须确定你仍然在采用最高效的方式抵御最重大的风险。我们相信，大多数企业很快将会被要求向多个官方机构提供安全状态信息。那些安全计划不成熟的企业将会增加15%的安全投资来满足上述要求。

　　根据一个由高德纳所作的调查的结果，我们发现，减轻一个成功的攻击所造成损失的成本至少要比避免攻击的成本高出50%。那些聚焦于现实风险和监控其降低风险项目效果的企业将得到最高的安全投资回报。长期而言，最好且最经济的做法就是在被法律规定或真实攻击强迫之前制订一个有效的计划。

　　安全开销和人员配备的行业标准可以为总的防御成本提供一个初步的检验标准。行业范围内在安全方面投入的费用从2001年IT预算的3.3%增加到了2003年的5.4%。此外，高德纳的研究表明，这项增长将一直持续到2006年。由于安全费用的持续增长，很多CEO可能会问："我们的安全开销以每年超过20%的速度增长，我们的安全状况更好了吗？"那些不断增加安全投入，却无法应对不断变化的威胁和追踪关键绩效指标的企业，将不得不面临限制或降低它们安全投入的压力。

　　企业风险管理，而不仅仅是IT风险管理，将成为新型

第九章

CIO领导日常工作的一部分。如果你还不能完全习惯于风险管理的方法和程序,那么今天就开始你的培训吧。你是那个最有可能担负起让其他高管意识到与技术有关的风险这一任务的领导。与此同时,你需要富有侵略性地不断攻击企业风险中最大的一个领域,同时也是你直接负责的一个领域——信息安全。信息安全的风险管理和企业总体的风险管理对于新型CIO领导的信誉度而言同等重要。

第十章　传达你的绩效

设想一下,你是一位拥有几十亿美元资产公司的 CIO。你刚刚向董事会的董事们就公司最大业务部门的 IT 赋能提案进行了汇报。董事会正在休会,你被邀请留下来聊天休息。

就在你认为自己已经稳操胜券时,一名董事会成员,一个大型州立养老金组织的领导,公司的主要投资人,手里拿着百吉饼来到你面前,对你说:"讲得不错。"

你还未来得及表示感谢,他就开门见山地直入主题。

"我拿到了你刚才提交的计划,没有问题,对业务很有意义。但现在请告诉我,你到公司的三年来,IT 支出已经从 7% 上升到了 11% 还要多。我们从中得到了什么呢?我的意思是,我们能从 IT 中得到什么业务价值呢?"

你能快速地回答这个问题吗?

我们知道,许多 CIO 宁可亲自花费两周时间为 CEO 安装家庭计算机网络,也不愿意回答这样的问题。

第十章

就在那一瞬间,对于股东的问题,你有具有说服力的答案吗?新型 CIO 领导必须具备回答这个问题的能力。

即使你的 IT 支出正在下降,你仍然需要一个好的、精练的答案来直截了当地说明 IT 在公司中的业务价值。如果你仅仅指出 IT 成本正在下降(这个答案是以成本为导向的,而不是以价值为导向),那么你也有麻烦,也许他会说你的 IT 成本不应该下降得这么厉害。

实际上,我们向你提出的问题是:你已经作好准备来回答股东关于 IT 价值的问询了吗?具体包括两个方面:

> 事实上你真的知道如何回答股东的问题吗?你知道 IS 处于什么地位吗?在你的公司里 IT 是如何进行投资的,IS 组织是如何对业务价值作出贡献的?还是你将不得不回到办公室去想出一个好的答案呢?

> 如果你掌握这些信息,你知道如何将你了解的内容传达出去吗?对于同一个问题,你回答股东的方式与你回答公司某位业务部门领导或者是流程领导的方式应该是不同的。

本章将集中讨论那些有关掌握和传达绩效这两个方面的问题,对于不同的对象(例如股东、CEO 或其他同事)以及正在谈论的不同的 IT 相关投资类型(例如新项目、现有系统或新业务流程)所应采取的方式也是各不相同的。[1] 如果你无法按照股东关注和理解的方式对你的业绩进行有效的传达,那么你就不可能继续停留在通向新型 CIO 领导的道路上。

传达你的绩效

你应该通过以下三个方面了解你的现状,并且予以传达。这需要从宏观层面开始,并且逐步展开:
1. 清晰地阐明最高层股东对于IT的价值,以便企业董事会和股东获悉这些情况。
2. 识别和报告那些明显地、直接地与业务价值指标相关的IT价值指标。
3. 用与业务相关的语言创建有效的IT绩效仪表板(有时也称为计分卡)。

这些都是关键问题,因为它们直接影响着对IT和IS的理解,而这些理解直接影响到你的影响力、信誉度、自由度和你将获得的资源。

清晰地阐明股东价值

我们就以前面我们提到的情况——股东提出了问题:"在你的企业中IT的业务价值是什么?"——作为开始。

今天,这个问题及其提问者给你和其他大多数CIO们提出了一个充满矛盾的问题。实际的情况是,目前在企业希望从IT投资中获得的业务价值与股东及投资分析家们用来评估企业价值的标准之间存在着很大差异。然而,作为一位新型CIO领导,你必须消除这种差异。

至今,投资者并不经常过问IT投资的事务,但是这天很快就会到来。随着业务越来越多地基于IT,技术对于股东价值贡献的重要性将会不断增加。这给新型CIO们带来的挑战是,怎样才能有效地使投资者、外部董事以及他们的同事

第十章

们了解信息和技术资产（包括员工的能力和专业技能）是如何创造股东价值的。CIO需要作好准备帮助CEO和CFO了解并解释IT与业务价值之间的关联。

我们现在的目的是缩小在IT投资利益的内部分析（这通常以业务单元为基础）与IT资产对股东价值的贡献（这通常是站在整个公司的角度）这两个方面之间的差距。许多投资者、分析家和评论员们发现，IT公告中的技术性语言是令人费解的。如果这些语言对于他们来说是难以理解的，或被层层包装感觉就像是在进行营销炒作，他们就会认为这种信息是没有实际价值的。对于他们来说，难以理解信息的结果就是不关心、不认可，甚至是怀疑。

连接IT和股东价值的三个挑战

毋庸置疑，解释清楚IT投资和股东价值之间的关联是不容易的。投资者依靠财务数字、公共评论和产业分析来评估企业当前的状态和未来的绩效。他们所作的评估一般是不深刻的，因为他们获取不到必要的信息或者不愿意为了弄懂这些信息而花费过多的时间和精力。

其中三个方面的挑战使得这种针对股东的信息传达变得更加困难：

1. **失败的挑战。** 即使成功地传达了IT投资所产生的预期业务利益，但是那些利益常常还不能在承诺的期限内产生，或者根本就不会产生。据统计，大约30%—50%的IT项目会以失败告终。如果你正在投篮，那会是成功的迹象；但在商业里却是失败的迹象。这种失败应由IS小组和业务经理共同承担。IS小组没能传达这些风险，业务经理没能理解或管理这些风险（就如他们在其业务的其他部分管理风险一样）。这样就会使股东们深感怀疑。

2. **商品化的挑战**。尽管IT的具体价值常常是难以确定的，但是每个公司都对技术项目投入了大量的资金。看看还有哪些主要的制造商还未实施ERP系统？还有哪些组织还未使用电子邮件来更加有效地合作？结果就是，技术带来了战略利益，然而使股东察觉出这种价值变得更加困难了（这也是为什么企业需要的不仅仅是首席技术员，而是新型CIO领导的主要原因之一）。

3. **语言的挑战**：人们习惯上用技术术语而不是价值术语来描述IT投资。这种过错应由IS小组和业务经理共同承担。他们双方都没有作出必要的努力来向股东传达IT真实的业务价值。结果是，最好的情况下，对价值的理解成了一种"猜谜游戏"；最坏的情况下，则根本就无法理解这些价值。

如果你已经实施了前面谈及的准则流程和治理流程，你将会顺利解决这些问题，或者至少会缓和这种失败的挑战。应对商品化的挑战也要依靠治理，特别要依靠那些在商品化和创新性投资之间实现了平衡的IT赋能业务项目的投资组合。但是正如我们所指出的，今天商品化的技术并不总是生

第十章

来就是商品的,正像现今许多新技术出现了多年并没有普及一样。今天仍然可以从商品化技术的创新活动中获得竞争优势。正如第六章所述,饮料罐的制造商雷盛公司使用任何人可以得到的现成的"商品化"软件,获得了重要的竞争优势,这种竞争优势使雷盛公司在成熟的、商品化的行业里掌握了定价权。如今的技术优势主要在于把技术整合到产品、服务、流程中的方法,而不是技术本身。

克服语言的鸿沟

传达IT价值的第三个挑战是语言鸿沟。展示IT投资对股东价值贡献的关键是把IT的业务利益和股东价值的驱动因素连接起来。分析家把众多的股东价值驱动因素简要归结为四个主要方面:顶线(营业收入)增长、底线(利润)增长、投资回报率以及声誉。

顶线增长

为了评估顶线增长,股东通常希望了解以下几个问题的答案:收入增长有多快?为了使收入增长得更快,企业制订了什么计划?这个计划的可信度如何?部门执行得怎样?竞争对手正在做什么?有别的替代品对我们主要的赢利产品构成威胁吗?供应链的决定力量在哪里?它是有利于你,还是有利于供应商或消费者?产业的动态趋势是什么?

当企业开拓新的市场和客户时,通过使用比竞争对手更能适应市场变化的系统,IT会对顶线增长产生影响。通过使用追踪系统来确保在与客户的交互、靶向促销、交叉销售和客户生命周期管理方面的一贯质量,IT可以提高客户保留率,这同样会对顶线增长带来影响。

底线增长

股东希望得到回答的其他问题有:利润增长有多快?竞争压力挤压掉利润了吗?成本处于控制之内吗?产生大笔销账了吗?

当IT项目支持质量提升和成本降低时,有助于实现利润增长。企业利用IT可以使产品的次品率下降,这样会提高质量,降低成本。IT也能减少返修的处理成本,消除更改发票的需求。这两项改进也为企业节约了资金,带来了利润。

投资回报率

股东也会提出一些有关投入资本的问题:企业的投资回报率有多高?回报率遵循什么趋势?回报率大于资本成本吗?企业的信用等级有多高?企业的资本成本会随着投资计划或信用紧缩而增长吗?企业能够在保持回报率的同时保持增长率吗?

IT能够通过支持知识共享和成本降低的项目来帮助改进资本回报率。通过把内部的有关进度计划和优化方法的最佳实践引入到整个企业,企业能够改进操作,这样就能使投入的资金产生更高的报酬。通过建立与合作伙伴和供应

第十章

商的网络,企业能够从资产负债表里剔除非生产性资产,降低供应链成本,这两项工作都能够提高资产利用率。

声誉

最后,股东想要了解企业的声誉。经营记录有多好?企业报告的财务状况的可信度如何?企业是否可以恰当地应对产业力量对企业业绩与增长率的抑制?有任何隐性的环境、安全、产品责任或操作问题吗?以前管理层能够适当地处理这样的问题吗?管理层应对业务风险的总体效果如何?企业有利润增长的记录吗?

通过提供监测机制和支持目标明确的知识资产提案,IT能够有助于监测和控制业务风险因素。此外,IT还通过维持业务连续性、遵循保密性章程、实施安全措施来帮助企业维护自身的声誉。

清楚地表达

正如我们所讨论的,在投资者和分析家所考虑的因素和IT赋能的业务方案所带来的利益之间存在着关联。但是如果不能清楚、简洁地把这种关联表达出来,它所能产生的影响将是微乎其微的。

投资者和分析家关注的是像销售额和利润增长这样的结果,这些指标表示了任何项目能给企业带来的最大利益。而另一方面,你和你业务同事,可能是在业务单元层面上描述这些收益,并且可能采用的是操作层面的术语,而不是收入和利润等术语。

为了克服语言上的挑战，必须把那些收益发掘出来，并把它们提升到前面所述的四个驱动因素的水平上。IT投资收益常常是用技术术语进行表述的。例如，在一个与我们合作的公司里，我们发现他们是这样描述数据库软件升级到最新版本所带来的好处的："版本X能够容纳78%以上的并发事务，同时能够剔除50%以上的多余的记录锁。"让人吃惊的是，这居然是我们遇到的一次较好的收益陈述，因为它至少包含了一些定量性的内容。但真正的业务价值却完全没有表述出来，股东价值被完全掩盖了。

接受语言挑战需要串接好三种术语：技术、企业收益和股东价值。技术术语涉及比特、字节、时钟速率等等。企业收益术语包括对相关收益的陈述，比如赢得顾客、提高敏捷性、增加进入区域的市场份额、良好的知识资产管理、提高质量、降低企业成本，这类描述都是你的新IT准则和治理流程应该强调的。而股东价值术语则是相对简单的。它集中于前面描述的四个驱动因素：顶线增长、底线增长、投资回报和声誉。要对主管和股东传达IT价值，必须通过这三种术语把每个技术性投资串接起来。例如，可参考表10-1，该表列出了一些表述，这些表述将技术收益转化成企业收益，然后再转化成股东收益。

第十章

表 10 – 1　向主管和股东传达 IT 价值

怎样把技术收益术语转化成企业收益术语,然后再转化成股东收益术语。

技术收益	企业收益	股东收益
版本 X 能够容纳 78% 以上的并发事务,同时能够剔除 51% 的多余记录锁。	版本 X 通过将订单处理所需时间平均减少 8% 来降低成本,并且通过确保正确地更新数据来提高质量。	这种投资将改善我们的利润,因为它降低了事务部门的办公成本,减少了由于错误的订单处理而使客户退货的次数。

抓住每个机会传达股东价值

投资者根据从 CEO、公司的其他高管以及与投资者相关的人士那里得到的信息,形成他们自己对于企业价值的看法,尽管这些信息已经被媒体、分析家和其他评论员加工过了。企业可以通过许多方式与投资者交流:分析员热线、年度股东大会、杂志或报纸访谈、会议上的特邀演讲,等等。这些交流需要围绕投资者感兴趣的四个驱动因素建立一个清晰的信息平台。IT 投资带来的贡献应该构成企业信息的一部分。

如果 IT 价值信息能够被清晰地表达出来,你就建立起了自己的信誉度,但是你必须帮助 CEO 和 CFO 了解他们计划要讨论和解决的有关公司的情况。你必须花费精力来挖掘连接企业 IT 投资和股东价值的数据,然后把这些数据转化成适合 CEO 传达企业战略的市场相关信息。

根据我们同一些 CIO 们一起工作所得到的研究成果与

经验,对于如何传达你自己的信息以及如何与CEO的信息整合,我们总结出了如下几个要点。

警惕风险,包括法律陷阱

当然,向公众传达企业战略存在许多风险。要意识到,你就IT及其对整个企业健康发展所起的作用而向外界进行说明所采用的方式不同,可能带来的风险也不相同。

总之,风险会随着互动交流的增加而增加。对于CIO,甚至是新型CIO领导来说,最可靠的传达方式是一些打印出来的文档报表,比如年度报告,这样随后交换意见的机会就大大减少了。风险会随着开放的、无限制问题的自由讨论的引入而急剧上升。最大的风险是一对一的面谈,比方说,与分析员或主要投资者之间的直接面谈。而另一方面,这种直接沟通方式如果处理得好,对领会你的信息来说可能是最有效的。

与法律专家交谈来充分了解公开声明的法律责任是一个很好的想法。接受媒体采访时,要非常清楚企业的政策,并要确信你接受过较好的媒体采访训练。这种训练越来越成为每位高管人员应该掌握的一项基本技能。你也应该具备这种基本技能。

把你的表述与业务成熟度相匹配

当你准备表述有关IT相关项目如何驱动股东价值的时候,不要忘记结合业务环境和企业成熟度来陈述自己的观

第十章

点。环境和成熟度决定着你的高管同事们对外讲述的故事。将这两个方面进行良好的结合是非常重要的,因为投资者在企业业务生命周期的不同阶段期待的增长驱动因素是不同的。企业收入的主要部分来自新业务还是成熟业务呢?

　　如果你的企业获得的股东价值的主要部分来自不成熟的市场,例如在线交易和生物技术公司,那么你就可以选择报告IT是如何改进研发投入与营销成本效率的,因为这些都是开拓新市场的重要驱动因素。如果创新是关键因素,你可以选择强调IT对产品开发时间、专利数量以及新产品收益的贡献。

确定一个主题并坚持下去

　　表述企业信息时应该经过仔细、慎重的考虑,如可预测的利润率就该在企业的每一部分传达。作为一位IS的领导,你的职责就是在IT投资的背景下反复体现这个主题。如果把可预测的利润作为主题,就要讨论IT是怎样促进企业赢利并且使利润更加可靠、更加容易地被监测的。但是如果企业的主题是快速增长,就要突出IT在拓展市场份额和获得更多的收入这些方面的贡献。

　　如果你始终无法精确地确定主题,那么就要集中于股东价值的四个驱动因素。把你的内部商业方案的收益转化成这些市场驱动因素。信息一定要简明。投资者首先希望得到一个美好的前景,随后再由他们去发掘。

清晰地传达IT价值的好处

投资于企业的IT资产的确会创造股东价值。你的职责是站在股东的立场上把这两者联系起来。这需要集中于股东价值的四个驱动因素，并就目标交流对象采用正确的沟通方式——这些交流对象是一群利益相关者，即股东和投资者——这对你来说可能是一个新的挑战。这可不是一件容易的事情，但我们发现越来越多的CIO已经成为公司与投资团体和媒体进行对话的发言人之一。作为CIO，即使你并不总是处于前台和中心，但是你的关键角色是准备详细而准确的信息，并确保CEO和CFO能够对企业的IT投资如何创造股东价值有一个清晰的总体认识。

整合业务价值衡量标准和IT价值指标

快点！你会对以下情况作出怎样的反应？

你正在和CEO开一个例行的讨论会，主题是明年的预算。你已经降低了IT成本——表现为其占销售额的百分比的下降——但你的老板已经考虑到了另一个衡量指标。

"十年前，"他说，"IT投资占我们资本预算的15%。去年超过30%，明年还将上升。这已经超过了我们的税后利润。我希望所有那些投入的金钱能够带来更满意的企业赢利。"

你对CEO的反应感到惊讶吗？或许你不应该对此感到惊讶，除非你为特别文雅的CEO工作。

第十章

似曾相识？既是又不是。在前面的章节，我们从股东的立场出发，集中讨论了IT赢利的问题。我们设法指出优势是怎样集中于最大的、最高级别的业务指标的：收入增长率、投资回报率等等。但你现在是企业的核心成员，可能需要关注别的方面，作出不同类型的答复，这种答复能更清楚地表明IT为业务带来的回报。

不幸的是，大部分业务高管仍然认为IT投资和具体企业利益之间的关联有点儿难以理解。另一方面，许多我们熟悉的IS高管假设这种关联是明显的。我们经常会听到他们作出类似下面这样的陈述：

> "了解我们与每位顾客的所有关系意味着我们需要有精确的、实时的、相关的且随时可用的客户数据。在这方面IT是非常重要的。"

> "要提高我们对市场的反应速度，需要在研发人员、计划人员和营销人员中建立起高质量的信息通信支持。在这方面IT是非常重要的。"

> "降低成本意味着需要使我们的流程合理化。在这方面IT是非常重要的。"

不幸的是，这些关于IT和业务之间联系的陈述常常没有切中要点，甚至适得其反，因为它们不具体并且没有以文件的形式表述出来。如果这些陈述没有形成文件，说得好点儿，是没有根据的断言，说得不好点儿，就是使私利合理化。在业务高管们询问有关IT对公司业务的价值的问题时，新型CIO领导必须能够迅速、简洁地依据业务高管们所关注的相关衡量指标进行回答。

为什么价值问题很难回答？

图 10-1 以图解的形式显示了为什么得出 IT 投资与业务价值之间的联系是特别困难的。该图表显示，IT 投资在两个最低的层次上是必需的：基础设施和 IT 应用。但是，主要由业务经理制定的业务价值衡量标准关注的是较高

图 10-1　业务价值衡量标准的层级

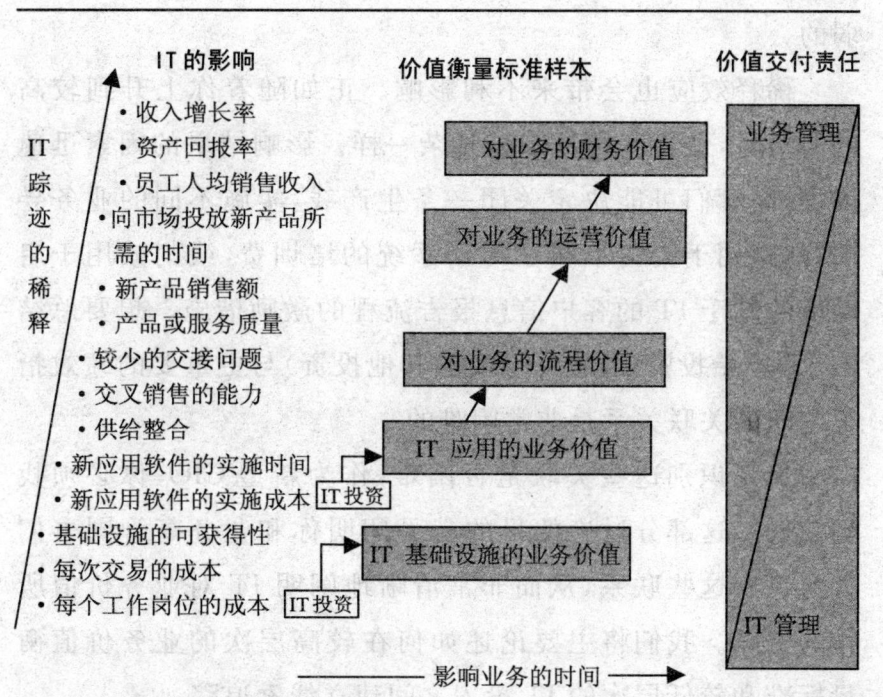

IT 踪迹的稀释	IT 的影响	价值衡量标准样本	价值交付责任
	·收入增长率 ·资产回报率 ·员工人均销售收入 ·向市场投放新产品所需的时间 ·新产品销售额 ·产品或服务质量 ·较少的交接问题 ·交叉销售的能力 ·供给整合 ·新应用软件的实施时间 ·新应用软件的实施成本 ·基础设施的可获得性 ·每次交易的成本 ·每个工作岗位的成本	对业务的财务价值 对业务的运营价值 对业务的流程价值 IT 应用的业务价值　← IT投资 IT 基础设施的业务价值　← IT投资	业务管理 IT 管理

← 影响业务的时间 →

资料来源：摘自 Peter Weill and Marianne Broadbent, *Leveraging the New Infrastructure* (Boston: Harvard Business School Press, 1998), 50。

第十章

的层次。随着时间的推移,成功的 IT 投资将会在全部五个层次上改进业务价值衡量标准。较不成功的投资也许会在两个较低层次上表现出积极的效果,但绝对没有足够的能力达到更高的层次。

不幸的是,许多 IT 投资似乎被归入"较不成功的"类别。为什么?主要归因于时间与稀释效应。

要把 IT 投资利益提升到较高层次是需要时间的。而那些层次的价值衡量标准趋于滞后。直到 IT 赋能的投资产生了利益前,与 IT 原始投资收益的任何关联信息似乎都是微弱的。

稀释效应也会带来不利影响。正如随着你上升到较高的层级时,世界变得越来越复杂一样。影响结果的因素迅速增加,高管们可能决定关闭一条生产线,实施不同的业务导向,削减用于销售人员学习新系统的培训费,或削减用于启动新的基于 IT 的客户信息报告流程的激励措施。想要总结出 IT 原始投资(或较低层次的其他投资)与更重要的绩效指标之间的关联关系是非常困难的。

无论识别这些关联是否困难,作为新型 CIO,你必须找到它们。这部分讨论的目的就是阐明你和业务高管同事们如何识别这些联系,从而非常清晰地阐明 IT 对业务价值所作的贡献。我们将主要论述如何在较高层次的业务价值衡量标准和较低层次的 IT 投入之间建立线索追踪。

首先,我们将论述基本的、潜在的概念性方法。然后,我们会通过描述如何采用三种不同出发点来充实概念性方法。

传达你的绩效

基本步骤

下面是连接IT与业务价值的四步基本流程:

1. 在尽可能高的价值层次上开始进行业务价值衡量。例如,在图10-1中,衡量标准可能是收入增长率、人均收入或新产品开发周期。这些衡量标准应该出自业务准则和已经披露的对战略意图的陈述。你选择的衡量标准必须是明确的、可测量的目标以和与那些目标相关联的数据。例如,如果衡量的价值是利润增长率,应该有一个具体的收入目标和与收入目标相关联的数据。如果没有价值衡量标准,你应该获得一个衡量标准,或与业务同事协商产生一个度量标准。

2. 寻找并实施战略提案来改进价值。现在回过头来看看你自己熟悉的战略性提案。它们是你找到与IT关联性的线索。此外,请务必为那些提案和计划制定衡量指标(可测量的目标与里程碑)。例如,假设企业领导已经实施了某一提案来增加员工的人均销售收入,以此作为一种实现利润增长的方法。为了实施这个提案,他们要实施一个特定的计划来增加人均销售收入。

3. 识别出IT如何对那些提案和计划提供支持和增加价值。识别出这样的关联需要发挥你的创造性和灵活性,而且这是可以做到的。我们继续通过例子来说明:在与企业领导交谈时,你发现他们想要削减销售

第十章

员工的行政性事务负担,以便使这些员工能将更多的时间用于实际的销售业务。这种关联是:IT系统提供的模板以及移动技术的使用,使该领域的销售报告更简洁、更自动化,这样便能更快速、更便捷地处理行政性事务。

4. 为对业务价值的实现作出贡献的专门IT投资和IS项目设定衡量指标。衡量指标用于监测和传达进展情况,以便使IS目标不会偏离业务目标。为了使销售报告的准备工作自动化,衡量指标可能是应用程序软件进度的完成百分比、销售人员使用应用程序的普及率或时间节省量。记住,制定这些衡量指标时,要参照销售部门正在使用的用来鼓励实现业务目标——更多的人均销售收入——的方法。

按照下面这些基本步骤,将会获得一个IT与业务价值之间关联的清晰踪迹。表10-2列出了所总结的踪迹。

你也许已经注意到了,我们通过贯穿或连接业务价值层级(见图10-1)的所有层次建立了这个踪迹。它从顶级层次(也称为层次五)的价值(或目标)开始,然后通过次高层次或运营层次(如减少销售人员在与销售无关的活动方面投入的时间)找到与该目标的关联。这种投资能够使销售人员更加有效地使用流程。

表10-2 IT和业务价值之间线索追踪样本

价值衡量标准	具体影响	衡量指标
业务价值	能够带来利润的销售额增长	今年在维持去年收益率的同时顶线增长了10%
业务价值提案或计划	增加人均销售收入	今年是10%,明年将是20%
	增加销售人员实际从事销售活动的时间	每周销售电话数量
IT价值增加额	通过容易使用的模板和工具,减少销售员工准备销售报告所需的时间	IT应用程序完工百分比
		销售人员应用程序普及百分比
		销售人员人均节省时间

在这种情况下,线索追踪和IT应用在第二个层次上联系起来。同样的方法也可以用来与IT基础设施投资(第一个层次)相连接。一个经过改进的基础设施,比如说公司内联网,可能要用来支持为销售人员设计的模板和工具。

案例研究:约克夏自来水公司

约克夏自来水公司位于英国北部,是世界上第九大自来水公司。在20世纪90年代末期,该公司发现自己的客户服务水平在所有英国自来水公司中处于落后地位。约克夏自来水公司面临着客户预期不断上升和竞争压力不断加大的威胁。"我们几乎处于悬崖边缘。"约克夏自来水公司的CIO、领导着拥有250多名员工的IS部门的阿兰·哈里森

第十章

(Alan Harrison)这样说。

公司为了实现雄心勃勃的生存战略,即成为英国最好的自来水公司,总共投资6 500万美元进行了大幅度的变革。一部分投资用于建立后台系统以提高财务管理和供应链绩效;一部分投资用于建立改进资产管理的系统。但大多数投资(4 500万美元)用于改进客户服务。

这部分资金被投入了约克夏公司的ICOM(整合的客户和运营管理系统)。系统建成后,完全整合了该领域的客户业务联系和工作管理(包括合同商)。例如,当一位客户打电话反映水压低时,系统能够立刻告诉该客户问题的起因以及问题能够得到解决的大致时间,因为呼叫中心代理能够了解到相关领域工程设施在何处出现了问题。

连接ICOM投资和最终企业收益的线索追踪,在最初就被清楚地说明了,并经常得到强化:糟糕的客户满意度——源自落后的客户服务、效率低下和反应迟钝的工作实践——将会威胁到公司的生存。为了生存,公司必须改善客户关系,这样就要让客户有知情权(举个例子),就必须对基础设施、应用软件和系统进行投资,以便使IT能够为客户服务代表提供相关信息。这些关联清楚地、逐步地贯穿于价值层级的四个层级。

构建方案

虽然约克夏自来水公司的经验看起来是关于将IT投资与业务价值联系起来的一个相对简单的案例,但是成功归根结底是努力工作和经常地传达IT与业务关联的结果。的确,找出线索追踪是比较容易的,因为企业目标已经被明确地表达了。我们经常看到的一个难题是业务价值(企业或业务单元的目标)并不是显而易见的。甚至更为常见的是,价值或目标虽然足够清晰,但为实现这些价值或目标的战略、计划和程序却是笼统、没有新意的。

下面所要论述的是用来识别企业目标与计划的三种不同方法,以便于将IT提案和投资与企业目标和计划联系起来。

从准则开始

清晰的企业或业务单元指引——表现为清晰易懂的目标、战略和计划——为在业务价值和IT项目之间创造线索追踪提供了最佳的基础。然而,有时你必须付出大量的精力来和你的业务同事一起明确他们的经营战略和项目(甚或包括他们的目标)。

正如我们在前面章节中所描述的,通过这种努力,你能够识别出业务准则。最可能的情况是,提案和计划在业务准则里仅仅被含蓄地表示出来,你必须与业务同事一起斟酌措辞来更加明确地识别计划。

你可以根据图10-1所示的业务价值层级图来考虑准则。准则是贯穿或连接这些层级的方式。如果你的企业在最高层级上有唯一的目标,准则就是把那些目标带到运营层或次高层的一种方式。

第十章

我们在这里主要是把企业作为一个整体进行讨论的。但在大多数涉足多元业务的大企业中,高管人员很快发现那种宽泛的、企业级的价值衡量标准在不同的业务单元之间的含义是各不相同的。因此,他们常常更喜欢将价值衡量标准集中在业务单元水平上。你必须对企业价值和业务单元价值都有所考虑,这就是原则方法中"企业背景"部分的精髓。要知道在企业层面上你可以并且应该评估些什么,在业务单元层面上存在哪些影响业务价值的关联关系。确切地说,对于许多基础设施投资,必须从企业级进行评估。然而,即使对于这样的项目,通过让业务单元识别企业众多基础设施服务所带来的好处,也会有助于巩固从业务单元领导那里得到的支持。

从业务流程开始

从准则开始的一个好处就是你考虑到了某个业务单元的整套目标和战略,因为那是准则得以制定出来的大背景。这样你就可以采用一种更加全面的方法,并使你和业务同事在设置优先级和寻求协同性方面更加得心应手。

不幸的是,准则的力量既是优点也是弱点。它类似于一本很厚的书,其中的一些主题对你是重要的。这本书的力量在于它的厚度,厚度意味着该书能够在广度和深度上提供你所需要的内容。但是厚度也有其弱点,因为它太厚了,你可能从没有时间来仔细阅读(我们希望本书不会出现这种情况!)。

对于准则来说，情况也是一样。准则的制定需要时间，因为它们源于你与你的业务同事之间的大量交互。有时你并不具备制定准则的时机，或者你必须采用变通的方法，如同约翰·佩特瑞在北方银行所做的（见第四章）。即使你正在制定准则或在准则还没有形成之前，工作都还必须继续进行；因此，你可能需要找到其他连接IT与业务价值的出发点。或许你需要尽快取得成效以便在短期内提高自己的信誉度。

业务流程可能是一个有用的出发点。从流程开始具有双重优点。首先，企业中的每个人都认可流程的业务价值。因而，举个例子，没人会怀疑提高销售部门的销售量，或者帮助客户服务员工留住客户所带来的好处。其次，因为流程通常具有相应的组织单位，这就需要一个业务管理人员，他是一个具体的个体，比如销售副总裁，你可以和他一起工作，他的工作重心集中在流程的改进上。（切记，在一个更加精简和目标更加集中的IS组织中，基于流程的工作方式是一种主要的发展趋势。你现在就能看到采用这种方法的好处。）

即使在目标和计划模糊的企业或业务单元，流程管理人员或许也有自己具体的目标和计划。你可以和那些管理人员交流以发现他们的计划与战略之间的关联，IT就是在那里传递价值的。一旦你找到了那些关联，你就能够反向地识别出具体的IT投资和IS项目，每个关联都具有自己的衡量指标来衡量进展和改进情况。

我们来考虑一个假设的案例。你在与公司的运营经理

第十章

一起工作时,发现他的一个目标是缩短订单的完成时间。为什么会有这个目标呢?因为研究得出,更快的订单执行将减少退货的数量。这就是一种有用的"把手"或"鱼钩",你能够以此为开端把 IT 与业务价值连接起来,这种线索追踪是清晰的。IS 项目(辅以适当的衡量指标)将会加快订单的处理速度。结果将是更快的订单执行,这样就会减少退货的数量,进而降低成本,增加利润。

从业务项目开始

在某些方面,业务项目是连接 IT 与业务价值的最困难的出发点。然而,这也是我们所见到的最常见的出发点。

从业务项目开始是很困难的,因为这样的项目(比方说,对制造流程的重新设计或再造)担负着双重的证明责任。第一重责任是展示项目自身的业务价值。例如,为什么说重新设计制造流程是一个好的主意?第二重责任是展示该项目中 IT 部分的价值。

应该采用的逻辑方法是首先由领导该项目的业务经理为项目制定方案,然后由 IS 部门为 IT 部分制定方案。更好的方法是由业务经理既为业务部门制定方案,又为 IT 部门制定方案。在这两种情况下,业务关联是清晰的。如果项目有商业意义,那么 IT 和最终的业务价值之间的关联将是相对容易获得的。

好的衡量指标会巩固可信度

创建具体的、定量的用于监测和最终评价价值层级中各层级进展的指标可以带来如下几个好处：

首先，它会促使对结果和收益进行更加清晰和具体的考虑。

其次，如果选择适当，衡量指标将提高IT和最终业务价值之间关联的可信度。同时，衡量指标为开发计分卡或仪表板提供了基础，IS可以使用这种计分卡或仪表板传达多种活动的价值。我们将在下一部分对此予以详细讨论。

第三，业务衡量指标能够使我们创造性地思考IS如何支持那些与业务衡量指标相关的企业计划或战略。例如，在我们提到的关于提高人均销售收入的例子中，前面所述的战略，可能会表明也可能不会表明IT如何提供支持。但当销售经理将实际销售时间作为临时性衡量指标时，就立刻表明了IT可以提供帮助的方式。

第四，你的企业可能需要一些有关财务合理性的表格，比如一些对IT投资进行投资收益分析的表格。在各个价值层级上辅以适当衡量指标的线索追踪，将为你提供用于财务分析所需要的数据。

不幸的是，事情并不总是这么简单。实际上，太多具有重要IT成分的业务项目被作为IT项目对待，这就把证明为项目所付出的全部努力是合理的这一重担放在了IT上。这

第十章

是你应该避免的陷阱。根据我们的经验,那些高度使用IT的企业存在这样一种说法,"没有IT项目,只有业务项目"。IT在企业里是关键的赋能器,但它的角色只是达到目的的手段,而不是目的本身。

因此,从项目开始连接IT与业务价值的首要任务是确保该项目的领导者是恰当的。至少,业务领导应该为业务项目制定商业方案。然而,如果业务经理不能或不愿这样做,IS应该为业务议案中有关IT的部分制定方案。

好客国际公司(化名)是一个总部设在美国的公司,在全世界拥有1 000多家旅馆和度假村,全公司的销售额超过150亿美元。该公司经常采用间接的衡量方法衡量IT的业务价值。好客公司直接衡量的是技术支持或赋能的业务项目。

例如,它的客户关系管理系统使好客公司在七个度假村引入了度假规划项目。这个系统可以帮助旅馆员工在客户休假之前安排好高尔夫球球场时间、晚餐预订及其他活动。规划服务系统安装使用之后的分析显示,参加该项目的客人在旅馆的高尔夫球场、饭店及参加其他好客公司能够挣得佣金的旅游活动中平均每天的花费超过100美元。

要把增加的收入与整个项目的成本进行比较,而不仅仅是和其中的IT部分进行比较。收入增加的衡量也要辅以客户满意度和回头客的数量等标准。当然,判断是否有更多客人正在返回好客公司娱乐场的时间不能太短,如果客户满意度上升了,这种上升就预示着随着时间的推移,回头客的数量和业务价值都在不断上升。

创建有效的绩效仪表板

商业银行（Commerce Bank）是拥有134亿美元资产的美国中西部的银行控股公司商业银行股份公司（Commerce Bancshares Inc）的一个主要的分支机构。2003年该公司投资了1 000万美元更新了支票成像系统。项目小组用了一年时间对该系统的变更进行了合理性分析和计划。现在该系统处于最后的实施阶段，基本上达到了原计划预定的成本和收益。

这项计划可以识别出业务目标之间的具体关联性，并通过实现这些目标来增加利润率。例如，计划中没有引用诸如"减少人工成本"之类的含糊用语，而是具体规定了到某一特定日期消除指定的成本中心。

相关的业务单元领导不仅参与了计划的制订，而且亲自向银行的行政管理委员会解释了成像项目是如何支持他们的业务目标的。然后，业务单元公开承诺要努力实现收益指标。

当成像系统投入运行后，银行继续依据原计划监测进展情况。每月监测一次成本和收益，然后向项目指导委员会报告，并向更高一级管理部门提交总结。这种监测是可行的，因为原计划非常具体地确定了成本、收益和时间。这种具体的监测系统是值得的，因为没有什么办法比实际展示（而不是仅仅断言）IT与企业价值之间的关联更能快速地建立IS的可信度。

这个例子提出的重要问题是，IS应该如何在整个企业范

第十章

围内对业务同事传达自身的工作和进展。正如我们说过的，最根本的是IS能够在各种各样的计划文档和建议书里声明业务收益。同样重要的是，IS必须报告如何实现这些收益。如果你做到了本书中的所有要点，最终却失败了，说明你为自己在IS里工作所获得的可信度还没有达到它能够或应该具备的程度。

与仅仅为实现企业目标和战略而提供关键的支持相比，为了对企业价值作出可靠的贡献，你必须付出更大的努力。为了使你的工作质量及团队赢得充分的信任，你必须定期地报告自己的进展，以便大家都能够看到你所取得的成功。不管你喜欢不喜欢，其他人对你的成功的理解是非常重要的。这正如所有的高级管理人员面临的状况一样，失败和近乎失败会迅速变得尽人皆知。你必须确保你的成功也同样会得到高度的关注。

要做到这些，你需要一套IS指标，你可以将其汇集到各种各样的IS绩效计分卡或仪表板上。我们更喜欢使用仪表板这个术语，因为它显示的是反映企业状况的IS活动的运行情况，而不仅仅是对过去绩效的总结。

一旦你对各种各样基本的指标进行了分类，你就能够针对企业众多不同的出资者展示不同的仪表板。这些指标成为你与董事会、企业领导、业务同事、业务部门经理以及其他IS领导在各种场合交流的基础，比如董事会议、计划编制会议、预算提审会议、全体职员会议、高管会议、IS年度报告、公司新闻通报、墙壁屏幕显示等。这样的仪表板应该逐渐地成为在IS团体内部及外部报告大部分事情的依据。

当你考虑如何使用仪表板来完善并报告进展情况时,要记住,可信度依赖于透明度。如果要建立可信度,必须使需要查找仪表板指标的任何人都能容易地得到和理解这些指标。为什么不把仪表板发布在企业内联网上呢?

最重要的问题并不是使用仪表板衡量组织是否成功,而是需要报告什么以及通过什么方式进行报告。在太多的情况下,IS小组仅仅报告他们自己理解的问题与指标。我们发现,有太多的业务高管们看到诸如生产量统计、网络运营时间或CPU速度等这样的IS指标时就会翻白眼了。高管们可以得到的唯一结论就是,你还不知道作为一名业务高管应该如何进行沟通(你应该知道这种结论将把你推向哪条道路)。

你应该报告什么?

你的IS报告必须集中在你的"客户"想要和需要的服务上,并且业务指标应该能够证明为这些服务付出成本是值得的。同其他传达方式一样,IS报告必须按照接收者而不是发送者所需要的方式进行设计。

要始终牢记报告的基本原则。在你报告的所有情况背后应该有两条基本的信息:

1. IS值得企业同事信任。IS在时间、预算和特定的质量标准范围内完成了它所承诺的工作。如果出现任何问题,这些问题都会有征兆并得到讨论,而不会使同事们感到惊讶。简而言之,在整个流程中,IS能够

第十章

较好地传递价值。

2. IS 传递业务价值。就其本身而言，IS 并不属于技术范畴。IS 意味着应用技术来使企业达到并超越其目标。对 IT 的投资可以明显地为企业带来业务价值。

第一则信息是关键的，但还不够。它把 IS 定位为一个"有效的"成本中心，但仍旧是一个成本中心。同样重要的是，它为第二则信息提供了可信度，它把 IS 从成本中心转换成价值源泉。第一则信息使 IS 得到了具有专业能力的人员应有的尊敬，这是非常好的。但第二则信息把你定位为一位企业高管，把你的 IS 团队定位为企业团队里具有重大贡献作用的成员，同时具有完全的可信度。

考虑到这些基本信息，你需要两类 IS 仪表板。第一类仪表板，对应于第一条信息，报告基本的 IS 运行绩效衡量标准。第二类仪表板以第一类仪表板为基础，报告 IT 相关投资与得到认可的业务价值之间关联的指标。

第一类仪表板：报告基本的 IS 运行绩效

报告基本的绩效是非常重要的（假定是在非技术人员能够理解的方式下进行），因为 IS 小组的工作深刻地影响着其他企业小组实现自身绩效的能力。例如，呼叫中心的停工期过长，将会抑制销售订单的完成。而没能完成新的 IT 赋能的业务项目，就可能会阻碍业务部门开放新的站点、开发网上销售渠道或开拓其他 IT 赋能的商机。

我们和我们的同事与 CIO 们一起工作，为报告基本 IS

绩效建立了一个指标框架。[2]框架包括全面定义IS绩效的六个基本参数。每个指标都可以分解成更加详细的二级指标，你可以采用这些二级指标进行IS内部的运行监控和详细分析。这六个指标正是你在IS外部需要报告的。

这些指标是系统绩效、IT支持绩效、参与比率、服务水平效果、新项目指数和成本指数。所有这六个指标都既可用于整个企业，也可用于各个业务单元。当你随着时间推移追踪并比较这些数据时，你会发现IS真正具有多大的生产力。对于各个指标，如果你能获得相关的外部数据，你也应该为IS小组建立绩效标杆。不过，在选择相似行业的企业或使用可比较的经济模式作为标杆时要谨慎。

系统绩效

系统绩效是指系统、应用程序和基础设施服务在需要时可获得且在满足用户要求的水平上运行的时间百分比。要准备这个指标，你必须定义关键系统，包括应用系统和基础设施，并且为每个系统准备两个设定的衡量标准，即可获得性和绩效水平。可以将服务水平协议（SLA）中的可获得性指标和反应时间结合起来确定这个指标。你或许能从SLA里提取目标数据；如果不能，你将需要与企业内部的IT使用者商定这些指标（要确保在以后的SLA里包括这些目标数据）。然后，当两个标准都得到满足时，你必须报告时间间隔，另外还要描述出总体时间中的例外情况。

第十章

IT 支持绩效

支持绩效是 IT 支持员工和组织在帮助解决问题和新的请求时可获得且在所需水平上恰当地处理这些请求并完成任务的时间。呼叫中心（客户关怀）指标组合在一起决定了这个指标。这里，你还得确定客户关怀情况的关键衡量标准（例如，平均反应时间、平均安装时间）及每个衡量标准所要达到的目标。这些衡量标准应该归结为两个指标——可获得性和绩效。当设定目标时，请不要忘记确定运行时间。

参与比率

参与比率是 IS 在战略计划流程的早期对业务起到参与和领导作用的项目和提案的比率。监测这个指标可以确保 IS 及早地参与业务计划的编制。怎样定义这个参数将取决于企业在启动项目时所使用的方法。例如，有启动会议或资金审批流程吗？在最好的状况下，什么时候是 IS 及早参与的恰当时机？无论是否存在这种情况，都应该进行监测。

服务水平效果

效果是关于 IS 工作客户满意度的一个衡量标准。它常常以客户满意度调查、对进入呼叫中心的抱怨所采取的措施或尚未解决的问题为基础。这个衡量标准的某些部分可能是烦琐的，可能是基于访谈获得的，或者是基于了解企业各个方面而获得的总体感觉。该指标与其他五个指标特别是系统绩效一起,描述了 IS 运行的基本能力。它帮助确定用户需求是否已经改变,SLA 构成是否合理,以及服务是处于投资不足还是投资过度状态。服务水平效果衡量标准可用于衡量用户需求,也可用于识别成本削减时机或需要更多投资的领域。

新项目指数

这个指数用来衡量 IS 准时(和业务相呼应)及在预算内交付新项目的能力,这符合一致性的要求。按照前面所述,大多数项目属于业务项目,你的业务同事应当负起取得全部业务价值的主要责任。新项目指数是衡量 IS 在计划与预测、规划资源需求、按时和高质量地管理与交付项目等方面效率的高级指标。

IT 总成本率

它是衡量 IT 总成本的指标,直接或间接地表示为企业收益和费用的一定百分比。(一个可替代的指标是将总成本表示为息税前收益的百分比。)这个指标用来作为成本范围指标及反映成本的时间趋势是有用的。像高德纳这样的组织在许多行业收集和报告这类成本指标,你可以将本组织的成本指标与这些成本指标进行比较。但是,成本比率必须谨慎使用。例如,如果你的企业真正地依靠技术竞争,你可能具有比竞争对手或全行业平均水平更高的成本比率。但是

第十章

在你的衡量指标和标杆中,应该永远将企业环境作为最重要的考虑因素。

总之,所有这六个指标以充足的信息和全方位的角度反映了IS的全部运营绩效,这些指标可以使你在适当的水平上对适当的领域给予关注。通常来讲,困难并不在于为这些指标寻找数据,而在于找到能够结合所有可利用的数据和信息,并报告企业所关注问题的方法。设计这六个指标就是用来解决这一问题的。每个指标都是IS组织内部使用的众多分析性和操作性指标的聚合。通过结合,这六个指标覆盖了全部的基础问题:服务效率(正确地做事)、服务效果(做正确的事)以及创新能力(做新的事)。

如我们前面所提到的,这六个指标可以在整个企业或各个业务单元层次上进行报告。报告什么和如何报告,将取决于你的组织、结构和需求。如果你按照业务单元报告这些指标,你就可以发现这对于不同单元之间的比较是非常有用的。

图10-2说明了这六个指标是怎样适合整个企业绩效监测系统的。IT响应是企业通常要监测的一个重要内容。作为企业支持服务的重要内容,IT响应反映在我们所描述的这六个指标上。这六个指标的每一个都由一定数量的二级指标所组成,这些指标正是你在IS内部所监控的。(该图仅仅显示了新项目指数这一个指标的分解指标。)

图 10-2 IT 响应的仪表板

业务部门 关注什么	需求管理	市场响应	销售效率	产品开发效率
	供应管理	客户响应	供应商效率	运营效率
	支持服务	人力资源响应	IT 响应	财务与管理响应

	IT 响应		
对业务部门 报告什么	系统绩效	IT 支持绩效	参与比率
	服务水平效果	新项目指数	IT 总成本率

	新项目指数		
怎样监测 新项目	准时	关于预算	
		销售周期指数	客户关怀绩效	准时交付

第二类仪表板：显示 IT 与认可的业务价值间联系的指标

当不只是你一个人负责交付 IT 投资的业务收益时，你的确需要清晰的、经常更新的仪表板来展示 IS 组织和 IT 投资是如何对业务价值作出贡献的。实现这一目标的关键方式就是建立反映具体 IS 活动的仪表板。

为了实现这个目的，你需要许多仪表板来反映具体的 IS 程序、项目、投资以及业务价值的创造。这些由许多指标组成的 IS(IT) 业务价值仪表板，可以被放置在 IS 综合报告计划里任何显著的地方。例如，它们也许被编组在刚刚归纳过的报告系统中的新项目指数之下。

IS(IT) 业务价值仪表板是基于 IS 和 IT 贡献指标的，我们在前面关于连接 IT 与业务价值的部分已经对这些指标作出了描述。这些指标是非常有用的管理工具和至关重要的

第十章

沟通方式,是连接业务价值与IS贡献的线索追踪的关键。

这些指标的焦点应该集中于那些对企业领导者具有重要意义,同时又可管理的IT价值指标上。这些指标应该与常用的业务指标连接起来,例如企业战略与目标、业务准则、业务流程,并且显示当前状态和进展情况。理想的情况是,这些指标应当同相应的业务单元的指标一起报告,或者包括在每个业务单元领导的仪表板中。如果这些指标作为项目设计和审批流程的一部分被制定出来,并用于评估你所有可能的项目投资组合的成功性时,这种情况就非常容易实现了。

IS(IT)业务价值仪表板有助于支持第二类基本的IS报告信息——IS提供的业务价值。仪表板通过显示IS活动或IT投资与其对业务价值的最终贡献之间的各个清晰的联系(贯穿价值层级的各个层次)来阐明线索追踪。

在前面的关于IT对业务单元利润增长率目标所作贡献的例子里,贯穿业务价值层级的联系如同下面所列:

业务单元的目标:利润增长率;

实现该目标的关键业务战略:增加销售人员实际花费在销售上的时间;

实现该战略的关键企业计划:增加销售人员实际用于销售的时间;

支持该企业计划的IS项目:提供节省销售人员时间的IT模板和工具。

在这种情况下,IS应该制定一套指标,衡量自身的进展情况及其对可用于销售的时间的根本性影响。

在那些关联度清晰的地方,仪表板应该显示每一个衡量指标,从 IS 的进展开始,包括程序指标(销售人员节省的和可用于实际销售活动的时间),甚至是战略指标(人均销售收入)。当然,战略的成功还将取决于 IS 项目以外的许多因素(也就是前面部分描述的稀释效应),所以你可能希望也可能不希望将战略指标包括进来。但你的确应该包括业务指标,即节省的时间,因为那里存在直接的关联。

报告 IS 的准备状态

虽然 IT 当前的业务价值很重要,但 IS 组织对未来的准备状态也越来越关键了。由于现在 IT 可以加固企业和业务流程,随着商业和科学技术发展的步伐越来越快,IS 组织的准备状态与敏捷性可能成为决定竞争力的一个重要因素。

因此,你可能想要在关于 IS 的定期报告里包含 IS 的准备状态指标。你和你的同事可以使用这个指标来估计 IS 是否为未来增加价值作好了准确定位,这要以 IS 进行准确预测和迅速反应的能力为基础。

IS 的准备状态可以在四个主要领域进行衡量:IT 服务能力、应用程序特征、专门技术可用性和流程成熟度。诸如影响与范围差距分析、应用程序评估、专门技术差距分析、流程成熟度水平等框架结构可以帮助量化 IS 组织的准备状态。

第十章

IT 服务能力:深度和广度

深度(reach)和广度(range)的概念,首先由彼得·基恩(Peter Keen)提出,用来描述企业 IT 基础设施的业务范围。[3] 现今,我们把深度描述为 IT 服务能够通过无缝和可靠的方式连接的场所和人员。深度可以从单一场所最终扩展到连接任何人、任何地方。

广度是反映业务流程和业务活动的一个函数——可以做哪些工作。它回答的问题是"哪些业务流程或活动可以在每个可达层次被自动、无缝地完成和自动共享"。

通过显示出你现在所处的状态以及 12 个月以后你应该所处的状态,深度和广度指标可用于评估 IT 服务的准备情况。通过衡量你现在的 IT 服务能力状况,并与你的业务同事一道讨论未来的需求,将有助于你确认在深度和广度上的差距。这些讨论有助于分析如何在达到目标和在所需时点上更新基础设施的成本之间进行权衡。

应用程序特征:灵活性与可升级性

你可以通过对主要应用程序的灵活性与可升级性评估,来全面描述投资组合准备状态。这种评估能够指出哪些应用程序需要替换,因为它们把组织锁定于当前的工作方式。应用程序的灵活性与可升级性是准备状态的一个决定性因素。可以把主要应用程序的各个特征评定为低、中、高三个等级(你不需要更加细致的等级区分)。

传达你的绩效

专门技术的可获得性:适当的能力

新型CIO领导可以采用几种方式考察员工的准备状态。我们熟悉的一个大公司对其IS部门中的所有开发人员进行成就水平衡量,而另一个大公司则衡量高绩效员工的流动率和员工年平均培训天数。

在第八章里,我们建议考虑你的团队从事IS工作所需要的各种各样的能力。我们特别推荐编制需要的员工能力和当前员工具备的能力的清单。你可以为这个清单增加一组未来需要的能力(最好是可以预知的)。要保持对员工现有能力的追踪,并与未来预期需要的能力进行比较。

流程成熟度:一致性与可靠性

关键IS管理流程的成熟度是衡量IS支持新业务提案的敏捷性与准备状态的另一个指标。成熟度水平可以通过对以下业务操作的评估得出:电子商务、安全性、可获得性、应用软件开发、软件收购和项目管理。进行这种评估可以采用从咨询公司到诸如软件工程学院(以及其用于软件开发的能力成熟度模型)等职业团体以及信息管理学会等提供的诸多模型。欧洲质量奖和美国的鲍德里奇(Baldridge)奖也为评估不同的IS流程的成熟度提供了方法。

实际应用的仪表板

要了解IS指标程序(与我们刚刚所述的程序虽然不完全

第十章

相同,但却是相似的)实际上是怎样在一个公司发挥作用的,我们可以参考美国互助保险公司(化名)——它是世界上最大的金融机构之一。该公司为超过 25 个国家的 1 300 多万的个人和团体提供服务。为客户提供价值是该公司的主要目标。公司信息技术(CIT)部门对该目标提供支持,它的任务是"提供世界级的 IT 业务解决方案和服务,以增加客户价值,并为业务团队提供赢得市场的机会"。

在几年的时间里,CIT 小组制定了企业范围内涵盖所有 IT 功能的一致性报告原则。该报告流程后来发展成为充分自动化的、一致的、整合的世界级指标程序。

该程序的一个成果是为各个业务单元提供一套通用仪表板(公司将其称为计分卡,但是为了保持一致,我们在这里称为仪表板)。仪表板提供全年 12 个月的关于业务伙伴满意度、主机、网络及分布式计算绩效的历史记录;还有应用软件组合分析,该组合分析包括了用来同世界级外部标杆进行比较的 IT 交付绩效、业务影响及风险等方面的内容。

该报告系统沿着五个维度仔细地考察新的提案:业务影响、成本、经营风险、收益和 IS 对于交付的信心。业务影响是程序实施后增加的参数,着眼于评估一个提案在降低成本和最大化效率方面的计划能力。它同样涵盖了其他业务目标,包括收入增长率、客户保持率、质量、决策支持、服从与控制。

该程序也关注于创新技术的应用。仪表板显示了项目数和投资额。美国互助保险公司将创新技术的应用能力视为在高度竞争市场上的重要成功因素。

在报告程序完全建好之后，美国互助保险公司的 CIT 小组开始致力于将仪表板作为信息沟通的手段和改变行为的杠杆。该部门开始使用仪表板数据来重新审视各项任务，基于对 IT 计划及任意 IT 投资的分析，CIT 员工帮助每个业务单元经理重新审视他们的战略。CIT 小组依据每项投资支持的主要业务战略，对新的 IT 投资进行分类。这种方法被证明是一个很好的沟通手段，并能帮助增进 IT 投资与业务单元战略的一致性。它也可以为业务单元的领导指出在哪些地方他们的战略还没有清楚地传达给所有的利益相关者。

CIT 领导指出了在开发、实施和发展他们的指标仪表板时总结的三个经验：(1) 保持简单；(2) 从小开始，在未来的时间里不断改进；(3) 引入管理，利用数据改变行为。

总之，报告 IS 小组对变化的企业需求的反应能力是第一则信息的重要组成部分，也就是说，IS 小组有能力扮演好其在企业中担负的角色。当然，当你决定如何报告 IS 对企业所作的贡献时，切记你应该传递的两条关键信息：

(1) IS 值得企业同事的信任。

(2) IS 传递商业价值。

从广义上讲，本书全书都在讨论如何赢得权利从而在你的企业里传达这两条信息。如果你能够适当地并且经常地传达这两条信息，这就说明你正在向成为新型 CIO 领导的道路上前进。

结语：整合所有任务

在这本书的开始我们就断言,今天的CIO们正处于一个十字路口,他们必须为自己选择一条道路:要么成为新型CIO领导要么成为首席技术员。我们希望还有其他选择,但是如今的世界并没有给我们提供任何别的选择的机会。仅仅维持现状——聚焦于请求队列的管理,使IS组织保持足够的壮大,热衷于新出现的技术,并且将IS的运营与业务目标和具体的业务收益相脱离——将为我们自己选择一条脱离企业的道路。

对于那些希望获得更多,希望成为企业领导层的一员,希望在企业决策层拥有一个有价值和受尊敬地位的CIO们,还有另一条道路。这就是基于本书的十章内容所讨论的十个需要关注的领域。通过完成附录D的评估,你就可以清楚地知道在这条道路上你可以走多远。我们希望你至少看一下这个评估,最好填写一部分内容。这份评估将帮助你制订自己的计划,它的内容是依据你今天的状况来定制的,并且

结语

依据你的业务环境进行调整，不论你是处于寻求突破型的环境还是处于努力生存型的环境。我们已经解释过了，除了建立领导力的基础和获得对企业的了解之外，你需要依据企业的特性来确定你的优先任务：对于寻求突破型企业，最重要的是愿景；对于保持竞争力型企业，最重要的是IT治理；而对于努力生存型企业，最重要的建立一个新型的IS组织。一个新型CIO领导不能忽略我们提出的十个优先任务中的任何一个，但是上述这三个优先任务对于这三类企业的CIO来说最为重要。

新型的CIO领导在今天是的确存在的：我们希望这本书中的各种类型的事例可以让你明白在真实世界中CIO的角色究竟是怎样的。遗憾的是，由于书必须要求线性结构，使我们所给出的事例和步骤有时显得联系不够紧密。另外我们还有一个任务没有涉及，就是将每天所关注的这些要点结合起来，实现业务价值。正如我们在引言中所提到的，新型CIO领导的工作并不是线性的，我们讨论的所有因素都是相互交织、相互影响的。

为了以"整合所有任务，实现有效的业务价值"这个主题结尾，我们希望再与大家分享三个案例。我们希望这些案例和本书能够鼓舞你大胆地在成为新型CIO领导的道路上走下去。

英国航空公司利用IT改变企业成本结构

英国航空公司是世界最大的国际航空公司，每年要运送

整合所有任务

4 000万乘客,飞往94个国家,拥有4.6万名雇员。在9·11之后,该公司通过减少30亿美元的成本和解雇1.2万名员工,恢复了元气。"但是那段时期确实很困难",正如公司CIO保罗·科比所说,"因为我们在同欧洲的许多低票价(no-frills)航空公司(它们的成本比我们低)和美国的很多进入了破产法第11章的程序的航空公司竞争。那一刻,我们所处的并不是一个平等竞争的环境。"[1]

自20世纪80年代以来,IT使航空产业发生了重大的革命。革命开始于在线预订系统的出现,接着又产生了离航确认系统(departure-conferral)和飞行奖励系统。在线销售自20世纪90年代末开始已经极大地改变了航空公司与客户交互的方式。例如,BA.com每天要接受25万访问者;现在,英国4/5的直航机票都是通过BA.com预订的。

业务目标是具有成本优势的全面服务

科比也指出了具有成本优势的服务的重要性:

> 要保持我们全面服务的特点,我们就一定要降低成本并且改变业务模式。我们正在通过重新设计我们的流程以使其成为自助服务系统,以及使它们方便使用从而让客户愿意使用它们来实现这个目标。我们已经将这个系统注册为客户赋能的英国航空(ceBA)。它要求极大地简化我们的流程。客户告诉我们他们希望采用自助服务。他们喜欢在线支付。他们也喜欢自助服务亭。我们的愿景是使端到端的自助服务

结语

> 广泛地流行起来。

> 这种新的业务模式也意味着员工应该像客户一样使用相同的系统和流程。在过去的 30 年中，许多航空公司一直让员工为客户对航空公司的服务进行解释，结果就产生了模糊和复杂的呼叫中心流程。建立一个简单的系统让客户自己操作是一个更好的选择。它将极大地降低运营成本，并带给客户他们自己真正想要的东西。

英航业务模式的改变是巨大的。为了实现这种转变，科比提出了业务和 IT 准则，被英航称为"黄金准则"。"第一条是我们必须有一个简单的和有吸引力的客户解决方案"，科比说，"我们有 24 000 种不同的机票，这是很荒谬的。第二条是设计一个流程给终端客户使用，而不是给内部部门使用。第三条是为系统建立质量体系。第四条是制定一个单一的英航解决方案，而不是针对不同的部门制定不同的解决方案。"

实现业务目标需要 IT

科比描述了 IS 组织在实现英航业务目标时的重要性：

> 为了简化我们的业务和改进我们的成本结构，我们需要集中化。英航已经在过去的两年中明显地集中化了。IS 在这个变化中处于核心地位。例如，我领导着 ceBA 委员会，并且是企业投资委员会的成员。我们部门的角色就是引导整个企业的变革，现在变革已经

整合所有任务

越来越多。
➢ 为了简化我们的财务流程，我正在以《萨班斯—奥克利斯法案》为工具。英航在纽约证券交易所上市，所以我们必须服从这一法案。我们已经建立起一个包括 CFO 和人力资源主管在内的信息安全和控制委员会。《萨班斯—奥克利斯法案》已经成为我们推动流程变革和简化的强制手段。
➢ 我们将投资集中在业务系统上，因为利润和大部分成本都来源于那里。你并不总是需要依靠先进的技术才能让事情更有效率。我们正在试图鼓励一系列"反 IT 意识"，就是问"我们能够利用现有的技术和流程实现我们的目标吗"。

但是因为向前看是有好处的，所以科比也拥有一个创新团队。移动系统是调研的关键领域。英航正在为自己的候机室建立无线网络，并且已经在他们的飞机上试装了互联网接入和电子邮件系统。他们是第一家在大西洋上尝试无线网络收费服务的航空公司。

作为一个 CIO 领导，科比的工作是协调这个转变

在英航，所有 IT 项目都会被视为业务项目。科比的工作是将所有因素整合到一起，可能使用既有系统，也可能使用一些新技术，并且经常改变业务流程。其中的一个例子就是在 BA.com 上销售英航日历。在自建的系统上，BA.com 能够显示 14 天内任意两个城市间的航班的价格。这个页面

结语

设计使选择非常清晰。但这个新特色也要求业务模式同时改变。销售收入管理部门不得不实施新的价格流程,营销部门也必须拿出一个好的广告策略来告诉乘客英航是一个高质量、低价格的航空公司。通过将技术与业务流程变革以及广告相结合,整个航空公司形成了一个整体来迎接竞争对手的挑战。"我认为 CIO 的工作就是整合各个要素。"科比说,"我的工作还包括领导我的 IT 员工,使他们能够致力于令人兴奋的为客户和公司员工赋能的重要的新工作"。

通过努力实施这些转变,英航正在发展成为一个高绩效的组织。它现在拥有具有竞争力的成本基础(能够和低价格航空公司竞争)、简化的业务以及改善的资产负债表。保罗·科比在实现企业目标的过程中是一名真正的企业领导者,或者说,是一名新型 CIO 领导。

雅伦能源公司:在一年内重组 IS 组织

20 世纪 90 年代中期,雅伦(Yallourn)能源公司(一家澳大利亚的公司)被卖给了一个英国的财团。2000 年 12 月,中华电力有限公司(CLP)购买了该公司 72% 的股份,到 2004 年 2 月对该公司达到了 100% 控股。从英国财团开始,CLP 就一直强调降低成本和重构业务模式来创造更多利润,并且在外包部门业务和采掘作业等方面作出了很大的努力。重组之后员工数量减少了 25%。虽然新 CIO 的任命一直悬而未决,但是 IT 并没有受到影响。

新CIO的挑战

乔·洛克丹洛在2002年11月成为公司的CIO。他发现员工对裁员感到十分恐惧,而管理层却在施压要求IS裁员。他主张先保持现状不变。[2]

在他到来之后,不信任和恐惧的气氛一直存在,因为员工对他的领导风格不确定。他也很难被信任,因为他是出身于娱乐行业而不是公用事业行业。

洛克丹洛观察到了这种状况,并将其称之为"一个革新者的喜悦",因为这种状况蕴藏着巨大的潜力。现有的管理环境是独裁式的命令和控制体系,洛克丹洛发现在IT和业务部门之间存在着脱节。公司管理层对IT和IS人员缺乏充分了解,所以IS总是难以获得资金支持。

第一个90天:了解现状

洛克丹洛知道管理层希望他在2003年3月之前提交一份战略计划和裁员计划。在2002年11月到2003年1月间,他花费了大量的时间去了解员工、形势、流程以及技术等基础情况。因为他也想了解这些事宜,所以他花费大量的时间去和管理层以及员工进行交流,从大量的表象中提炼出真实的状况。

他发现公司没有规范的业务活动报告,没有指标,并且没有明确的IS责任。任何人都可以随意地购买IT产品。IT与业务部门完全脱节。开发人员在不同的地点做着重复

结语

的工作,在2002年7月的一次对IS部门客户满意度调查中发现,公司对IS的整体支持率非常低。虽然员工工作非常努力,但是由于他们目标不集中,所以他们经常做的是一些错误的事情,至少从一个管理者的角度来看是如此。

洛克丹洛在第一个90天的首要目标是了解员工,并且使员工对他也有所了解,使他们相信他是公平的。他利用圣诞节这个很好的机会,在11月和12月两个月整合了他的IS团队。他的团队成员以为他会遵循以前的集权式管理,并且进行裁员。但是他们很快意识到他将采取不同的道路;他的领导风格是非正式的,这对于他们来说是陌生的。

他让所有的IS员工都作一个演讲,汇报他们所做的工作和看到的问题。大量的问题,主要是战术上的问题暴露了出来。IT的角色不清晰,训练不够,许多团队的能力是纯技术的,但并不掌握当前的最新技术和项目管理能力。企业员工对IT的理解能力很低,用户仅仅使用了应用程序能力的40%。洛克丹洛发现形势十分严峻,但是对一个新型CIO领导来说,改变现状的时机已经成熟。

第二个90天:评估和实施

从2003年2月到4月期间,洛克丹洛评估了全部员工的IT技能。为了节省时间,他雇用了一个外部公司来评估员工的能力和职位。他将这次行动称为个人发展和职业评估。他告诉个人评估咨询师:"我的员工的能力可能还没有完全展现出来,他们可能工作得不太开心或者正在做错误的工作。我需要尽快了解他们的行为能力和技术能力,以便知道他们适合这个组织的哪个位置。"到3月份,这些顾问已经完成了行为能力的评估,并向员工反馈了其职业可能性和效率的评估结果。

洛克丹洛也需要在这90天里构建他的愿景,并就此进行有效沟通,以使他能够更快地向前迈进。他花费了大量的时间和业务同事一起合作来制定IT战略和愿景。到第二个90天结束的时候,他已经对所有的员工有了一个基本的了解,对IT战略和组织蓝图也有了一个大致的计划。

第三个90天:使战略获得通过并且向前推进

从2003年5月到7月,洛克丹洛在新的IS组织和IT战略上继续前行。在5月,他首先将自己的想法向香港的管理层进行了汇报,然后又向员工进行了通报。

在这段期间,他获得了巨大的成功:获得了大量的资金支持,员工数量也有所增加。管理层曾经希望被告知他能削减多少成本;然而,就像一个真正的CIO领导一样,他告诉了管理层他能够创造多少收益。他是带着更多的资金和员工人数走出会议室的。接下来所有事情都有组织、按计划地进行着。员工们明确了他们的角色和责任,所以他们可以稳步前进。

第四个90天:建立绩效管理文化

从2003年8月到10月,洛克丹洛致力于引导他的部门

结语

形成绩效管理文化。他要求每月进行预算和报告。他改变了员工过去支持特定职能的工作方式,将所有的业务连为一体。

他告诉他的员工如何管理关系。正如他所说,通过给员工委派工作和授权,员工们"觉醒"了。在开始的几个月里,他的员工总是问他:"我接下来应该做什么?"渐渐地,他们明白下一步该怎么走是他们自己的选择。他给他们资金、支持和资源。但是对于每一个项目,他也从外部招募人员(像从微软和IBM)来增加员工的知识基础。

向前推进:结合成一个整体

到2003年10月,雅伦的IS团队的每一项指标都得到了明显的改进,系统更加强大,一个灵活的可升级的组织架构已经实施。业务高管们了解了IS服务的成本和趋势,新的IS能力和绩效管理系统已经投入使用,并且报告制度也已经自动执行。洛克丹洛已经建立起一个具备相当能力的IS组织,并且能够按照他的业务同事理解的方式有效地传达他所取得的进展。

花旗集团转型的IS 领导业务单元

花旗集团(Citigroup)全球投资与合作银行的汤姆·桑左是另一位新型CIO领导,他正在将我们所讨论过的因素整合到一起,对他的企业实施高管层次的影响力。桑左是在花旗集团并购了诸如所罗门兄弟(Salomon Brothers)、史密斯邦尼(Smith Barney)等公司之后作为CIO接管这个团队的。但接管后,桑左发现,一个新型IS组织所要求的财政规则需要巨大的改善:"在我的第一次预算讨论中,我没有得到满意的数字。没有趋势,没有比较,我们并不真正清楚花了多少钱,花在什么地方,由谁花费。"[3]桑左明白这种情况不能再继续下去了,因为桑迪·韦尔(Sandy Weill)——花旗集团的CEO——一直希望企业的利润能保持每年15%的增长。要想获得成功,桑左知道,作为CIO他必须能够为这个目标作出贡献,并且能够有效地传达团队的绩效。"达到那个目标的唯一方法是持续地提高生产率,我们没有办法确定我们能够做到。"

测评和传达绩效

桑左描述了他作为新任CIO面临的挑战:"在我就任时发现的预算问题只是更大问题的一个信号——IS不能追踪它的绩效和贡献,所以我需要尽快建立起绩效追踪和绩效管理文化。"桑左实施了一系列战术步骤来改变当前的现状,他主要致力于建立一个工具,能够让世界范围内的IS团队追踪绩效状况。"我们开始的时候考虑了七个绩效维度,但我们很快意识到这太多了。我们将其缩减到了三个,这样能帮助我们测评到那些影响我们公司的主要指标,包括生产率、质量和控制。"在绩效管理系统建立起来之后,桑左开始将团队中每个员工的绩效公布给整个团队。"虽然对每个人都是一次震撼,但是行为立刻改变了,我的员工在第二天开始就将

结语

精力集中在正确的事情上了。"他说。

这个系统使桑左能够看到改进的机会在哪里。两年之后，桑左的团队在实现更好的业务目标的同时，减少了20亿美元的成本。"我们追踪的一个至关重要的工作就是交付业务的截止日期。"桑左解释道，"自从我们开始公布每个员工的追踪记录，在截止日期前完成交付任务的情况得到了显著改善——准时率从60%增加到了80%——业务部门也了解到了这个情况。"这个系统也使他能够将适当的能力整合到一起，同时剔除了错误的能力。

引导业务部门

桑左的领导力并不仅仅局限于供应方，他也利用他对企业目标的认识以及同业务高管的关系来实施需求方的领导力。桑左有一个愿景："我们开发的绩效追踪系统不是一个IS的专用系统。每一个业务领导都需要了解他们组织的绩效状况。这个系统对其他企业领导的重要程度就像这个系统对我的重要程度一样。"随着IS绩效的改进，桑左开始与其他业务同事一道合作考虑如何将这个绩效管理系统应用于其他业务部门。今天，在管理层相继使用后，这个系统已经在企业的大部分部门得到了普及。

总之，桑左已经建立了一个新型的IS团队，它具有新的能力，并且能够向它支持的业务部门交付和传递业务价值。更重要的是，他正在引导其他业务部门改善绩效。这就是新型CIO领导将它们结合起来的结果。

今天，新型CIO领导是存在的，他们履行着IT和信息能够为业务部门带来真实、可测的益处的承诺。我们需要更多这样的领导——每个企业都需要，包括你的企业也需要一个新型CIO领导，你也能够成为这样的领导。我们希望你从今天开始就走上这条道路。好运！

附录 A　个性类型的简单测评

附录 A 包含了一个简短的个性类型测评。该测评可以帮助你测算出自己的个性、同事的个性以及你的团队的个性，也能帮助你确定对团队成员的领导方法，从而取得最佳的领导效果。[1]

在领导和管理高绩效团队中应用个性类型偏好

新型 CIO 领导可以战略性地应用个性类型和偏好的知识。现在已经有了一系列可供利用的类型指标，其中最受推崇的是迈尔斯·布里格斯性格分类法（MBTI）。这种直接易懂的工具从不同维度测量人的心理类型，而每个维度的反馈又会使你在一些关键的团队合作领域做得更好，例如准确地交流、平稳地解决问题和实施变更管理。

我们推荐使用全套 MBTI 方法，这里作为练习，你可以试用以下介绍性的心理类型自我测试。测试结果将给出一个人特定的优势偏好，分析出其个性偏好。如果你想知道这个自我测试测量的是什么，就请你在一张空白的纸上写下两句话，一句用左手写，另一句用右手写。请注意，当你用习惯

附录 A

的手写句子时,你会写得快速、熟练并可被识别,所以这代表着你自己。而当你用另一只手写句子时,你会感到写得缓慢、幼稚,总是代表不了自己最佳的工作能力。因为你善使左手还是右手是天生的,对使用某一边的手有一种生理偏好,同时总习惯用那只手表现你的最佳工作能力。然而,即便另一只手动作缓慢且不够熟练,如果你对那只手的表现评判很敏感的话,你也可以在那只不习惯的手上表现良好。心理类型的偏好和左右手的习惯十分相似。这个样本测试只是一个介绍性的自我测试,而全套 MBTI 更加精确,对于验证研究结果更有价值,而且它应用 MBTI 类型描绘各种人群和工作流程,并归纳出了 7 000 多个类型的数据库(www.CAPT.org)。

说明:回答以下问题,并在计分表中相应的圆圈处作出标记。统计每列的标记个数,并把结果记入对应列下面的方框中。将每对字母中数值较高的那个字母圈出。被圈出的字母暗示了你的心理类型偏好。

	a	b		a	b		a	b		a	b
1.	○	○	2.	○	○	3.	○	○	4.	○	○
5.	○	○	6.	○	○	7.	○	○	8.	○	○
9.	○	○	10.	○	○	11.	○	○	12.	○	○
13.	○	○	14.	○	○	15.	○	○	16.	○	○
17.	○	○	18.	○	○	19.	○	○	20.	○	○
	□	□		□	□		□	□		□	□
	E	I		S	N		T	F		J	P

在上面的每对字母组合中,圈出数字最大的那个字母。现在你就有了一个"类型"归属。它是以下组合中的一种:

ISTJ	ISFJ	INFJ	INTJ
ISTP	ISFP	INFP	INTP
ESTP	ESFP	ENFP	ENTP
ESTJ	ESFJ	ENFJ	ENTJ

1. 解决问题时,你首先采取的行动是:

    (a) 与别人商量

    (b) 独立思考

2. 你对什么更加感兴趣:

    (a) 日复一日的生产

    (b) 理论和设计

3. 在一个重要的讨论中,你会首先选择:

    (a) 要求澄清问题

    (b) 建立个人联系

4. 你希望你每日的工作是:

    (a) 预先安排的、明确的

    (b) 没有安排的、自由的

5. 你希望组织的改变是:

    (a) 主动迅速的

    (b) 小心谨慎的

6. 在解决问题时,你首先寻找:

    (a) 确凿的事实

(b) 有意义的模式

7. 你更希望别人认为你是：
   (a) 公平的、精确的
   (b) 关切的、富于同情心的

8. 当一个项目开始时，你会：
   (a) 组织他人一道完成某事
   (b) 研究你自己的方案

9. 为了使沟通有效，你会选择：
   (a) 多说少写
   (b) 多写少说

10. 为了改进质量，你会选择：
    (a) 寻找有效方案，并逐步改进
    (b) 使用创新的想法寻求突破

11. 某一工作开始以后，你更多地关注：
    (a) 个人能力
    (b) 团队合作

12. 你的日常工作更多的是基于：
    (a) 目标
    (b) 机会

13. 下列哪项对你来说更难以接受：
    (a) 持久的孤立
    (b) 注意力被打断

14. 下列哪项让你更有压力：
    (a) 不切实际的头脑风暴

(b) 重复琐碎的工作

15. 下列哪项更难忍受：

    (a) 随意的想法

    (b) 反对和抱怨

16. 下列哪项更让你沮丧：

    (a) 超过截止日期

    (b) 错过一个选择

17. 与一个陌生人在一起，你更倾向于：

    (a) 主动接触

    (b) 等待对方主动

18. 你对下面哪项更感兴趣：

    (a) 执行有效的方案

    (b) 探索新的方案

19. 在工作时，你更多地关注：

    (a) 任务而不是人

    (b) 人而不是任务

20. 你在下列哪方面做得更好：

    (a) 对既定日程的遵守

    (b) 对事件的灵活应对

个性类型分析对新型 CIO 领导有什么帮助？

如果你了解自己和同事的个性类型，你就能从特定的维度认识自己的与众不同之处，同时就可以在某些特定的领域，为了得到最好的结果，根据需要调整自己的方法。此外，

附录 A

在你的 IS 组织中,你能够创建一个包含各种不同类型个性的成员的团队,从而在特定的领域产生协同优势。

第一个维度是外向型或内向型(用英文的第一个字母表示,E 或 I),衡量的是个人在寻找自然力量时,是倾向于关注自己的内在因素还是外在因素。性格外向者通过关注外部因素和建立联系来寻找自然力量。而性格内向者则更多地关注自己的内在因素,通过内在的努力来完成最好的工作。因此,性格外向者喜欢通过谈话或者开会的形式来激发创意,解决团队问题;而性格内向者会躲避接触,集中精力,之后将一个已经完成的产品呈现给团队。性格外向者和团队成员交流时更喜欢说而不是写;而性格内向者更倾向于写。性格外向者喜欢迅速地改变步调并且实时公布;性格内向者常常花时间对变更作详细的计划,然后用书面而非会议的形式来公布变动和更新。性格外向者需要向性格内向者提前预告关键的讨论内容,并在会议结束后进一步追问以获得性格内向者更深入的想法;性格内向者需要通过不断的交流,并面对面地倾听性格外向者的创造性想法,从而维持外向者的干劲。

偏好的第二个维度是感觉型或直觉型(分别用英文字母 S 和 N 表示),说明个人对信息种类的偏好。在团队工作中,一个感觉型的人要求经验事实,例如可以用实证确认的和下一步可交付的数据等。一个直觉型的人喜欢解释性的框架和能够识别联系、情境和隐含的模式的总体感觉。CIO 与这些在感觉和直觉上具有不同类型的团队成员进行沟通,能够促进问题得到快速平稳的解决。这不仅是因为一种偏好的人能够识别出另一种人所不关心的信息，更因为在解决问题时这一类人能够帮助另一类人"摆脱困境"。感觉型的人常常会因根据以往经验来解决超常规问题而陷入困境；这种人在直觉型的人的帮助下能迅速摆脱困境，这些直觉型的人能够快速、轻松地创造新的解决方案。相反，当直觉型的人看到很多潜在的头绪时，他们常常会在为了将一个复杂或新颖的设计方案付诸实际的时候陷入困境，而这种僵局能够很快地被感觉型的人打破，因为他们本能地知道第一步该从哪开始。

第三个维度是思考型或情感型（T 或 F），描述了在组织信息和制定决策方面的个人偏好。具有思考偏好的人在作出客观的结论时，会使用客观、中立且基于事实的方法；然而，具有情感偏好的人会使用主观的、有价值取向的方法，他们对人际关系和精确的内容给予同样的关注。CIO 们在带领思考型的团队成员时，必须要保持准确并进行透彻研究；而他们也需要和情感型的团队成员保持"价值联系"，因为这类成员只有在事先建立一个积极的个人联系的条件下才会学习或跟随领导。强调思考和情感偏好的文化与世界范围内不同的商业礼仪的形成有很大的关系，这些文化可以对国际团队的工作协议起到巩固或者破坏作用。

最后的一个维度是判断型或知觉型（J 或者 P），描述了生活和工作类型中的个人偏好。判断型的人有组织、有计划地生活，用目标和时限来规范每天的行为。知觉型的人灵活地过日子，追求现有机会的最大化。带领判断型团队的领导用建议和事例来激励团队，获得最佳的工作效果；而带领知觉型团队的领导要考虑实时的挑战，使每个团队成员表现最佳。最重要的是，CIO要将判断型的成员和知觉型的成员结合起来去管理变化。对他而言，由于这种偏好差异的存在，因此他为了有效地应对这些变化只能满足每个队员一半的要求。判断型的成员用计划来应对变化。他们保留过去最好的经验，并在通向目标的过程中不断提供反馈进行改进。知觉型的成员喜欢通过精准的时间、机敏的适应和政策的关联来应对变化。在快速变化的公司环境和市场中，团队成员面对变化时不应该单打独斗；他们应该和与自己类型相反的人一道努力，从而达到一种特定的协同。

虽然一个合格的培训师需要具有应用MBTI方法和提供反馈信息的能力，但是许多的出版物也能够为CIO和他们的高绩效团队提供一个介绍性的心理类型测试。这些资源包括赫什（S. Hirsh）和库梅罗（J. Kummerow）的《组织类型简介》(Introduction to Type in Organizations)以及库梅罗、巴杰（N. Barger）和柯比（L. Kirby）的《工作类型》(Work Types)。

附录 B 确定战略和协同性以创建准则

创建良好的业务准则是创建合理有效的 IT 准则的先决条件。正因为如此,我们在这里给出了初始问题。这些问题需要你和你的业务同事们好好思考并达成一致,这样才能创建出良好的业务准则。问题和答案可以归为两类:战略环境和公司协作。

战略环境

为了制定业务准则,你首先应该了解什么是企业的战略环境。战略环境由三部分组成:

1. 整个企业的战略意图
2. 寻求未来业务单元间协同的范围和种类
3. 各业务单元的战略意图和当前的战略

这样,管理者要想定义他们的战略环境就应该从回答以下几个问题开始:

➢ 我们企业定位的基础是什么?
➢ 战略、竞争性选择以及每个业务单元的价值定位各是

附录 B

什么，它们之间存在哪些相似性？
- 在我们的业务之间（或者我们众多的产品和服务之间），客户和供应商基础在多大程度上存在重叠？
- 不同的业务在产品或者专门技术的要求上是否具有相似性？
- 在我们的业务之间存在着哪些潜在的协同？
- 掌握这些协同具有什么重要意义？

公司协同

你需要了解各业务单元之间的协同，以及企业的经验和信念在促进协同中的价值。组织在不同业务、客户、产品、竞争基础和供应商之间存在着各种各样不同层次的协同。业务单元之间潜在的协同范围和种类影响着能够实现的共享IT的类型。

业务单元之间高度的客户重叠为产品的交叉销售提供了机会，这也意味着对公共客户的资料和数据库的需求。供应商之间的重叠，使你能够从数据的交换和企业系统的扩展中获得协同，并降低来自供应商的成本。产品的相似性说明很多专业技术能够在研发部门、制造和生产部门、维护部门和售后服务部门间共享。业务单元之间相似的竞争方式常常导致了相同的管理方法，并随之产生了对共享的信息和IS的需求。很多企业希望能够利用这种共享的服务，并在金融管理、人力资源管理或IS这样的领域实现规模经济、范围经济或者专业技术经济。

然而在一些组织中,不同的业务单元或产品有着不同的竞争基础,或者拥有不同的自治权。以上任一个条件都会降低共享服务的效用,导致IT在整个企业层面投资的下降,和在业务单元层面投资的上升。

我们研究的一个流程制造公司由五个具有很高自治权的业务集团构成。[1] 其中的两个集团的案例为我们说明了在同一个企业中不同的集团之间究竟存在怎样的不同。这些差异对企业层面基础设施的投资具有很大的影响,因此需要在准则中被识别出来。一个集团在成熟的市场上销售日用品,并且采用卓越运营的竞争战略。在激烈的国际竞争面前,这个集团关心的是成本的降低和质量的提高。第二个集团是由规模较小的新公司构成,这些公司成长速度很快,拥有较强的国际销售能力,并专注于产品领先战略。

企业总是很难认识到自己对于业务单元之间协同所持态度的重要性。因此,在组织内协同的价值总是很难被充分地认识、表达、讨论或者利用。

以下的三组问题能够帮助你发现潜在的协同,同时也能显现出你所在的企业对于收获潜在协同利益的态度。

业务单元间存在潜在协同的程度
- 业务单元之间是否存在重叠的客户基础?
- 你是否拥有愿意与整个企业进行共享的客户信息?
- 业务单元之间是否存在重叠的供应商基础?
- 你是否愿意与整个企业共享供应商信息?

附录 B

- 业务单元之间是否提供类似或者重叠的产品？
- 每个业务单元之间是否共享相同的业务流程，例如在服务客户方面、在创造新的产品或者新的服务方面？
- 是否存在整个企业都能利用的专门技术或能力（例如产品开发、财务管理和系统开发）？

竞争基础的相似性：基本竞争战略

- 下列哪种价值取向在组织的业务单元中具有代表性：卓越运营、客户至上，还是产品领先？
- 业务单元共享相同价值取向的程度如何？

开发协同性并鼓励自治

第三组问题是为了阐明在鼓励本地自治和高管团队开发潜在协同性之间所作的权衡。

- 在企业中实现最大程度本地化独立运营的重要程度如何？
- 为本地企业提供最大的自主权和最小的管制具有怎样的重要性？
- 利用每个业务单元中潜在的协同性具有怎样的重要意义？

和你的业务同事们一起来回答这些问题，你将掌握创建业务准则的基础。

附录 C　IT 服务

一旦你制定了自己的业务和 IT 准则,你会发现这些准则对于审视那些可能提供的 IT 服务是很有帮助的。[1]这样做能够保证所提供的服务满足给定准则的要求,不存在不符合准则的情况。利用这份调查问卷可以比较共享基础设施服务的必要性和可用性。这里,我们将这些服务划分成了十个主要类别。

1. 渠道管理： 　　为客户或伙伴提供电子渠道以支持一个或若干应用	可用	必要
EFT POS/POS(销售点的电子资金转账)		
广告亭		
网站		
呼叫中心		
IVR(交互式语音应答)		
移动电话		
移动数据处理(比如通过拨号上网)		

2. 安全与风险管理	可用	必要
应用 IS 的安全策略(比如数据保护、访问权限、黑客防护)		
IS 的强制安全策略		
业务应用的灾难规划		
安全网关服务防火墙		

附录 C

3. 通信管理	可用	必要
通信网络服务(比如连接业务中所有节点的 TCP/IP 网络)		
宽带通信服务(比如视频等宽带应用)		
内联网(比如支持包括信息发布、公司策略、通讯录、留言板等多种应用的内联网)		
外联网(比如通过 TCP/IP 向选定客户和供应商提供信息和应用)		
工作站网络(比如局域网和销售点网络)		
与客户和供应商间的 EDI 连接		
对群组的电子支持(比如 Lotus Notes、其他组件)		

4. 数据管理	可用	必要
独立于应用的关键数据的管理(比如集中的产品数据)		
中央数据仓库(从分散数据库中提取的关键信息的摘要)		
数据管理的建议和咨询		
管理信息的电子提供(比如主管信息系统、管理仪表板)		
存储区或存储区网络(比如与局域网和工作站分离的主存储区)		
支付交易处理(比如电子资金转账)		
知识管理(比如联络数据库、知识管理架构、知识数据库、实践社区)		

5. 应用基础设施管理	可用	必要
互联网政策(比如员工访问、URL 日志)		
强制执行的互联网政策		
电子邮件政策(比如不适宜的邮件和私人邮件、防骚扰策略、过滤策略)		
强制执行的电子邮件政策		
电子商务应用的集中管理(比如集中式电子商务开发、公共标准和应用、单点接入、多媒体应用)		
基础设施的集中管理(比如服务器通信)		
集成式移动数据处理应用(比如内部用户的笔记本拨号上网和互联网服务提供商接入)		

(续表)

	可用	必要
ERP 服务(现在有这一服务吗？哪种 ERP?)		
不同平台上的中间件连接系统(比如将网上"店面"集成到 ERP 系统中)		
无线应用(比如无线设备的 Web 应用)		
应用服务的提供(比如供业务单元使用、集中提供的应用)		
工作流应用(比如 Lotus Notes)		

6. IT 管理	可用	必要
IS 项目管理		
与供应商和外包商的谈判(比如集中的协议定价软件)		
服务水平协议(比如企业 IT 和业务单元间的协议)		
IS 规划(比如远期计划和战略——周期是多长?)		

7. IT 架构和标准		可用	必要
指定的架构(关于 IT 使用和集成方式的高级指导方针和蓝图)	数据		
	技术		
	通信		
	应用		
	工作		
强制执行的架构(强制遵循高级架构)	数据		
	技术		
	通信		
	应用		
	工作		
IT 架构标准(实现架构的标准操作环境)	数据		
	技术		
	通信		
	应用		
	工作		

附录 C

(续表)

IT 架构中至少一个组件（比如数据、技术、通信、应用、工作）的强制执行标准		
	数据	
	技术	
	通信	
	应用	
	工作	

8. IT 设施管理	可用	必要
大规模数据处理设备（比如主机）		
服务器组（比如邮件服务器、Web 服务器、打印机服务器）		
工作站和局域网的安装和维护		
公共系统开发环境		
电子商务试点项目（比如连通业务单元的网上试点"店面"管理）		

9. IT 研发	可用	必要
出于业务目的而识别和测试的新技术		
评价 IS 新提案的建议		

10. IT 教育	可用	必要
IT 培训和应用		
旨在从 IT 的使用中创造价值的管理教育		

附录 D　新型 CIO 领导的自我评估

整本书中，我们提醒那些想成为新型 CIO 领导的 CIO 们应该聚焦的几个关键点。为了帮助你在自己特定的情况下为自己应该关注的重点进行优先级排序，我们创建了这个自我评估系统。这个自我评估按照章节来组织，它将帮助你发现，在这十个重要的领域内，哪些是你的强项，而哪些需要给予特别关注。

对于下面的每一项表述，按照每一栏顶部的提示给你的答案打分（从极不同意到极其同意）。然后，把你在该部分的得分加起来，并和每部分末尾的得分指南进行比较。

如果你想进一步了解，并将自己与其他 CIO 进行比较，请登录 www.gartnerpress.com/newcioleader，在那里你可以找到自我评估的在线版本。通过与其他 CIO 的比较，你可以发现自己处于哪个层次。

附录 D

第一章:奠定基础:领导力	极不同意	不同意	同意	极其同意	得分
分数	0	3	6	10	
1.1 对于如何利用 IT 来推动企业发展并使企业绩效再上一个新的台阶,我有着令人信服的愿景。					
1.2 我可以用一种简洁的能引起他人注意并感兴趣的方式表达我的愿景。					
1.3 我在建立和保持与高管同事们之间的关系上投入了越来越多的时间。					
1.4 我注重培养自己的情绪智力,尤其是社交意识和移情意识,以便使自己成为一个好的领导。					
1.5 在没有正式权力的时候,我懂得如何"从背后领导";同时运用自己的说服力去影响他人。					
1.6 我一点点地调整自己的领导能力,以便使我的风格能够适应环境以及我想要影响的员工。					
第一章总得分:_____ 26 或更低:需引起注意 27—47:满意的绩效 48—60:强势的领域					

第二章:了解所处的环境基础	极不同意	不同意	同意	极其同意	得分
分数	0	3	6	10	
2.1 我可以清楚地讲出我们企业在本行业竞争(对于公共部门则是提供服务)时所依赖的基础。					

(续表)

2.2 我了解我们的业务基础、我们的绩效和财务报表（例如：资产负债表，收入报表），以及其他的财务、管理或法律的报告要求。					
2.3 我了解我们各业务单元独特的运营特征，以及作为企业战略一部分的协同和自治间的权衡需求。					
2.4 我定期与我们的 CEO 或最高级官员会面，了解他们当前最急需完成的工作和战略提案。					
2.5 我了解并理解企业每个主要业务领域高管的首要职责，他们也了解我的首要职责。					
2.6 我了解并理解每个主要业务领域高管的绩效要求，他们也了解我的绩效要求。					
2.7 我深谙本行业的运作状况，并且能最早觉察到行业内的趋势和问题。					
2.8 我已经识别出了公司内外主要的利益相关者，并主动地管理好与他们之间的关系。					

第二章总得分：_____

35 或更低：需引起注意

36—63：满意的绩效

64—80：强势的领域

附录 D

第三章:创建你的愿景	极不同意	不同意	同意	极其同意	得分
分数	0	3	6	10	
3.1 我深刻地了解我的企业现在是怎样由IT赋能的。					
3.2 我的同事希望我了解我们的企业是怎样做到由IT赋能的。					
3.3 我能清晰地表达出自己的愿景,并将其形成文字,而且我的同事也能够理解我的愿景。					
3.4 作为CIO,我一直积极地努力确保我们有一个能够识别IT赋能业务机会的流程。					
3.5 我的IS领导团队的成员都积极地参与识别IT赋能业务的机会。					
3.6 我不断地寻求利用我们的IT资源获得更大客户价值和经济回报的方法。					
3.7 我在企业实现业务目标的愿景中融进了对于网络时代的新思考(例如廉价的计算机资源、带宽以及便利的通信方式)。					
3.8 我了解所有高管对于更好实现自己目标的实时信息要求,并且已经制订了提供这些信息的计划。					
3.9 我通过将业务需求与满足持续业务需要的技术机会相结合,成功地获取了创新和投资所需的各种资源。					

第三章总得分:_____

38 或更低:需引起注意

39—67:满意的绩效

68—90:强势的领域

第四章:构建并宣传IT赋能企业的预期	极不同意	不同意	同意	极其同意	得分
分数	0	3	6	10	
4.1 我投入时间和业务同事们一起协同工作,以使我和他们都了解到跨业务部门的协同对于整个企业的重要程度。					
4.2 我投入时间和同事们一起参与研讨会或其他一些流程,使得所有的工作人员都理解了我们企业的业务准则。					
4.3 我投入时间和同事们一起工作,使得他们理解了任何一项业务决策中隐含的对于IT的要求。					
4.4 我与我的业务同事们以及我的团队一起工作,制定了IT准则,它体现了我们是如何通过在企业中设计和部署IT来实现信息的连接、共享和组织的。					
4.5 在企业内部,我恰如其分地传达了我们的IT准则;我的员工和业务同事们都知晓和准确理解这些IT准则,并将它们作为决策和行动的指导。					
4.6 我能够应用IT准则识别潜在的基础设施以及共享服务战略,从而为企业创建协同效应(如果适当)并节约资金。					

第四章总得分:_____

26或更低:需引起注意

27—47:满意的绩效

48—60:强势的领域

第五章：创建清晰、适当的IT治理	极不同意	不同意	同意	极其同意	得分
分数	0	3	6	10	
5.1 在创建我们的治理流程中，我主动地与各业务单元、高管，以及关键的利益相关者共事。					
5.2 我们的治理模式清晰地定义了谁对IT决策提供输入，以及谁拥有最终的决策权。					
5.3 在适当的决策制定活动中，我们的IT治理流程主动地要求CEO和CIO的参与。					
5.4 我们的治理模式涉及IT的所有五个领域（IT准则、架构、基础设施、业务应用和投资）。					
5.5 我积极地宣传我们的IT治理安排，以使各业务单元都对其有所了解，同时使得业务高管们也都积极参与其中。					
5.6 清晰的治理模式使我们能够以更快的速度作出更好的投资决策。					
5.7 我们的治理流程有着清晰、易于理解的例外处理流程。					
5.8 我们的IT治理流程运营良好，以至于在12个月内我们根本不需要对其作任何大的修正。					
第五章总得分：_____ 35或更低：需引起注意 36—63：满意的绩效 64—80：强势的领域					

第六章：将业务战略和IT战略结合在一起	极不同意	不同意	同意	极其同意	得分
分数	0	3	6	10	
6.1 我的业务同事们都了解将业务与IT战略和规划结合起来所意味的挑战。					
6.2 我们的IT规划流程很灵活，它能够随着技术投资责任的转变迅速反映我们业务环境的变化。					
6.3 我们的IT战略建立在良好的IT治理的坚实基础之上，它明确了基础设施和业务应用的目标及投资。					
6.4 我们的IT战略确保了我们根据业务需要和IT准则恰当地安排我们的投资组合。					
6.5 我们的IT战略使得IT与客户和利益相关者所获得的收益之间的联系更加明显了。					
6.6 我们的IT战略建立在治理流程已经识别出的服务和能力这一对儿永久投资组合之上，并将投资决策和具体的业务需求联系起来。					
6.7 我们有专门的工作流程，用于与业务同事和执行委员会一起定期检查我们的投资组合，这样才能使他们了解我的团队正在做什么，以及其与业务需要之间的关系。					
6.8 我和我的团队积极地管理投资组合，包括优先级确定以及风险和资源的平衡。					

(续表)

6.9 投资组合是以能使IT投资战略被董事会理解的方式进行表述,同时与业务重点紧密联系。				
6.10 除了公司每年的预算之外,我们还通过多种渠道来为我们的投资组合提供资金支持。				
6.11 我们按照使我们能够迅速评估机会、作出投资决策并对结果进行跟踪的方式,对IT赋能的机会进行管理。				
第六章总得分:_____ 51或更低:需引起注意 52—90:满意的绩效 91—110:强势的领域				

第七章:建立一个新型IS组织	极不同意	不同意	同意	极其同意	得分
分数	0	3	6	10	
7.1 与我同级的"C"级高管们(例如CFO、COO)都认为我在运营着一个适当的精简的,同时关注于业务的IS组织。					
7.2 我的IS团队知道如何与作为我们企业价值链一部分的外部机构良好地合作。					
7.3 我已经开始向着基于流程工作的模式重新组织我的IS团队,在这种模式下人员、运营以及技术围绕端到端的工作流程而非职责、平台或技能等来组织。					

(续表)

7.4 我采取了或者说正在转向其他形式的精简型IS(IS Lite),比如创办精英中心。					
7.5 我已经雇用并培训了一批关系经理,他们都有良好的沟通能力,对IS部门和各业务部门都具有可信度,而且他们还能使IS的交付获得更高的客户满意度。					
7.6 在我的IS机构里,我配备了专门的资源,以便对战略性地获取服务和外部服务伙伴的机会进行评估。					
7.7 在我的同事们看来,管理整个资源的生命周期(例如对外部服务提供商的评估、选择及管理)本身就是一种IS能力。					
7.8 除了基本的公用基础设施合同外,我现在还在考虑一些采购的机会:如强化合同,用于再造当前的流程;或者拓展合同,以显著增加现有业务活动的价值。					
7.9 我的IS组织始终如一地运用公司标准的会计机制对所有IT服务的成本进行核算。					
7.10 我和我的业务同事们都了解IT服务的成本,包括总体的发展趋势以及单个IT服务的发展趋势。					

第七章总得分:_____

44或更低:需引起注意

45—79:满意的绩效

80—100:强势的领域

附录 D

第八章:创建高效的 IS 团队	极不同意	不同意	同意	极其同意	得分
分数	0	3	6	10	
8.1 我对自己作为一个领导者的各方面能力进行了评估,包括我的情绪智力,特别是识别自身感受以及他人感受的能力。					
8.2 我为我的 IS 领导团队安排了培训机会,以培养他们的情绪智力。					
8.3 我分析了我的团队成员的任务需求、个人需求以及群体需求,并定期检查自己在多大程度上满足了他们的个体需求和群体需求。					
8.4 我了解自己的主要领导风格,也了解我的领导团队中每个成员的主要领导风格。					
8.5 我越来越知道什么时候应该向我的 IS 组织内部引入什么样的领导风格,同时我还对自己的 IS 领导团队实施了关于领导风格的培训。					
8.6 我了解我的 IS 团队所需要的核心能力。					
8.7 我引进了一种基于能力的模式,以便发展团队应具备的具体职责。					
8.8 我与人力资源部门共用我的能力模式,并将它作为招聘新员工以及对现有的员工进行培训的依据。					
8.9 我的 IS 团队汇聚了具有各种能力的人才,以满足我们当前乃至将来的需要。					

新型 CIO 领导的自我评估

(续表)

第八章总得分：_____
38 或更低：需引起注意
39—67：满意的绩效
68—90：强势的领域

第九章：管理企业和 IT 风险	极不同意	不同意	同意	极其同意	得分
分数	0	3	6	10	
9.1 我对与我们的核心业务流程相关的风险进行了审核，并将有形和无形的损失都用业务同事们易于理解的经济术语表述。					
9.2 我对同事们进行了教育，让他们明确我们所面临的各种各样的IT 风险，尤其是那些新的风险因素。					
9.3 我们的 IT 风险管理战略实现了与企业风险管理的充分整合。					
9.4 我已经制定了清晰适当的安全治理安排，明确了谁负责作出关键的决策，以及谁承担与风险相关问题的责任。					
9.5 我们成立了风险委员会，或类似的机构，它由直接向 CEO 或 CFO 报告的高级经理人员以及负责管理企业各种风险的人员组成。					
9.6 我拥有一套正在实施的风险管理计划和流程，并且定期对其进行更新和测试。					
9.7 我们培训了 IT 以及相关的业务人员，以使他们了解公司的安全政策以及他们自己应承担的安全责任。					

(续表)

第九章总得分：_____
32或更低：需引起注意
33—57：满意的绩效
58—70：强势的领域

第十章：传达你的绩效	极不同意	不同意	同意	极其同意	得分
分数	0	3	6	10	
10.1 我的同事们认为我们与IT相关的投资有助于为公司创造价值。					
10.2 我可以将所有的IT投资都与一种或更多主要的驱动因素联系起来：顶线增长、底线增长、投资回报率以及声誉等。					
10.3 我和我的员工建立了在IT投资和对利益相关者的业务影响之间的明确的线索追踪。					
10.4 通过帮助CEO和CFO（或公众代表）展示IT投资对公司战略的支持，以及为他们提供展示给投资者或其他利益相关者的蓝图，我建立起了个人的信誉。					
10.5 CEO要求我参加股东和投资者会议（或公开的论坛）。					
10.6 在IT绩效指标与公司的目标和准则之间，我能建立起清晰的联系。					
10.7 对于每一个与IT相关的项目，我们都将业务价值指标作为业务方案的一部分。					

（续表）

10.8 对于每一个项目,我们还创建了定量的指标,用于对项目在实现具体业务目标和收益上的进展进行追踪及最终评估。					
10.9 我有一个与业务同事们共用的绩效仪表板或计分卡。					
10.10 我的仪表板包括 IS 对未来提案的准备状态的衡量指标。					
第十章总得分:_____ 44 或更低:需引起注意 45—79:满意的绩效 80—100:强势的领域					

注　　释

第一章

1. 本章的部分资料来源于下列市场研究报告，这些报告是 Gartner 公司只针对 Gartner 高管项目成员发布的：Andrew Rowsell-Jones and Marianne Broadbent, "Keep Your Balance: The 2002 CIO Agenda," Gartner EXP Premier Report, March 2002; Mark McDonald and Marcus Blosch, "CIO Credibility: Proven Practices from the Public Sector," Gartner EXP Premier Report, November 2003; Andrew Rowsell-Jones, Marianne Broadbent and Chuck Tucker, "Drive Enterprise Effectiveness: The 2003 CIO Agenda," Gartner EXP Premier Report, March 2003; Marcus Blosch et al., "Preparing for the Upswing: The 2004 CIO Agenda," Gartner EXP Premier Report, March 2004. 除非另有说明，本章的直接引用内容来自于以上报告中的访谈。如希望了解更多信息，请访问 Gartner 高管项目，www.gartner.com。

2. 提示：在本书中，我们用 IT 代表技术本身，用 IS 代表管理信息技术的部门和组织单位。

3. John Kotter, "Leading Change: Why Transformation Efforts Fail," *Harvard Business Review*, March 1995.

4. Jim Collins, *Good to Great: Why Some Companies Make the Leap...and Others Don't* (New York: HarperClollins, 2001).

5. Ronald Heifetz, *Leadership Without Easy Answers* (Cam-

注释

bridge, MA: Belknap, 1998).

6. Paul Coby 与本书作者在高德纳研讨会上的会面, Orlando, Florida, October 2003。

7. Daniel Goleman, *Emotional Intelligence* (New York: Bantam, 1995); Daniel Goleman, Annie McKee, and Richard E. Boyatzis, *Primal Leadership* (Boston: Harvard Business School Press, 2002).

8. Heifetz, *Leadership Without Easy Answers*.

9. 有关领导风格的内容引自 R. Tannenbaum and W. H. Schmidt, "How to Choose a Leadership Pattern," *Harvard Business Review*, 1958 以及 Daniel Goleman, "Leadership That Gets Results," *Harvard Business Review*, March-April 2000, 78–90。

10. Hay/McBer 的调查引自 Daniel Goleman, "Leadership That Gets Results"。

第二章

1. 本章的部分资料来源于下列高德纳公司只针对高德纳高管项目成员发布的市场研究报告: Richard Hunter, Marcus Blosch, and John Henderson, "Making External Relationships Work," Gartner EXP Club Report, February 2003; Andrew Rowsell-Jones, Richard Hunter, and Roger Woolfe, "Manage Your Stakeholders," Gartner EXP Club Report, October 2002; Richard Hunter and David Aron, "The CEO's View of CIO," Gartner EXP Signature Report, July 2004。除非另有说明,本章的直接引用内容来自于以上报告中的访谈。如希望了解更多信息,请访问 Gartner Executive Program, www.gartner.com。

2. Robert Kaplan and Dave Norton, *The Balanced Scorecard: Translating Strategy into Action* (Boston: Harvard Business School Press, 1996).

3. Gary Hamel and C. K. Prahalad,"Strategic Intent," *Harvard Business Review* 67, no. 3 (1989):63-76.

4. Michael Treacy and Frederik Wiersma, *The Discipline of Market Leaders: Choose Your Customers, Narrow Your Focus, Dominate Your Market* (Cambridge, MA: Perseus, 1995).

5. 参见 R. K. Mitchell, B. R. Agle, and D. J. Wood, "Toward a Theory of Stakeholder Identification and Salience: Defining the Principle of Who and What Really Counts," *Academy of Management Review* 22, no. 4 (1997):853-886.

6. Burson-Marsteller, "A Missing Competency: Boardroom IT-Deficit," 2004. 此报告获取于 Burson-Marsteller, www.bm.com。

7. 2004年4月4日,本书作者对迈克尔·弗莱舍的电话访谈。

8. 2004年4月4日,本书作者对文斯·卡拉希欧的电话访谈。

第三章

1. 本章的部分资料来源于下列高德纳公司只针对高德纳高管项目成员发布的市场研究报告:Roger Woolfe, Andrew Rowsell-Jones and N. Venkatraman, "Capturing Network Era Opportunities," Gartner EXP Club Report, June 2003; Chuck Tucker and Roger Woolfe, "Building Brilliant Business Cases," Gartner EXP Premier Report, January 2004; Mark McDonald, Richard Hunter, and Jackie Fenn, "Linking Needs, Technology and Innovation," Gartner EXP Club Report, February 2004. 除非另有说明,本章的直接引用内容来自于以上报告中的访谈。如希望了解更多信息,请访问 Gartner Executive Program, www.gartner.com。

2. 这段内容引自 Kenneth McGee, *Heads Up: How to Anticipate Business Surprises and Seize Opportunities First* (Boston: Harvard Business School Press, 2004)。

3. McGee, *Heads Up*, 26.

注释

第四章

1. 本章的部分资料来源于下列高德纳公司只针对高德纳高管项目成员发布的市场研究报告：Marianne Broadbent, Peter Weill, and Mani Subramani, "Reality Bites: Matching IT Infrastructure with Business Initiatives," Gartner EXP Club Report, November 2001; Marcus Blosch and Roger Woolfe, "Leading High Performance IS Teams," Gartner EXP Premier Report, November 2002; Marianne Broadbent and Peter Weill, "Effective IT Governance, by Design," Gartner EXP Premier Report, January 2003; Marianne Broadben and Peter Weill, "Tailor IT Governance to Your Enterprise," Gartner EXP Club Report, October 2003. 除非另有说明，本章的直接引用内容来自于以上报告中的访谈。如希望了解更多信息，请访问 Gartner Executive Program, www.gartner.com。

2. 准则流程的管理最早出现在下列文章和著作中：Marianne Broadbent and Peter Weill, "Management by Maxims: How Business and IT Managers Can Create IT Infrastructures," *Sloan Management Review* 38, no. 3 (spring 1997): 77-92；和 Peter Weill and Marianne Broadbent, *Leveraging the New Infrastructure: How Market Leaders Capitalize on Information Technology* (Boston: Harvard Business School Press, 1998). 本章对最初的这些工作进行了总结、更新和拓展。

3. Marianne Broadbent and Peter Weill, "Management by Maxims."

4. 同上。

5. Weill and Broadbent, *Leveraging the New Infrastructure*.

6. 定量的结论来自于 Marianne Broadbent and Peter Weill, *Leveraging the New Infrastructure*。

7. Peter Weill, Mani Subramani, and Marianne Broadbent,

"Building IT Infrastructure for Strategic Ability," *Sloan Management Review* 44, no. 1 (fall 2002): 57-66.

8. 关于服务的表格引自 Peter Weill and Michael Vitale, "Information Technology Infrastructure for E-Business," working paper 313, Center for Information System Research, Cambridge, February 2001。最初的关于服务的相关内容来自于 Marianne Broadbent and Peter Weill, *Leveraging the New Infrastructure*。

9. 北方银行(BNK)拥有 260 亿美元的资产、360 个分行、400 个 ATM 机和 7 000 名员工，提供零售银行业务、抵押业务、保险业务、投资规划以及投资管理等服务。到 20 世纪 90 年代，其规模发展到起初的 10 倍左右，并形成了强调团队合作、敏捷反应、本地化决策制定的文化。

第五章

1. 本章的部分资料来源于下列高德纳公司只针对高德纳高管项目成员发布的市场研究报告：Marianne Broadbent and Peter Weill, "Tailor IT Governance to Your Enterprise," Gartner EXP Club Report, October 2003; Marianne Broadbent and Peter Weill, "Effective IT Governance, by Design," Gartner EXP Premier Report, January 2003。除非另有说明，本章的直接引用内容来自于以上报告中的访谈。如希望了解更多信息，请访问 Gartner Executive Program, www.gartner.com。

也可参见 Peter Weill and Jeanne Ross, *IT Governance: How Top Performers Manage IT Decision Rights for Superior Results* (Boston: Harvard Business School Press, 2004); Peter Weill and Richard Woodham, "Don't Just Lead, Govern: Implementing Effective IT Governance," working paper 326, Center for Information System Research, MIT Sloan School of Management, Cambridge, April 2002。

注释

2. Marianne Broadben and Peter Weill, "Leading Governance, Business and IT Processes: The Organizational Fabric of Business and IT Partnership," Gartner ITEP Findings, December 1998; Peter Weill and Richard Woodham, "Don't Just Lead, Govern."

3. 有效性是由以下两个调查问题的答案决定的：一是 IT 治理的四个效果；二是 IT 对这四个方面治理效果的影响权重。这些治理效果是：IT 对成本效益性的贡献、IT 对公司快速成长的贡献、IT 对资产有效利用的贡献以及 IT 对公司业务灵活性的贡献。

4. Peter Weill, presentation to Gartner EXP CIO Global Summit, San Diego, May 2003.

第六章

1. 本章的部分资料来源于下列高德纳公司只针对高德纳高管项目成员发布的市场研究报告：Roger Woolfe and Marcus Blosch, "Turning on Opportunities," Gartner EXP Club Report, March 2001; Marcus Blosch et al., "Expanding Your Founding Options," Gartner EXP Club Report, August 2003; Marianne Broadbent and Peter Weill, "Effective IT Governance, by Design," Gartner EXP Premier Report, January 2003. Mark McDonald Richard Hunter and Jackie Fenn, "Linking Needs, Technology and Innovation," Gartner EXP Premier Report, February 2004; Chuck Tucker and Andrew Rowsell-Jones, "Getting Priorities Straight," Gartner EXP Premier Report, September 2002; Chuck Tucker and Roger Woolfe, "Building Brilliant Business Cases," Gartner EXP Premier Report, January 2004。除非另有说明，本章的直接引用内容来自于以上报告中的访谈。如希望了解更多信息，请访问 Gartner Executive Program，www.gartner.com。

2. 提案评估和治理机制的区别在于：提案评估流程决定了采用的特定治理机制（本例中是投资委员会）是怎样作出决策的。

3. 更多关于此话题的内容请参阅 Tony Murphy, *Achieving Business Value from Technology: A Practical Guide for Today's Executive* (New York: Wiley, 2002).

第七章

1. 本章的部分资料来源于下列高德纳公司只针对高德纳高管项目成员发布的市场研究报告: Roger Woolfe, and Barbara McNurlin, and Chuck Tucker, "Souring: From Remedy to Strategy," December 2001; Marcus Blosch and Roger Woolfe, "Leading High Performance IS Teams," Gartner EXP Premier Report, November 2002; Marcus Blosch, Roger Woolfe and Jeremy Grigg, "Chargeback: How Far Should You Go?" Gartner EXP Premier Report, May 2003; Marcus Blosch et al. , "Expanding Your Funding Options," Gartner EXP Club Report, August 2003; Chuck Tucker and Roger Woolfe, "The Reality of IS Lite," Gartner EXP Premier Report, September 2003; Andrew Rowsell-Jones and Chuck Tucker, "Geosourcing IS: Is It Right for You?" Gartner EXP Premier Report, November 2003. 除非另有说明,本章的直接引用内容来自于以上报告中的访谈。如希望了解更多信息,请访问 Gartner Executive Program, www.gartner.com。

2. 这部分资料基于由 Linda Cohen 领导的高德纳公司的战略性采购团队(Strategic sourcing team)所进行的多年的研究。

3. 例如,高德纳公司为市场中提供相似服务的竞争者推出"魔幻象限"(Magic Quadrants),用来确认公司在象限中的位置。公司可以将这些标准作为对特定项目的外部服务供应商评估的基准。"魔幻象限"(Magic Quadrants)按照不同的象限将外部服务供应商划分为领导者、挑战者、愿景者和利基参与者。一条轴线反映的是外部服务提供商的愿景,是否是特定市场的领先者,服务商如何计划实施该愿景,客户对愿景为客户和服务商的关系带来价值的感受等。另一条轴线

注释

是外部服务提供商的执行能力,特定外部服务提供商在此维度上的位置主要是以魔幻象限分析过程中直接客户的反馈决定的。如欲获得与战略性采购相关的免费手册,请访问 www.gartnerpress.com/new-CIOleader。

第八章

1. 本章的部分资料来源于下列高德纳公司只针对高德纳高管项目成员发布的市场研究报告:Roger Woolfe and Barbara McNurlin,"Evolving Competencies for IS Lite," Gartner EXP Club Report, September 2000;Roger Woolfe, and Barbara McNurlin, and Chuck Tucker, "Souring: From Remedy to Strategy," December 2001;Marcus Blosch and Roger Woolfe, "Leading High Performance IS Teams," Gartner EXP Premier Report, November 2002;Chuck Tucker and Roger Woolfe, "The Reality of IS Lite," Gartner EXP Premier Report, September 2003;Andrew Rowsell-Jones and Chuck Tucker, "Geosourcing IS: Is It Right for You?" Gartner EXP Premier Report, November 2003。除非另有说明,本章的直接引用内容来自于以上报告中的访谈。如希望了解更多信息,请访问 Gartner Executive Program, www.gartner.com。

2. 高德纳高管项目研究小组于 2002 年 11 月对 Daniel Goleman 的访谈报告,题目为 "Leading High Performance IS Teams"。

3. The Hay Group,"Top Team: Why Some Work and Some Do Not," 2001,查询相关内容请访问 www.haygroup.com(2002 年 11 月)。

4. 高德纳高管项目研究小组对 Goleman 的采访。

5. 想了解更多有关情绪智力的内容,请参阅 Daniel Goleman, *Emotional Intelligence* (New York: Bantam, 1995); Daniel Goleman, Annie McKee, and Richard E. Boyatzis, *Primal Leadership* (Boston: Harvard Business School Press, 2002)。两篇文章的参考文

献涵盖了关于情绪智力对工作成功重要性这一主题的众多文章和调研报告。

6. 部分思想基于 Ron Zemke and Susan Zemke,"Putting Competence to Work," *Training*, January 1999。

7. 对于5种角色,50个个体,电子制表软件能够满足能力目录的要求。若其组成成分更多的话,使用专业的软件可能会获得更好的效果。

第九章

1. 本章的部分资料来源于下列高德纳公司只针对高德纳高管项目成员发布的市场研究报告:Richard Hunter et al., "Information Security: How Much Is Enough?" Gartner EXP Club Report, April 2003; Richard Hunter and Marcus Blosch, "Manage the New IT Risks," Gartner EXP Premier Report, July 2003; Richard Hunter and Andrew Rowsell-Jones, "Thriving in the Fishbowl Society," Gartner EXP Premier Report, December 2003。除非另有说明,本章的直接引用内容来自于以上报告中的访谈。如希望了解更多信息,请访问 Gartner Executive Program, www.gartner.com。

2. 风险管理是一个复杂的学科,十分遗憾,我们在此仅能提供最基本的概括。我们强烈建议那些缺乏此方面背景的年轻 CIO 加强这个领域的培训。

3. "CSO Magazine Poll Reveals Top Security Corners for Business and Nation," *CSO Magazine* press release, 19 December 2002.

4. Ted Wendling, "Exec's Criminal Past Stuns Cancer Society," *Cleveland Plain Dealer*, 8 June 2000.

5. 可参见 Defense Security Service, "Unsolicited Requests," http://www.dss.mil/search-dir/training/csg/security/T3method/Unsolici.htm#1。

注释

第十章

1. 本章的部分资料来源于下列高德纳公司只针对高德纳高管项目成员发布的市场研究报告：Marianne Broadbent et al., "Business Value...IT Value：The Missing Link," Gartner EXP Club Report, November 2000; Andrew Rowsell-Jones and Marcus Blosch, "Getting Share holder Credit for IT," Gartner EXP Premier Report, July 2002; Andrew Rowsell-Jones, Richard Hunter and Roger Woolfe, "Manage Your Stakeholders," Gartner EXP Club Report, October 2002; Chuck Tucker and Roger Woolfe, "Building Brilliant Business Cases," Gartner EXP Premier Report, January 2004; 除非另有说明，本章的直接引用内容来自于以上报告中的访谈。如希望了解更多信息，请访问 Gartner Executive Program, www.gartner.com。

2. 此处讨论的资料基于 Audrey Apfel 领导的高德纳应用研究实践。

3. Peter Keen, *Shaping the Future：Business Design Through Information Technology* (Boston：Harvard Business School Press, 1991).

结语

1. 2003 年 9 月、10 月，作者对 Paul Coby 的系列访谈及电话交谈。

2. 2003 年 11 月、12 月，作者对 Joe Locandro 的系列访谈及电话交谈。

3. 2004 年 4 月 12 日，作者在纽约对汤姆·桑左的访谈。

附录 A

1. 此附录由心理咨询师理查德·格兰特（rdgrant@swbell.net）编写，他从 1986 年起对组织和机构进行迈尔斯·布里格斯性格分类法

(Myers-Briggs Type Indicator)的培训。此部分文章经允许在此转引。

附录 B

1. 此附录引自玛丽安娜·布罗德本特和彼得·韦尔拥有版权的高管工作资料,这些资料是实施准则流程管理方法的一部分。该工作流程使高管团队将其企业的努力目标与必要的 IT 能力联系到一起。

附录 C

1. 此附录引自 Marianne Broadbent, Peter Weill, and Mani Subramani, "Reality Bites: Matching IT Infrastructure with Business Initiatives," Gartner EXP Club Report, November 2001。关于服务的表格引自 Peter Weill and Michael Vitale, "Information Technology Infrastructure for E-Business," working paper 313, Center for Information System Research, Cambridge, February 2001。最初的关于服务的相关内容引自 Marianne Broadbent and Peter Weill, *Leveraging the New Infrastructure: How Market Leaders Capitalize on Information Technology* (Boston: Harvard Business School Press, 1998)。若希望进行更全面的了解,亦请参考 Peter Weill, Mani Subramani, and Marianne Broadbent, "Building IT Infrastructure for Strategic Ability," *Sloan Management Review* 44. no. 1 (fall 2002): 57–66。

作者介绍

玛丽安娜·布罗德本特是墨尔本商学院的副院长,同时也是专注于信息技术和业务成长的研究咨询企业高德纳公司的研究员。布罗德本特博士目前正在与各大公司的高管们进行人才管理和接班人计划等项目的合作,同时她还担任墨尔本商学院国际 EMBA 项目的高级主管。在 1998—2003 年,布罗德本特博士是高德纳公司的 CIO 高管项目全球领导团队的成员,最初领导亚太地区的服务团队,后来担任了集团副总裁领导高管项目研究和知识资产团队。布罗德本特博士致力于为企业、IT 高管团队、董事会提供咨询服务。她的研究重点是公司、业务、IT 治理之间的整合,以及业务和技术战略与其执行之间的融合。她也是《撬动新的基础设施》(Leverage the New Infrastructure: How Market Leaders Capitalize on Information Technology)一书的作者之一。在加入高德纳公司之前,布罗德本特博士是墨尔本大学信息系统管理专业的教授、波士顿大学的访问学者、皇家墨尔本理工大学(RMIT)研究院的主任。

埃伦·基齐斯是高德纳高管项目副总裁。从 2000 年开

作者介绍

始,基齐斯博士就一直是服务于全球 2 000 名 CIO 的高德纳 CIO 高管项目全球领导团队的成员。她现在领导着 CIO 高管项目的美洲团队。基齐斯博士带领其团队成员从事 IS 组织的领导和管理等日常工作,并为 CIO 们以及其他的 IT 领导们提供日常的支持。她的研究集中在组织战略、领导力、IT、业务之间的协同这一领域。基齐斯博士经常穿梭于美国的 50 个州以及拉丁美洲之间,这使她经常有机会与各大公司的 CIO 们就一些顶级的议题交换意见和看法。她也是高德纳公司各种面向 CIO 的出版物的发言人,曾经数次在 CNBC 出镜。在重返高德纳之前,基齐斯博士曾担任康柏服务公司负责战略和业务拓展的副总裁,以及高德纳 Dataquest IT 服务公司的全球负责人。她还曾供职于 Ledgeway 集团,并在 Crowntek 公司担任过咨询统计员。她拥有波士顿大学的本科学历,以及塔夫斯大学组织变革的博士学位。

译 后 记

在翻译完成《IT 治理》之后,我们对 CIO 问题产生了更加浓厚的兴趣。很荣幸发现了这本书并有幸承担了本书的翻译工作。本书的价值在于它让我们真正了解到 CIO 的真谛。每个有志于成为 CIO 的人,以及关注于 CIO 问题的人都应该读一读这本书。我要感谢商务印书馆的李彬先生,和他的再次合作非常愉快,感谢他的大力支持和帮助。同时,还要感谢参加了我"CIO 与 IT 治理"课程的研究生陈静、章婧贞、吴江、谭营、蒋得山、周凌燕、刘春红、刘小利、杨锐、任愿峰,他们参与了本书的部分翻译工作。我还要特别感谢中国人民大学的副校长冯惠玲教授,她为本书的翻译工作提供了很多的意见和指导,并为本书中文版作序。感谢中国人民大学信息学院的院长杜小勇教授、中国人民大学信息学院的陈禹教授、方美琪教授、左美云教授以及北京大学光华管理学院的李东教授,他们也为本书的翻译提供了很多的指导。由于译者水平所限,错误和疏漏在所难免,还望读者和专家批评指正。

杨 波

2007 年 11 月于中国人民大学信息学院